임파워링하라
EMPOWERING

넌 참 예뻐

프롤로그

　20년 전, 군에서 일찍 은퇴한 후 무엇인가 할 일을 찾기 위해 무척이나 애를 태웠었다. 지금 와 생각해보니 그것은 나의 본래 모습을 드러내기 위한 과정이었다는 느낌이 든다. 끊임없이 형성 중인 나의 참모습이 삶 속에서 여러 가지로 나타나고 있었기 때문이다. 그것을 보고 느끼고 깨달으면서 변화하고 성장할 수 있었다. 이 경험과 노하우를, 성장 진화를 위해 노력하는 다른 사람들과 함께 나누고 싶다. 왜냐하면 지금의 나는 나 혼자만이 아니라 수많은 환경과 타인에 의해 이루어졌기 때문이다.

　사람의 성장 모습을 알려면 먼저 파워(power)의 의미를 알아야 한다. 파워는 포스(force)보다 강하다. 짧게 보면 포스가 강한 것처럼 보이지만 궁극적으로는 파워가 훨씬 강하다는 것을 알게 된다. 포스는 외부의 힘과 환경에서 내가 영향을 받는 것이다. 직장에서 주어진 직책을 맡고 상사의 지시에 따라 일할 때 그 힘은 지위에 따른 포스다. 외부에서 오는 힘에 의해 내가 영향을 받는 것이다. 반대로 파워는 내가 영향을 주는 힘이다. 인간이 본래 갖고 있는 내면의 힘이다. 사람이 어떤 문제에 부딪쳤을 때 스스로 동기를 부여해 그 문제를 해결해나가는 것도 파워이고, 또한 외부에서 오는 역경을 극복하고 새로운 기회로 만드는 힘도 파워다. 이처럼 파워는 자신을 스스로 성장시켜나가는 강력한 힘이다.

사람들이 자기다운 삶의 모습으로 성장하는 데는 포스가 아니라 파워의 힘이 더 필요하다. 포스는 환경에 의해 생겨나는 경향이 있지만 파워는 태어날 때부터 내면에 갖고 있다. 예를 들어 소질과 재능 같은 것이다. 이것을 선천적으로 부여 받은 '하늘 씨앗'이라고 말할 수 있다. 그리고 후천적으로는 '내면의 그 힘을 이끌어내는 의도적인 과정'이 필요하다. 그것을 '임파워링(Empowering)'이라 한다. 이 책에서는 전체적으로 '임파워링(Empowering)'에 대한 이야기를 하고자 한다. 또한 그것은 맞춤형 리더십과 직결되어 있다.

세상은 갈수록 '개성 충만' 시대가 되어가고 있다. 사람들은 저마다 고유하고 유일한 존재(unique & only one)로서 '나다움'을 주장한다. 나답게 살고 싶은 욕구가 커지고 있는 것이다. 시대가 이처럼 변하고 있는데도 리더십 패턴은 여전히 전통적인 '지시 통제형'을 고수하는 경우가 많다. 세상이 변하고 있는데, 개인들이 모여 이루어진 조직이나 집단은 예전 그대로의 리더십 스타일을 고수한다면 서로 엇박자가 날 수밖에 없지 않겠는가.

그러면 어떻게 해야 할까? 임파워링 리더십 발휘를 권장한다. 그것을 위해서 무엇보다 소통 방식을 임파워링 코칭 방식으로 바꿔야 한다. 이것은 나와 관계하고 있는 다른 사람의 파워를 이끌어내주는 과정을 통해 나를 성장시켜 나가는 리더십 스타일이다. 나 중심(Me-Centered)에서 상대방 중심(You-Centered)으로 패러다임을 전환한 의사소통 방법이다. 사람을 대하는 방식이 상대방 중심으로 출발해야 상대방의 개성과 역량에 맞춘(You-Centered) 리더십을 발휘할 수 있다.

과거의 리더십이 다양한 경험을 쌓아온 '나'가 중심이 되어, 경험이 적은 아래 직원들에게 지시와 통제를 하는 것으로도 충분했다면, 이제는 내가 중심이 된 에고(ego)를 벗어나 '상대방' 입장에서, 상대의 수준에 맞춰 이끌어가는 리더십이 필요한 것이다. 리더가 나 중심에서 상대방 중심의 마인드로 전환하는 것을 어찌 혁신이라 하지 않겠는가?

이 책에서 이를 '맞춤형 코칭 리더십'이라 부르고, 그 구체적 내용을 다루고자 하는 이유가 여기에 있다. 따라서 이 책에서 코치라는 명칭은 '임파워링 리더 또는 맞춤형 리더 및 매니저'라는 말로 이해해도 무방하다. 또 코칭이라는 단어는 '맞춤형 리더'에게 필요한 '커뮤니케이션' 방식을 말한다.

이 책을 꼭 읽었으면 하는 분들이 있다. 가장 먼저, 각 조직에서 성과 창출을 위해 애쓰고 있는 '매니저급 리더'들에게 권하고 싶다. 그들에게는 성과 창출과 동시에 부하육성이라는 두 가지 사명이 주어져 있다. 임파워링 코칭 리더십은 부하직원을 '통하여' 성과를 내는 것보다는 구성원과 '함께' 성과를 창출하는 과정을 거치면서 위 두 가지 역할을 동시에 달성하는 방안을 제시하고 있다. 지금 매니저급 지위에 있는 대부분의 리더들은 지시 통제형 리더십과 커뮤니케이션 방식에 익숙해 있다. 따라서 자기도 모르게 함께 일하는 사람에게 심리적 부담을 주거나 거부감을 느끼게 하는 경우가 있다. 그런데 정작 자신은 그런 사실을 전혀 모르고 있거나, 혹은 알면서 외면하기도 한다. 이 책에 서술된 상황과 상대방을 고려한 맞춤형 코칭 커뮤니케이션을 따라하다 보면 자신의 리더십 스타일을 알아차리게 되고, 그 알아차림이 자신에게 필요한 새로운 리더십을 모색하는 밑거름이 될 것이다.

두 번째로는 선생님(교수, 그리고 각 분야에서 교육과 코칭을 담당하는 분들 포함)들이다. 그들의 역할은 말 그대로 학생들을 임파워링 해주는 사람들이다. 그들은 기본적으로 학생들 안에 있는 천부적 씨앗을 키워내고 있는 사람들이기 때문이다. 갈릴레오도 오래전에 "당신은 사람들에게 어떤 것도 가르칠 수 없다. 다만 그들 안에 있는 것을 스스로 발견할 수 있도록 도와줄 뿐이다."라고 말했다. 이것이 진정한 임파워링 개념이다.

세 번째는 군(軍)의 후배들이 이 책을 읽었으면 하는 바람이다. 군의 리더들에게는 부하 육성이라는 막중한 사명이 주어져 있다. 이는 세월이 지나도 결코 변하지 않는 사명이다. 그런데 젊은 부하 장병들의 성향은 사회의 변화에 따라 빠르게 변해가고 있다. 따라서 전통적인 지시와 명령 위주의 리더십으로는 더 이상 부하들과 원활히 소통할 수 없게 되었다.

《손자병법》에 "윗사람과 아랫사람이 뜻하는 바가 같으면 이길 수 있다(上下同欲者勝)."라고 했다. 전통적인 군 리더십만으로는 상하가 한마음 한뜻으로 뭉쳐 승리하는 강력한 군 조직을 만들 수가 없게 되었다. 이런 상황에서 반드시 필요한 것이 바로 '맞춤형 리더십'이다. 지시 통제형 리더십을 행해야 하는 상황에서도 부하의 처지와 상황에 맞는 리더십이 있어야 효과적인 통제형 리더십을 발휘할 수 있는 것이다.

끝으로 이 책을 읽는 모든 분이 맞춤형 코칭 리더십을 활용해 가까운 가족이나 친구들 사이에서는 물론, 가볍게 만나고 스쳐가는 많은 사람들과도 더 좋은 관계, 더 행복하고 충만한 관계를 만들어가기를 기대한다.

2017년 봄 개정판을 앞두고

박 장 규 드림

Contents

프롤로그   6

1. 두려움은 기회의 다른 말이다
1. 누구에게나 인생의 전환기는 온다   16
2. 질문으로 자신의 리소스를 찾아라   19
3. 지나온 길에 금맥이 있다   20
4. 한국인 최초로 국제 '마스터 코치'가 되다   22
5. 포스(force)보다는 파워(power)다   24
6. 리더십 패러다임을 바꿔라   28

2. 맞춤형 리더에게는 사람을 위한 공간이 있다
1. 경청은 상대의 마음을 듣는 것이다   40
2. 먼저 태도를 들어라   48
3. 말과 맥락을 통째로 들어라   54
4. 상대를 감정의 늪에서 구하는 공감   68

3. 맞춤형 리더는 힘(POWER)을 깨우는 질문을 한다
1. 질문은 그 자체가 강력한 힘이다   96
2. 상대와 함께 춤추는 질문 기법   109
3. 열린 질문과 긍정 질문을 활용하라   115
4. 마스터풀 코치의 질문 비법   123

4. 맞춤형 리더의 특별한 인정과 격려

1. 인간의 강력한 인정 욕구   152
2. 인정의 요소 찾아내기   175
3. 삶을 전환하는 용기를 인정한다   180
4. 스스로 축복하게 하기   187
5. 인정, 격려의 언어로 파워의 씨앗 심기   193

5. 맞춤형 리더에게는 효과적인 커뮤니케이션 프로세스가 있다

1. 커뮤니케이션에 필요한 스페이스   206
2. 체계화된 커뮤니케이션 프로세스   222
3. 맞춤형 임파워링 코칭 모델의 활용   263

6. 임파워링 리더의 피드백은 생기있는 직장 문화를 만든다

1. 피드백이란 무엇인가?   268
2. 유일하고도 확실한 학습 방법   271
3. 피드백의 효과   273
4. 효과적인 피드백 전달   274
5. 조직에서 쉽게 적용할 수 있는 피드백 코칭 모델   282

에필로그   286

CHAPTER

1

두려움은 기회의 다른 말이다

EMPOWERING

1. 누구에게나 인생의 전환기는 온다

"언제까지 이렇게 살아야 할까?"
"50대 초반인 내가 할 수 있는 일은 무엇일까?"
"앞으로 20년 이상은 더 일해야 하는데, 정말 어떻게 해야 하지?"
"내가 정말로 원하는 삶은 무엇일까?"

일명 '반퇴세대'들이 쏟아져 나오면서 '어떻게 살아야 하나'에 대한 고민이 그 어느 때보다 많아졌다. 이들이 해답을 찾고자 하는 질문의 대부분이 위의 내용일 것이다.

필자가 20여 년 전 겪은 일이다. 30년 군 생활을 하며 장성 계급장을 달았던 필자가 갑자기 은퇴하게 되면서 수도 없이 했던 질문이니 말이다. 과연 답이 무엇일까? 혼자 방에 앉아서, 혹은 길을 걸으며, 하늘을 보며, 별과 대화하며, 태풍이 올 때조차 태풍과 맞서면서 많은 내적 대화를 나누었다. 주로 질문하고 스스로 답을 찾는 방식이었다.

답을 찾는 과정에서 무엇보다 진정한 본성을 발견하려 했다. 그래야 무엇을 할 수 있을지 알 것이기에 스스로 묻고 또 물었다. 얼마나 됐을까? 언제부턴가 내면에 잠들어 있던 의식이 꿈틀거리며 깨어나기 시작했다. 그러면서 얽힌 실마리가 풀리기 시작했다. 이것은 온전히 '질문의 힘'이었다.

나중에 법정 스님도 이런 방법을 사용했다는 것을 알게 되었다. 법정 스님은 《산에는 꽃이 피네》에서 스스로 '나는 누구인가?'를 묻되 자신의 속 얼굴이 드러나 보일 때까지 묻고 또 물으라고 했다. 건성으로 묻지 말고 '목소리 속의 목소리로', '귀 속의 귀에 대고' 간절하게 물어야 한다고 했다. 해답이 그 물음 속에 있기 때문이다.

질문과 답을 찾는 과정이 계속되면서 저 아래 깊은 곳에서 잠자고 있던 '나다움의 씨앗'들이 싹을 틔워 의식의 수면 위로 올라왔다. 그것은 필자 본성 안에서 발견된 새로운 가능성들이었다. 이렇게 새로운 가능성들을 알아차리는 순간, 세상을 보는 관점이 달라졌다. 그동안의 관점이, 필자가 지금 여기 이 상태로 있는 이유가 '외부 환경의 산물'이었다면 지금은 '내 자유의지에 따라 스스로 선택한 결과의 산물'로 바뀌었다. 이처럼 자신을 바라보는 관점이 바뀌자 세상을 바라보는 시각도 바뀌면서 새로운 해결책들이 떠오르기 시작했다. 생각이 바뀌니 새로운 결단을 할 준비가 된 것이다.

누구에게나 인생의 전환기는 오게 마련이다. 그때마다 사람들은 제2, 제3의 인생을 고민하게 된다. 그런데 제2의 인생을 준비하는 사람들이 겪는 가장 큰 걸림돌이 있다. 말로는 새로운 인생을 이야기하지만 실제로는 과거에 자신이 속해 있던 세계의 범주를 벗어나지 못한다는 것이다. 과거의 문을 닫아야 새로운 문이 열릴 터인데, 과거의 자신에 대한 생각과 집착을 놓지 못한 채 새로운 삶으로 나아가려고 하는 것이다.

리더십 용어에 '오거나이즈드 포게팅(Organized forgetting), 또는 스트레티직 포겟풀니스(Strategic forgetfulness)'란 말이 있다. 시대가 바뀌고 환경이 바뀌면 그에 효과적으로 적응하기 위해 과거에 대한 체계적인 망각 또는 전략적 망각을 해야 한다는 의미다.

그렇다. 과거에 붙잡힌 생각과 시각을 전략적으로 망각해야만 새로운 삶을 추구할 수 있다.

　새 술은 새 부대에 담아야 한다. 과거의 삶과는 전혀 다른 은퇴 후의 삶을 구상하면서도 여전히 '내가 왕년에는……' 하면서 예전에 잘나가던 시절에 연연하고 과거의 생각에서 벗어나지 못한다면, 몸은 오늘을 살고 있을지언정 정신은 과거의 유령으로 사는 셈이다. 이 경우, 자신의 과거에서 벗어나 새롭게 창조적인 미래를 구상하기 위해 꼭 필요한 것이 바로 과거의 틀에 대한 체계적인 망각이다.

　《장자》〈제물론(濟物論)〉에 나오는 '오상아(吾喪我)'라는 말이 있다. 오상아(吾喪我)란 '나를 장사 지내다' 또는 '내가 나를 잃는다'라는 뜻이다. 이때 오(吾)는 '진정한 나'를 말하며, 아(我)는 내가 나로 잘못 알고 있는 '가짜 나(Ego)'를 말한다. 오(吾)와 아(我)를 구분하지 못하면, 과거에서 이어온 내 삶의 타임라인에서 형성된 '가짜 나'가 주인 행세를 하게 된다.

　그러니 자신을 매일 장사 지내라는 것이다. 일상의 삶 속에서 나도 모르게 내 자리를 차지하고 있는 가짜 나를 매일 장사 지내고 참다운 나로 살아가라는 말이다. '안에 있는 나'와, '밖에 있는 나'가 서로 하나 되지 못하고 겉도는 이유는 나로 행세하고 있는 가짜 나(我)를 알아차려 그것을 장사 지내고(喪), 내 안에 본래부터 존재하는 오(吾)를 깨닫지 못하기 때문이다.

2. 질문으로 자신의 리소스를 찾아라

그러면 어떻게 해야 오상아(吾喪我)가 가능한 인생의 전환기를 맞을 수 있을까? '코칭'이다. 질문을 통해 새로운 시각을 갖게 함으로써 가능성을 찾게 하는 기법을 논리적으로 체계화시켜 놓은 것이 '코칭'이기 때문이다. 코칭은 마중물과 같다. 펌프질할 때 바짝 마른 펌프에 먼저 물 한 바가지를 붓고 펌프질을 하면 그 물이 땅속 깊이 흐르는 지하수를 끌어올린다. 마중물 한 바가지로 인해 펌프에서는 물이 끝없이 쏟아져 나오는 것이다.

우리도 누군가에게 질문이라는 마중물을 부어넣으면 묘하게도 그의 내면에 잠들어 있는 놀라운 가능성과 연결된다. 마중물을 부을 때는 펌프 저 아래에 지하수라는 물의 근원이 있다는 믿음을 갖는 것이 중요하다. 내가 나를 셀프 코칭할 때도 나의 저 깊은 무의식에는 아직 발현되지 않은 무한한 잠재력과 가능성이 있음을 진심으로 믿어야 한다. 필자 경험에 의하면 스스로 내 안에 있는 파워를 믿으면 언젠가는 반드시 밖으로 얼굴을 내민다는 것이다. 코치는 그러한 마중물을 사람들에게 부어 넣어주는 사람이다.

인류가 발전하고 사람이 성장하는 과정을 보면 사람에게는 정말 무한한 가능성이 있다. 그것을 무한한 가능성이라고 말할 수 있는 이유는 자신이 설정한 목표를 구현하는 데 필요한 모든 유형, 무형의 리소스(resources: 자원)를 누구나 갖고 있기 때문이다. 그리고 또한 얼마든지 만들어낼 수 있다. 재산은 물론이고 친근한 웃음, 사람을 사랑하는 능력, 과거의 실패를 배움으로 승화시킨 내공 등 모든 요소가 전부 훌륭한 리소스다. 또한 행복했던 추억이나 기억, 과거의 성취, 자신이 추구하는 꿈도 모두 좋은 리소스가 된다. 그런 것을 떠올리면 마음에서 에너지가 생겨나기 때문이다. 그런 리소스가 있으면 어려운 일을 헤쳐 나갈 때 힘을 얻을 수 있고, 고통도 쉽게 이겨낼 수 있다. 그러므로 한 사람의 리소스는 무한하다고 말할 수 있으며, 아무리 자랑할 게 없는 사람이라도 가만히 생각해보면 모두 다 엄청난 리소스를 가지고 있음을 깨달을 필요가 있다.

질문의 힘으로 고민되는 문제를 풀려고 할 때 코칭을 받으면 크게 도움이 된다. 마스터 코치가 된 지금도 필자는 누군가에게 코칭을 받고 있다. 그럴 만한 상황이 되지 않는다면 스스로 셀프 코칭을 하는 것도 하나의 방법이다.

3. 지나온 길에 금맥이 있다

자신에게 하는 셀프 코칭이든, 다른 사람에게 하는 코칭이든 그 목적은 사람을 성장시켜 자신의 문제를 스스로 풀어가게 하는 데 있다. 그렇기 때문에 코칭 상대가 꺼내 놓은 문제 자체보다는 그 사람 내면의 잠재력(power)을 이끌어내는 질문이 중요하다. 그런데 코칭을 하다보면 코칭 상대가 분명한 답을 갖고 있으면서도 실행으로 옮기지 못하는 경우를 종종 접하게 된다. 자기 자신을 믿지 못해서이다. 다시 말해 자기 안에 숨어 있는 가능성을 믿지 못하는 탓이다.

《장자》에 '도행지이성(道行之而成)'이라는 말이 있다. '길은 행하면서 만들어간다'는 뜻이다. 그런데 약간 다르게 해석할 수도 있다. 자신의 한계를 시험해서 알아내고, 그 한계에 맞서면서 걸어온 곳까지가 나의 길이라는 의미도 된다. 이미 걸어온 나의 길 안에는 각자의 스타일과 특징, 강점이 고스란히 내재되어 있기 때문이다.

코칭할 때 상대방에게 자신을 되돌아보는 시간을 갖게 하는 것은 매우 효과적이다. '지금까지 무엇을 잘했는가?' '자신이 자랑스러운 때는 언제였는가?' '다른 사람에게 자랑하고 싶은 자기만의 장점은 무엇인가?' '과거의 인연 중에 누구와 함께 미래로 가고 싶은가?' 등의 질문에 답하는 와중에 코칭 상대가 스스로 당면한 문제를 풀어가는 경우를 자주 보아왔다.

세상에 살면서 한 번도 용기 있는 결단을 해보지 않고, 한 번도 의미 있는 도전을 해보지 않고, 한 번도 자랑스러운 일을 경험하지 않은 사람이 있겠는가? 누구나 과거에 행해온(行之而) 곳에 나의 길(道)이 있고, 그 길이 미래로 이어져 간다. 그런데 현대인들은 너무나 바쁜 나머지 나를 바라볼 여유가 없기 때문에 '우리는 점점 자신을 잃어가고 이제는 자신의 눈마저 똑바로 바라보지 못하는 슬픈 인간이 되었다.'고 틱낫한 스님이 말했다.

상대가 고민하는 문제의 해답은 그가 인식하는 삶의 시각에 따라 달라진다. 모든 사람은 자기만의 길을 걸어가고, 그 길은 그 사람만의 고유한 삶을 만든다. 그러므로 각자가 당면한 문제에 대한 선택과 책임도 항상 그 사람의 고유한 시각에 달려 있다. 따라서 장자의 말처럼 모든 삶의 문제에 대한 지혜는 '스스로 행하면서 걸어가는 길'에서 구할 수 있다.

4. '나는 누구인가'를 찾아라

인생의 새로운 페이지를 펼쳐야 하는 순간, 대부분의 사람들에게는 '은퇴'가 바로 그런 시점이다. 그 시기를 준비하고 있는 분이라면 '지금 같은 삶을 유지하기 위해 무엇을 해야 할까?' 고민하기보다는 '나에게 남아 있는 날 동안 나는 어떤 삶을 살다 가고 싶은가?'를 질문한다면 훨씬 더 자기다운 해결책이 떠오를 것이다.

은퇴 후 가장 큰 무력감을 안겨주는 것은 다름 아닌, '당신은 누구입니까?'라는 질문에 답을 할 수 없다는 사실이다. 필자 역시 그랬다. 예비역 장성은 과거의 내 신분이었지 현재 나의 정체성은 아니었기에 '이제부터 나는 도대체 누구란 말인가?'에 대한 답이 필자에게는 매우 중요했다. 하지만 결국 셀프 코칭을 하면서 답을 찾아냈다. 그 답으로 얻은 통찰은 이렇다.

여기서 가장 중요한 것은 '나는 누구인가'라는 의식을 깨우는 질문이다. 그리고 두 번째는 지금의 상황에서 필요한 것과 내면의 리소스(강점)를 '연결'시키는 것이다. 마지막으로는 '통찰'이다. 자신 안에 있는 리소스와 지금의 상황을 연결하는 통찰, 그리고 '나답게 사는 것'에 대한 깊고 끈질긴 통찰이다. 이러한 통찰이 은퇴 후 길을 잃은 자신에게 새로운 삶을 가져다주었을 뿐만 아니라 앞으로 이야기할 지속적인 성장을 위한 또 다른 동력이 된다.

원래 '코치(COACH)'란 1500년대부터 '사람들을 현재 있는 곳에서 가고 싶은 곳으로 데려다주는 마차'를 가리키는 단어였다. 영국에서는 고속버스를 코치라고 부르고, 다른 유럽 일부 국가에서는 사람들이 가고자 하는 곳으로 데려다 주는 렌털 버스도 코치라고 한다. 어떤 코치든 그 목적은 모두 같다. 사람들이 원하는 곳으로 데려다주는 것이다.

이후 '코치(COACH)'가 인간 개발 용어로 사용되면서 '코칭(COACHING)'이라는 말로 바뀌었고 그 의미도 조금 달라졌다. 사람들을 원하는 곳으로 데려다주는 것이 아니라, '사람들이 스스로 원하는 곳으로 갈 수 있도록 지원해주는 것'으로 말이다. 그리고 코치는 '이를 지지하고 지원(support)해주는 사람'을 일컫는 말이 되었다.

코칭에서 상대를 지원해준다는 것은, 내 생각과 해답을 이야기해주는 것이 아니라 상대가 스스로 세상과 사물을 바라보는 시각을 변화시킬 수 있도록 돕는 것이다. 그럼으로써 자신이 가진 내면의 잠재력을 발견하고 개발할 가능성을 찾게 되고, 자신의 강점이 무엇인지 알게 되며, 또 삶에서 중요하게 생각하는 비전과 가치관 등도 발견할 수 있게 된다. 이러기 위해서는 '시각 전환'이 매우 중요하다. 세상과 사물에 대한 자신의 시각이 어떠했는지를 알아차리는 것이 변화의 시작이기 때문이다. 이런 방법으로 얻은 '자기 알아차리기'는 스스로 문제를 해결하거나 문제 자체를 소멸시켜 버리는 원동력이 된다. 나아가 삶에 대한 통찰력과 창의력 개발이 가능해진다.

5. 포스(force)보다는 파워(power)다

우리나라 말로 '힘'이라는 말에는 두 가지 의미가 있다. 하나는 '포스(force)'다. '그에게는 남다른 포스가 있다.', '왠지 포스가 느껴져서 거절하기 힘들다.'라고 말할 때의 포스는 '물리적으로 나타나는 힘 또는 영향력'을 의미한다. 그러니 포스는 외부의 힘과 환경에 대해 내가 느끼고 영향을 받는 것이다. 직장에서 상사의 지시에 의해 일할 때의 힘은 상사의 지위에 따른 포스다.

또 하나의 힘은 '파워(power)'다. 파워는 인간이 가지고 있는 내면의 힘을 말한다. '사람과 사물을 통제할 수 있는 힘 또는 능력, 기회'를 뜻하는 말로도 사용된다. 파워(power)는 내가 성장하고 또 다른 사람에게 영향을 주는 힘이다. 그러므로 인간이 스스로 동기 부여해 성장해 가는 힘은 주로 파워다. 외부 환경으로 인한 역경을 극복하고, 그것을 기회로 만드는 힘도 파워다.

파워에는 비유적 의미가 있다. '씨앗'이라는 의미다. 씨앗 속에는 영혼이 깃든 생명력이 들어 있다. 이 생명력은 하늘에서 받는다. 그래서 사람은 누구나 저마다 갖고 태어난 재능과 소질, 즉 '하늘 씨앗이 있다.'고 말한다. 이 '하늘 씨앗'은 사람마다 서로 다른 무늬와 색깔을 갖고 있다. 우주에 하나밖에 없는 나만의 독특한 DNA다.

이렇게 사람이 태어나면서 하늘에서 받은 태초의 씨앗에서 비롯된 에너지를 'POWER'라고 표기한다면 우리가 살아가는 이 땅에서 그것을 잘 활용하여 키워가는 힘은 'power'라고 표기해 보자. 이것이 개인의 성품이 되고 역량이 된다.

맞춤형 코칭만이 임파워링된다

50여 년 전 미국으로 군사 유학을 갔을 때다. 세콰이어(Sequoia) 국립공원에 들러 '지구상에서 가장 오래되고 가장 크다'는 자이언트 세콰이어 나무숲을 본 적이 있다. 그중 어떤 것은 2,000년을 넘게 살았고, 높이가 80미터, 무게는 1,300톤이 넘는다고 했다. 그런데 그렇게 거대한 나무의 씨앗은 우리 눈에 잘 보이지도 않을 정도로 작았다. 그 작은 씨앗이 자신을 꽃피울 수 있는 환경이 되면 그 안에 감춰진 능력을 발현해 그렇게 거대한 나무가 되는 것이다.

옛날 외국의 어느 뒷골목 시장에서는 벼룩(flea)을 이용한 심심풀이 도박 게임이 있었다고 한다. 원래 벼룩은 자기 몸길이보다 훨씬 높은 1미터 이상을 뛸 수 있는 능력을 갖고 있다. 그런데 길거리에서 도박 게임에 이용되는 벼룩들은 일정한 높이 이상으로는 절대로 뛰어 오르지 않았다. 마치 벼룩들에게 보이지 않는 천장이라도 있는 것처럼 말이다.

왜일까? 그 벼룩들은 투명한 유리병 속에 갇혀 그 유리병의 높이만큼만 뛰도록 길들여졌기 때문이다. 그래서 30센티미터 유리병이면 30

센티미터만큼, 20센티미터 유리병이면 20센티미터만큼만 뛰는 것이다. 그리고 벼룩이 일단 그 상황에 적응하게 되면 유리병을 없애도 여전히 그 높이만큼만 뛰었다.

우리 인간도 하나의 독특한 씨앗으로 잉태되었다. 겉으로 보기에는 비록 평범해 보이지만 사람의 내면에는 무한한 가능성이 감춰져 있다. 이 씨앗을 그냥 두면 외부의 환경에 길들여진 벼룩처럼 제한된 의식을 가지고 평범한 삶을 살게 된다. 그런데 이보다 더 슬픈 일은 많은 사람들이 스스로 '나다운 삶을 살고 있지 못하다'는 사실을 모른다는 것이다. 소크라테스의 깨우침이 바로 이것이다. 보통 사람들은 '내가 누구인지 모른다는 사실을 모르는' 상태인데, 그는 '내가 누구인지 모른다는 것을 아는' 상태(I know this not knowing)였던 것이다.

어떻게 'POWER'에서 'power'를 지속적으로 끌어낼 수 있을 것인가? 그것은 '내가 누구인지 모른다.'에서 '내가 누구인지 모른다는 것을 안다.'로 가는 것과 같다. 그런 알아차림이 있으면 성찰 질문이 가능하기 때문이다. 이것이 임파워링(Empowering)에 대한 깨우침이다. 임파워링은 그 사람만의 독특한 씨앗에 담긴 잠재력, 그러니까 원래 내면에 잠재되어 있는 파워를 끄집어내어 마음껏 성장하고, 활짝 꽃피울 수 있도록 돕는 작업이다. 코칭에서 자신이 가진 본래의 잠재력을 인식하도록 관점을 전환시키고, 그것을 위해 도전하도록 꾸준히 지지하고, 지원하고, 요청하는 이유가 여기에 있다.

코칭 리더십은 사람들을 임파워링해 주는 과정이다. 임파워링을 해주려면 그 사람이 누구이고 어떻게 잠재된 파워를 계속 활용할 수 있을

지를 알게 해주는 과정이 필요하다. 즉 현재 상황과 여건에 맞도록 도와주고 지원해 주는 소통 과정이 필요한 것이다. 잠금된 씨앗이 가시밭이나 돌밭에 떨어지지 않고 좋은 흙에 떨어져 거대한 나무로 커갈 수 있게 해주는 것이다. 이 목적을 위해 만들어진 구조화된 프로세스가 '맞춤형 코칭 리더십'이다.

긍정의 씨앗에 물주기

임파워링 코칭은 씨앗에 물을 주어 꽃을 피울 수 있게 해주는 일이다. 우리 내면에는 사랑, 기쁨, 평화, 자애, 연민, 관용 등과 같은 '긍정의 씨앗'과 걱정, 근심, 불안, 공포, 비난, 화, 후회 등과 같은 '부정의 씨앗'이 있다. 어느 씨앗에 물을 주어 어떤 꽃을 피울 것인가는 각자의 선택에 달렸다.

임파워링 코칭에서는 코치가 상대방 스스로 지금 어느 씨앗에 물을 주고 있으며, 그로 인해 의식의 표면에 무엇이 올라오고 있는지를 알아차리게 해준다. 그리고 자신이 원하는 삶을 살기 위해 어느 씨앗에 물을 주어야 할지 선택하도록 도와준다. 자기 안에 있는 긍정의 씨앗에 물을 줄 때 그것은 표출된 자신의 잠재력(power)이 된다. 또한 후회 같은 부정적 씨앗도 그것을 바라보는 시각에 따라서 긍정적 자원이 될 수 있다. 후회를 죄책감으로만 받아들이지 않고, 미래를 향한 새로운 각오와 다짐으로 전환한다면 그것은 또 다른 긍정 파워를 만들어 내는 씨앗이 된다.

우리가 어떤 씨앗에 물을 주는지에 따라 우리의 생각과 성장 가능성이 달라진다. 긍정의 씨앗에 물을 주어 만들어진 힘은 지금 내가 원하는 것을 성취하는 힘(power)은 물론이고, 충만한 삶, 성공적인 비즈니스와 커리어, 인간관계, 영적인 자아 인식 등 삶의 모든 영역에서 변화의 에너지가 된다. 임파워링의 넓은 의미는 '씨앗의 지속적 관리'다. 지속 관리는 일종의 '수행'이라고 부를 수 있다.

수행의 첫 단계는 자신이 어떤 씨앗에 물을 주고 있는지 알아차리는 과정이다. 내가 두려움을 느끼고 있다면 내가 이미 그 두려움에 물을 주고 있는 것이다. 화가 올라오면 이미 화의 씨앗에 물을 주고 있는 것이다. 자신이 어떤 상황에 있음을 아는 것을 '알아차림'이라고 한다. 알아차림이 필요한 이유는 우리 안의 부정적 씨앗에 물을 주지 않음으로써 그것이 의식의 표면으로 올라오지 않게 하기 위해서이다.

우리가 원하는 것을 이루기 위한 진정한 힘을 얻으려면 먼저 긍정의 씨앗에 물을 주어야 한다. 만약 부정의 씨앗이 싹을 틔우고 올라오면 그것을 알아차리고 자신을 잘 보살펴주어야 한다. 이러한 과정을 되풀이함으로써 얻게 되는 힘이 바로 진정한 임파워링의 힘이다.

6. 리더십 패러다임을 바꿔라

조직에서 리더가 부하직원을 바라보면서 '아, 저 친구는 문제가 있네. 내가 좀 가르쳐야겠어.'라고 생각하면 그 사람에게 지시하고 명령

하는 방법을 사용한다. 그런 후 그대로 잘하면 당근을 주고, 못하면 채찍을 가한다. 이것이 '전통적 리더십'이고 낡은 리더십이다. 이러한 통제의 근저에는 '나 중심(Me-Centered)'의 패러다임이 있다. 이런 리더십을 사용하게 되면 부하직원은 자기 내면에 커다란 잠재력이 있지만, 리더가 지시하고 명령하고 가르치는 대로만 하면 되기 때문에 굳이 자신의 파워를 성장시켜 꺼내 쓸 생각을 하지 않는다. 이런 과정이 반복되면 부하직원이 가진 내면의 파워는 점점 줄어들게 된다. 결국 가르치고 지시하고 명령해야만 움직이는 수동적인 사람이 된다. 그렇게 시간이 한참 흐른 후에는 스스로 자기 얼굴을 쳐다보기조차 민망한 사람이 되어 버린다. '모두 그렇게 살고 있지 않아?'라고 위로하면서 말이다.

상대 중심의 패러다임

'맞춤형 코칭 리더십'은 패러다임 자체가 다르다. '나 중심(Me-Centered)'이 아니라 '상대방 중심(You-Centered)'이다. 그래서 나를 잠시 접어두고 상대를 먼저 생각하게 된다. 사람은 누구나 자신이 삶의 주인공이며, 자신이 한 일에 책임을 진다. 그러니 상대가 스스로 삶을 선택하고 결정해 자신의 존재를 만들어가도록 도와주면 된다. 그것이 '상대방 중심' 패러다임이다.

'황금률(golden rule)'이라는 말이 있다. '남에게 대접을 받고자 하는 대로 너희도 남을 대접하라'는 성경 구절을 3세기 로마 황제 세베루스 알렉산데르가 금으로 써서 거실 벽에 붙여 놓은 데서 유래한 말이라고 한다. 이 황금률은 긴 세월이 지난 지금까지도 대인관계에서 황금처럼 소중한 하나의 윤리지침으로 받아들여지고 있다. 그런데 황금률을 가만히 들여다보면 이런 전제를 발견하게 된다. '내가 대접받고 싶은 대로 상대방도 대접받기를 바랄 것이다.' 과연 그럴까?

어느 날 사자와 소가 서로 사랑에 빠졌다. 둘은 서로 너무나 달랐지만, 그 무엇도 둘을 갈라놓을 수 없었다. 주변의 많은 반대를 무릅쓰고 둘은 결국 결혼을 하게 되었고, 너무나 행복했던 둘은 서로에게 최선을 다하려고 노력했다. 사자는 사랑하는 아내를 위해 하루 종일 열심히 사냥을 해서 가장 맛있는 고기를 아내에게 가져다주었다. 그러나 아내는 고기를 먹지 못했다. 소는 초식동물이었기 때문이다. 한편 소는 사랑하는 남편을 위해 하루 종일 열심히 풀을 뜯어다 가장 맛있는 풀을 남편 앞에 내놓았다. 그러나 남편은 풀을 먹지 못했다. 사자는 육식동물이었기 때문이다. 둘은 서로를 위해 최선을 다했지만 그럴수록 서로에게 더 깊이 상처받았고, 시간이 지나서 둘은 결국 헤어지게 되었다. 헤어지면서 둘은 서로에게 이렇게 말했다. "그래도 나는 당신에게 최선을 다했어."

황금률은 '내'가 대접받고자 하는 대로 남을 대접하는 것이기 때문에 항상 자기중심적으로 생각하고 판단하게 될 위험이 있다. 자칫 잘못하면 사자와 소의 이야기처럼 내 생각대로 잘해주다가 오히려 관계를 해치게 될 수도 있는 것이다. 이런 황금률을 보완해 한 차원 높인 것이 바로 '백금률(platinum rule)'이다. 백금률이란 '다른 사람이 원하는 대로 그들을 대접해주라.'는 것이다. 황금률이 나 중심적 방식이라면, 백금률은 상대방 중심적 접근이다.

　인간관계에서 백금률은 '이것이 내가 원하는 것이다. 그러므로 다른 사람에게도 같은 것을 주겠다.'라는 관점에서 '먼저 상대가 원하는 것을 이해한 다음, 그것을 그 사람에게 주겠다.'는 관점으로 전환한 것이다. 즉, 자신이 좋아하고 싫어하는 것이 아니라, 상대방의 욕구와 기호에 따라 그를 대접하는 것이다.

　이것은 사실 너무나 당연한 이야기다. 그런데 실제 우리 삶에서는 사자와 소의 러브스토리를 생각보다 자주 경험하게 된다. 부부관계에서는 이런 상황을 더 자주 목격하게 된다. 젊었을 때는 그래도 상대방을 먼저 생각해 주려고 노력했는데 나이가 들면서 점점 자기중심적으로 변해가는 부부들이 많다. 그런 경우 사자와 소 이야기를 들려주며 황금률과 백금률의 차이를 생각해보게 하고 '내가 지금 어떻게 하고 있나?'를 물어보면 해결책이 보인다. 부부관계의 갈등을 들여다보면, 사사건건 갈등의 원인이 바로 자기 방식대로 대접받기를 원하고, 자기 방식대로 상대를 대접했기 때문임을 알아차리게 된다.

　그래서 서로에게 다음과 같은 질문을 해보게 한다. "당신은 무엇을 원하는가?, 당신은 어떻게 되기를 바라는가?, 당신 생각은 어떤가?, 당신은 어떻게 해주면 좋겠는가?" 옛 현인들도 한결 같은 가르침을 준다. '지피지기(知彼知己: 상대를 알고 나를 알아라.)', '역지사지(易地思之: 상대방 입장에서 생각해보라.)', '기소불욕 물시어인(己所不欲 勿施於人: 내가 원치 않은 것은 다른 사람에게도 시키지 마라.)와 같은 말도 결국 황금률을 넘어 백금률을 구현하라는 지혜가 아니겠는가? 이러한 지혜가 맞춤형 리더십의 패러다임이고, 그 지혜가 코칭 리더십에 고스란히 들어 있다.

조직의 문제 해결 접근법

조직에서 문제 해결에 접근하는 방법은 크게 두 가지가 있다. 하나는 '문제 집중 접근법'이다. 이는 우리에게 매우 익숙한 패러다임이다. 먼저 니즈를 파악하고, 그에 따른 문제를 인식하고, 문제의 원인이 무엇인지, 나아가 가능한 해결책은 무엇인지 분석한다. 이렇게 무엇이 문제의 원인인지를 파악하다보면 자칫 '누가' 잘못한 일이고, '누가' 책임져야 할 일인지로 접근할 가능성이 많다. 조직의 조화로운 관계를 해쳐 긴장감은 높아지고, 에너지 레벨은 낮아진다. 이렇게 에너지 레벨이 낮아지면 창의적인 문제 해결을 위한 자유로운 토론이 일어나지 않는다.

또 하나는 긍정과 강점을 바탕으로 한 접근법이다. AI(Appreciative Inquiry)라고 하는 프로그램에서 사용하는 방법인데, 코칭 접근법과 거의 같다. 현재 상태에서 가치를 발견하고 탐구하며, 나아가 진정으로 되고 싶은 모습을 그리면서 창조적이고 가능한 방법을 발굴한다. 따라서 이 접근법은 '개인과 조직은 발굴해야 할 미스터리(mystery)로 가득하다.'는 전제 위에서 출발한다. 이러한 시각으로 문제에 접근하면 에너지 레벨이 부쩍 높아지고, 조직 구성원 안에 있는 작은 가능성의 씨앗들이 그 모습을 드러내게 된다. 이렇게 될 때 임파워링이 실현하는 것이다.

얼마 전, 유럽과 관련된 비즈니스를 하는 사람의 이야기를 들어보니 유럽 경제의 영향으로 기업에 어려움이 많다고 한다. 이럴 때 담당 임원들이 회의를 주재하거나 문제에 접근하면서 어느 방향으로 이끌어 가는지가 매우 중요하다. 실적이 나빠지면 모두가 예민해진다. 혹시나 불똥이 내게 튀지 않을까 몸을 사리게 된다. 그런데 이때 리더가 '우리 조직과 조직원들에게 해결되어야 하는 문제가 있다.'라는 시각으로 접근하면 서로 눈치를 보며, 다른 사람에게 책임을 전가하는 상황이 벌어지게 된다.

그런데 리더가 만약 '우리의 조직과 조직원들은 발굴해야 할 미스터리 또는 잠재력으로 가득하다.'는 패러다임을 가지면, '우리 팀은 각자 자기 안에 어떤 가능성이 있지?', '내가 이 프로젝트를 추진해 나가는 데 어떻게 기여하지?', '내가 어떻게 도울 수 있지?' 하는 방향으로 생각을 전환하게 된다. 스스로 사유하는 힘이 생겨나는 것이다.

리더는 구성원들 사이에서 긍정의 에너지를 만들어 내야 하는 책임이 있다. 그런데 어떻게 할 수 있을까? 그 방법 중 하나가 긍정 심리학에 기반을 둔 '코칭 리더십'이다. 최근 들어 코칭 리더십은 중견 이상의 리더가 필수적으로 갖추어야 할 핵심 역량이 되고 있다. 잭 웰치는 이

조직의 문제 해결 접근법

문제 해결식 접근	긍정과 강점 기반 접근
"조직은 해결되어야 하는 문제가 있다."	"조직은 발굴해야 할 신비(mystery)로 가득 차 있다."

– Appreciative Inquiry에서 인용

미 오래 전에 이러한 상황을 깨닫고 "모든 리더는 반드시 코치가 되어야 한다."고 강조하기도 했다.

조직에서의 동기부여도 임파워링해 주는 코칭 리더십이 가장 적합하다. 동기부여하면 흔히 당근과 채찍 이론이 가장 널리 활용되고 있다. 잘했을 때는 적절한 보상을, 못했을 때는 합당한 벌을 주는 것이다. 당근과 채찍 이론은 사실 동물들에게 적용하는 오래된 통제 이론이다.

한편 통제의 반대편에는 자기 마음대로 하도록 풀어놓는 방법이 있다. 이것은 실제로는 방임이고, 책임 소홀이다. 임파워링은 '원하는 결과'를 분명하게 공유하면서도, 자율성과 책임감을 가지고 그에 맞는 결과가 나오도록 스스로 행동하도록 유도한다. 이것이 가능한 이유는 인간의 내면에는 누구나 자기답게 살고자 하는 욕구가 있기 때문이다. 자기답게 살기 위해 자신의 가치관에 따라 선택하고, 그 결과를 책임지려는 의지가 있는 것이다. 그리고 그 안에는 무한한 가능성이 있기 때문이다.

상대의 수준에 맞추는 리더십

임파워링 코칭은 맞춤형으로 진행되기 때문에 상대방의 수준이 어떠한지를 아는 것이 중요하다. 그래야 상대방의 수준에 맞추어 지시하는 방법과 피드백을 다르게 할 수 있기 때문이다. 그 수준은 보통 4단계로 구분된다. 다음은 수준에 따라 지시와 피드백을 명료화하는 과정으로, 맞춤형 리더십의 한 형태다.

맞춤형 리더십 수준

매니저 | **구성원**

LEVEL 1	LEVEL 2	LEVEL 3	LEVEL 4
Why를 설명한다	Why를 설명한다	Why를 설명한다	Why를 설명한다
결과를 구체화한다	결과를 구체화한다	결과를 구체화한다	**결과를 구체화한다**
무엇을 할 것인가를 결정한다	무엇을 할 것인가를 결정한다	**무엇을 할 것인가를 결정한다**	**무엇을 할 것인가를 결정한다**
어떻게 할 것인가를 결정한다	**어떻게 할 것인가를 결정한다**	**어떻게 할 것인가를 결정한다**	**어떻게 할 것인가를 결정한다**
실행한다	**실행한다**	**실행한다**	**실행한다**

* 이 도표는 미국 프랭클린코비社의 '4 Roles of Leadership' 프로그램에서 제시한 모델을 저자가 임파워링 리더십에 맞춰 재구성한 것이다.

    수준 4는 왜 이 프로젝트를 해야 하는지만 설명해주면, 어떤 결과를 창출해야 하며 무엇을 해야 할지, 그리고 어떻게 해야 할지는 알아서 한다. 이 경우에는 실행하고, 정기적으로 보고 하는 과정으로 업무가 진행된다.

    수준 3은 이 프로젝트를 왜 해야 하는지를 설명해주고, 어떤 결과를 내야 할지까지를 분명히 해주어야 한다. 이 경우 무엇을 해야 할지, 어떻게 해야 할지에 대한 것은 구성원이 결정한다. 구성원이 실행하고 그 결과를 바로 보고하는 방식으로 업무가 진행된다.

    수준 2는 비교적 낮은 통제 단계이다. 왜 하는지, 어떤 결과를 내야 할지, 무엇을 해야 할지를 정해준다. 업무는 그 무엇에 대해서 의견을 제시하고 확인하면서 진행된다.

    수준 1은 비교적 높은 통제 단계이다. 왜 하는지, 무엇을 해서 어떤 결과를 내야하고, 어떻게 해야 하는지를 지시한다. 이 경우는 구성원이 지시를 바라고 기다리는 수준이다. 지시할 때까지 기다리고, 지시한 것은 딱 거기까지만 한다. 수준 1은 동기부여나 역량이 부족한 사람에게 지시하는 방법이고, 수준 4는 동기부여나 역량이 높은 사람에게 지시하는 방법이다. 이처럼 조직에서 맞춤형 리더십은 일단 상대의 수준에 맞추어 리더십을 발휘한다. 상대가 수준 2에 있으면 그 수준에 맞는 리더십을 사용하고, 수준 4에 있으면 그 수준에 맞는 리더십을 사용하는 것이다. 그런데 임파워링 과정을 경험해가게 되면 자신과 상대의 수준이 점점 향상되는 것을 체험하게 될 것이다.

Q&A 멈추고 알아차리기 (새로운 기회 창출)

Q. 내가 정말로 원하는 삶은 무엇일까?

A.

Q. 그것을 위해 내가 가지고 있는 자원(리소스)은 무엇인가?

A.

Q. 내 삶에서 혁신적 전환을 이루고 싶은 때는 언제인가?

A.

Q. 변화를 위한 포스와 파워는 어떻게 다른가?

A.

Q. 인간관계에서 나 중심(Me-Centered)에서 상대방 중심(You-Centered)으로 패러다임을 바꾼다는 것은 무엇을 의미하는가?

A.

Q. 조직에서의 문제 접근법은 어떤 것이 있는가?

A.

Q. 임파워링이란 무엇을 뜻하는가?

A.

Q. 조직에서 신뢰 즉 상황과 역량에 따른 임파워링 해 줄 수 있는 수준은 어떻게 구분하는가?

A.

Q. 자신을 임파워링 해주기 위해 나는 어떻게 하는가?

A.

CHAPTER

2

맞춤형 리더에게는 사람을 위한 공간이 있다

EMPOWERING

1. 경청은 상대의 마음을 듣는 것이다

전문코치인 김상임 코치의 딸 김주현(성신여대 산업디자인과 4학년) 학생이 코칭을 배운 후 변화한 엄마의 모습을 쓴 글이다.

'엄마'라는 존재가 모든 사람에게 똑같은 의미를 지니지는 않는다. 누군가에게는 친구 같은 존재, 누군가에게는 피하고 싶은 존재, 누군가에게는 그저 하나의 단어에 불과할 수도 있다. 나에게 엄마는 사랑받고 싶지만 무서운 존재였다.

학창 시절 엄마는 나에게 말 그대로 독사였다. 독사는 독샘을 가지고 있어 물 때 이빨에서 독을 분비하는 뱀이다. 자기 엄마를 독사에 비유한다면 '너무한다'고 생각하겠지만, 한참 감수성이 풍부하고 예민하던 그 시절 나는 엄마의 독설에 늘 상처를 받았다. 그 당시 엄마는 건드리기만 하면 터져버릴 풍선처럼 너무나 신경질적이고 다혈질이었다.

나는 아주 어릴 적부터 할머니, 할아버지와 많은 시간을 보냈다. 엄마와 아빠가 맞벌이를 해서 함께할 시간이 별로 없었다. 그러면서 엄마와 나 사이에 왠지 모를 벽이 생겼다. 한 지붕 아래 살면서도 하루 일과를 이야기하거나 같은 여자로서 감정을 공유하는 일도 별로 없었다. 사춘기를 거치면서 나는 친구들에 대한 이야기나 학교 이야기를 '그냥'이라는 말로 대신하게 되었고, 그럴수록 엄마와 나 사이에는 오해가 쌓여갔다. 내가 가끔 엄마에게 위로받고 싶어 투정을 부리면 그것은 곧 질책이 되어 돌아왔고, 사소한 말다툼에도 엄마는 언성을 높이기 일쑤였다. 그러면서 내 마음은 엄마의 이빨 자국으로 검붉게 물들어 갔다.

그러던 중, 언제부터였는지 잘 기억나지는 않지만 엄마가 내 이야기를 들어주려고 부단히 노력하고 있다는 것을 느끼기 시작했다. 그러면서 나도 늘 마음속으로만 생각해왔던 이야기를 엄마한테 하기 위해 조금씩 용기를 내게 되었고, 엄마는 그런 나를 더욱 북돋아 주었다. 말이 아닌 행동으로 말이다. 차츰 시간이 지나면서 서로에 대해 이야기하는 시간이 많아지자, 삐걱대던 엄마와 나 사이가 변하기 시작했다. 그리고 어느 날 엄마의 모습을 보니 신경질적이고 무섭기만 하던 엄마가 어느새 부드럽고 애교 많은 엄마로 변해 있었다.

'언제부터 이렇게 변해 있었지? 잠깐, 예전의 모습이 어땠길래 내가 변했다고 생각하는 거야? 엄마가 몇 년 전부터 이랬지? 아, 코칭인가 뭔가를 공부하러 다닌 뒤부터 그랬던 것 같아. 그때부터 엄마가 천사 같은 모습으로 조금씩 변한 것 같아······.'

대학에 들어와서 나는 친구들에게 우리 가족 이야기를 부쩍 자주 하게 되었다. 친구들은 하나같이 우리 가족이 정말 부럽다고 했다. 내가 태어날 때부터 나를 아껴주신 할머니와 할아버지, 활동적이면서도 가정적이고 부드러운 성격의 아빠, 항상 나를 지지해주고 친구들 앞에서도 내 자랑을 숨기지 못하는 엄마, 애교 많고 한다면 하는 오빠. 엄마의 변화가 없었다면 우리는 여전히 수시로 삐걱대는 평범한 가족에 지나지 않았을 것이다.

요즘 들어 가끔씩 시시콜콜한 하루 일과를 엄마한테 이야기할 때, 또 내가 원하는 일을 엄마에게 주저 없이 말할 때, 잘 들어주고 인정해주는 코치형 엄마로 변한 모습에 감사하게 된다. 엄마를 보면서 나는 한 사람의 노력이 많은 사람의 삶을 바꿀 수 있다는 것을 믿게 되었다. 그 일을 내가 직접 경험하고 있으니까. 그리고 이제 전문코치로 성장하기 위해 끊임없이 노력하는, 세상에서 단 하나뿐인 우리 엄마의 이야기를 내가 들어드릴 차례다.

엄마와 딸의 관계를 이렇게 변화시킨 비밀의 열쇠는 무엇일까? 잘 들어주는 것이다. 귀의 육체적 기능을 활용해서 그냥 듣는 것(聞)이 아니라, 몸과 마음과 영혼을 모두 기울여 들어주는 것(傾聽)이다. '대화의 신'이라 불리는 래리 킹도 "대화의 90%는 경청이다. 대화의 첫 규칙은 듣는 것이다. 말하고 있을 때는 아무것도 배울 수가 없다. 대담 중 내가 하는 말에서는 아무것도 배울 것이 없다는 사실을 매일 아침 깨닫는다. 오늘도 많은 것을 배우기 위한 길은 그저 상대의 말을 경청하는 것뿐이다."고 말했다. 이러한 경청이 바로 몸과 마음과 영혼을 기울여 듣는 것이다.

코칭에서 경청이 중요한 이유도 이와 같다. 경청은 코치의 가장 기본 태도다. 코칭에서 경청은 '상대를 존중하고 이해하고자 하는 마음으로, 내 안에 있는 공간(스페이스)을 상대에게 내어주는 적극적 태도'라고 정의할 수 있다. 이 공간을 통해 코치는 상대를 이해하고 상대와의 연결 통로를 만들어낸다. 그런 까닭에 이 공간은 상대에게 어떤 평가나 판단, 비난 없이 마음 놓고 이야기할 수 있도록 허용한다. 또 살면서 겪는 갈등, 고통, 갈망, 두려움, 욕구, 불만과 혼란의 상태에서 벗어나 세상을 함께 공유하는 곳이 되도록 해야 한다. 이때 칼 로저스라는 미국의 심리학자가 말했듯이 코치는 '타인이 부동의 존재가 아닌, 변화와 발전 중에 있는 주체로서, 있는 그대로를 받아들이는 태도'를 취하는 게 중요하다.

이렇게 상대를 받아들이고자 하면 '왜 지난번에는 이렇게 이야기하고, 이번에는 이렇게 이야기하느냐'로 따지지 않게 된다. 다만 호기심을 갖고 배경을 물어보면서 그 동안 상대방이 발전한 과정을 지켜보면 된다. 필요할 때는 다르게 이야기한 것을 마음의 거울에 비춰줌으로써 상대가 자신의 변화를 스스로 알아차리도록 도와주면 된다.

사실 경청이라는 말 자체에 코치가 가져야 할 태도가 고스란히 담겨 있다. 경청(傾聽)은 경(傾)과 청(聽)으로 이루어져 있다. 경(傾)은 '몸과 마음을 기울인다.'는 뜻이다. 청(聽)은 편의에 따라 몇 가지 해석이 가능하다. 그 중 하나가 '왕(王)의 이야기를 듣는 것 같이 귀를 열고 열 개(十)의 눈(目)으로 상대의 모든 움직임을 보고 느껴서 상대방의 마음(心)과 하나(一)가 되도록 한다.'는 뜻이다. 또 다른 해석은 '상대방의 말에 귀(耳)를 기울여 요지(壬)를 잘 파악하고, 열 개(十)의 눈(目)으로 상대의 모든 움직임을 보고 느껴서 상대방의 마음(心)과 하나(一)가 되도록 한다.'는 것이다.

어느 것이든 상대의 마음을 이해할 수 있도록 상대의 말을 들을 수 있어야 한다. 그래야만 사람 자체를 온전히 듣게 된다. 즉, 상대가 하는 말을 들을 때는 상대의 전부를 듣는다는 태도를 가져야 한다. 영어로 '아이 리슨 투 유(I listen to you: 나는 당신을 듣습니다)'라고 하지, '아이 리슨 투 유어 워드(I listen to your word: 나는 당신의 말을 듣습니다)'라고 표현하지 않는 것과 같은 맥락이다. 상대의 말이 아니라, 상대방의 마음을 듣고 사람 자체를 온전히 듣는다는 의미이다.

동양 고전에도 '이청득심(以聽得心: 상대방의 말을 경청함으로써 상대방의 마음을 얻는다)'이라 해서 경청이 '곧 마음을 듣는 것'임을 강조했다. 상대의 마음을 듣는 경청이어야 비로소 상대방을 이해할 수 있게 되기 때문이다. 원래 커뮤니케이션이라는 단어의 어원인 라틴어 '콤뮤니스(communis)'는 '나눈다'는 뜻이다. 서로 이해하고 생각과 의도와 감정 등을 공유하며 나누기 위해서는 우선 잘 들어야 한다.

'말하는 것은 지식의 영역이고, 듣는 것은 지혜의 영역'이라는 말도 있다. 그렇다면 자신도 모르는 잠재된 지혜를 일깨워 밖으로 드러나도록 지원하는 역할을 하는 코치에게는 경청이 필수적일 수밖에 없다. 코치가 말을 너무 많이 한다는 지적은 많지만, 코치가 말을 '너무 많이 듣는다.'는 지적은 들어본 적이 없다.

호기심을 일으켜라

두 연인이 서로 대화하는 장면을 떠올려보라. 나 중심적으로 이야기하는가, 상대방 중심적으로 이야기하는가? 사랑하는 사람이나 관심 있는 사람끼리는 상대 중심으로 듣게 마련이다. 왜일까? 상대에 대한 무한한 호기심 때문이다. '정말 당신이 원하는 것은 무엇인가요?', '당신이 바라는 삶의 모습은 어떤 건가요?', '당신이 깊이 몰입하고 있는 것은 무엇인가요?', '지금 당신을 괴롭히고 있는 것은 무엇인가요?' 등 상대방에 대한 호기심이 작동할 때 상대의 이야기를 잘 듣게 된다.

어느 연말 동창 모임에 갔을 때의 일이다. 친구 한 명이 자기 아내에 대한 불편한 심기를 토로하기 시작했다. 나이가 들면서 아내가 점점 드세고 거칠어져서 룸메이트는 고사하고 하우스메이트(house-mate)로도 지내기도 힘들다는 것이었다. 그래서 친구에게 이렇게 질문했다. "아내가 이야기할 때 자네는 얼마나 호기심을 갖고 들어주나?" 그랬더니 친구의 반응이 시들했다. "결혼한 지 수십 년이 지났는데 호기심은 무슨……." 그래서 이렇게 되물었다. "아내가 이야기할 때 호기심을 갖고 열심히 들어준다면 어떻게 될까?" 그러자 주변에 있던 친구들이 "그러면 만사 오케이겠지. 하지만 그게 어디 말처럼 쉬운 일이야?" 하며 한마디씩 거들더니 "연애할 때의 초심으로 돌아가서 들어준다면 가능하겠네."라고 결론을 내렸다.

부부는 서로에 대해 너무 잘 안다고 생각한다. 그래서 상대가 어떤 말이나 행동을 하게 되면 그 동안 쌓인 선입견으로 바로 판단을 하기 때문에 중립적으로 대화하기가 쉽지 않다. 당연히 좋은 관계를 유지하기도 어렵다. 그렇지만 이런 경우에도 '호기심'이라는 철칙 하나만 잘 기억하고 있으면 좋은 관계를 만들어갈 가능성이 상당히 높아진다.

호기심은 '새롭고 신기한 것을 좋아하거나 모르는 것을 알고 싶어 하는 마음'이다. 길거리에 사람들이 모여 뭔가를 보고 있으면 나도 알고 싶어진다. 이상한 그림이 걸려 있으면 '이게 뭐지?' 하고 들여다보게 된다. 그래서 호기심이 있는 사람은 주변의 현상에 대해서 '왜 그럴까?' 또는 '무슨 일일까?' 하는 마음으로 보고, 듣고, 질문하게 된다. 그리고 그 질문에 대한 답을 찾으려고 한다. 그렇기 때문에 호기심은 자발적으로 지식을 습득하고, 사고하고, 행동하는 데 많은 영향을 끼친다.

아리스토텔레스는 호기심이야말로 인간을 인간이게 하는 특성이라고 했다. 아인슈타인도 "나는 천재가 아니다. 다만 호기심이 많을 뿐이다."라고 말했다. 프랑스의 화가 오딜롱 르동은 환상적인 눈을 그렸다. 커다란 눈이 열기구를 타고 하늘을 날고 있는 듯 보인다. 여기서 하늘을 나는 열기구는 무한한 자유와 호기심을 표현하고, 인간의 눈은 호기심에 가득차서 도전 정신과 모험심에 불타는 모습을 연상케 한다. 오딜롱

오딜롱 르동, 에드거 포에게: 무한대로 여행하는 이상한 풍선 같은 눈, 1882년.

르동은 상상력의 대가답게 호기심이 담긴 눈, 감탄하는 눈을 열기구와 결합하여 환상적 작품을 창조한 것이다.

코칭은 사람을 '호기심 가득한 눈'으로 바라보는 것부터 출발한다. 코치의 필수조건이 상대를 향한 열린 마음을 갖는 것이기 때문이다. 코치가 코칭 대상에 대해 호기심을 갖게 되면 상대의 내면에 대한 탐구가 시작됨으로써 코칭의 공간에 신선한 활력을 불어넣게 된다. 자연 이 공간에서 새로운 창조가 일어난다.

코칭에서 호기심은 상대방의 성격, 그의 사고방식, 세상을 보는 시각, 행동 유형, 리소스, 삶의 철학, 선택 의지 등을 알고 싶어 하는 것이다. 이 호기심 덕분에 상대가 하는 말이나 행동의 근간이 되는 여러 생각에 대해 질문하고 탐구하게 된다. 이 탐구가 바로 상대에게 유일한 존재로서 자신의 모습을 드러내도록 돕고 지원해주게 된다.

상대방은 코치가 자신에 대해 호기심을 갖고 질문할수록 자신에 대한 진지한 호기심으로 더 많은 이야기를 하게 된다. 이렇게 시작된 이야기는 자신도 모르게 더 많은 새로운 아이디어를 말하게 된다. 과학자나 철학자의 창조도 바로 이와 같은 호기심에서 출발한 것과 같은 원리다. 이들은 세상만물의 현상에 대해 호기심을 갖고 들여다본다. 호기심 어린 질문, 즉 '왜 그럴까?'로 시작한 질문은 인류 역사에서 수많은 전환을 가져왔다.

2. 먼저 태도를 들어라

경청을 잘하기 위해서는 그림에서처럼 여러 가지 요소가 필요하다. 그 첫 번째가 경청 태도다. 앞에서 경청을 '코칭 상대를 존중하고 이해하고자 하는 마음으로 내 안에 있는 공간을 상대방에게 내어주는 적극적 태도'라고 정의했다. 이 그림에서 보는 바와 같이 경청 태도는 다른 모든 경청 요소들을 모두 아우르고 있다.

코칭 상대가 아무리 좋은 이야기를 해도 코치가 먼 산을 보고 있다든지, 휴대전화를 자주 확인한다든지, 팔짱을 끼거나 턱을 받치고 듣는다든지, 심지어 하품을 하며 듣게 되면 상대방은 자신이 진짜 이야기하고 싶은 '속 이야기'를 하지 않고 '겉 이야기'만 하게 된다. 그러므로 코

경청의 방법 및 수준

치는 경청 태도를 올바르게 갖춰야 조금 더 깊이 있는 대화를 진행할 수 있다. 그 외에 코치가 피해야 할 태도는 다음과 같은 것이다. 컴퓨터를 보면서 대화하기, 수시로 전화 받기, 다리 꼬고 팔짱 끼기, 턱을 괴고 듣기, 몸을 뒤로 젖히기, 발 톡톡 치기, 볼펜을 돌리거나 딱딱 소리 내기, 손으로 얼굴 가리기, 상대방과 거리두기, 두 사람 사이에 장애물 놓기, 불필요한 행동 자주하기 등이다. 한편 경청할 때 갖추어야 할 코치의 외형적 태도로는 다음과 같은 것이 있다. 하던 일 잠시 멈추기, 몸을 상대에게 향하기, 눈 맞추기, 맞장구 쳐주기, 고개 끄덕이기 등이다.

경청을 영어로 리슨(LISTEN)이라고 한다. 그 첫 글자를 따서 이미 알려진 내용에 맞장구를 뜻하는 틱-택(Tic-Tac)을 넣어 다음과 같이 표기해보았다.

상대방이 말을 시작하면 하던 일을 멈추고, 몸을 앞으로 기울이며 호기심 어린 눈으로 미소를 짓는다. 그리고 중간 중간 고개를 끄덕이며 맞장구를 쳐주는 것이다. 이 설명 중에 틱-택(Tic-Tac)이라는 말

Lean Forward	몸으로 앞으로 기울이고
Interest	호기심
Smile	미소를 띠고
Tic-Tac	맞장구 치고
Eye contact	눈 맞추고
Nodding	고개 끄덕이고

은 시계의 똑딱(Tic-Tac)이란 의성어를 영어로 표기한 것인데, 한 사람이 똑(Tic) 소리를 내면 다른 사람은 딱(Tac) 소리를 내주라는 의미다.

맞장구 쳐주는 것은 국악에서 창을 하는 사람에게 고수(북이나 장구 따위를 치는 사람)가 '얼씨구', '그렇지', '잘한다' 등의 말로 분위기를 북돋워주는 것을 말한다. 대화할 때 맞장구를 쳐주면 흥이 생기고, 신바람이 날뿐 아니라 대화의 흐름이 매끄러워진다. 어떤 경우에는 단순히 맞장구만 잘 쳐주었는데 대화가 신나게 잘 풀리고, 관계가 좋아지기도 한다.

진짜 고수(高手) 코치는 고수(鼓手) 역할을 잘한다. '고수(高手)'는 자기가 경지에 오른 사람이고, '고수(鼓手)'는 다른 사람이 경지에 오르게 해주는 사람이다. 바로 코치형 리더 같은 사람이다. 맞장구치는 방법에 대해서는 공감 부분에서 더 자세히 다루기로 한다.

상대의 관점이 되어라

경청에서 낮은 수준을 '배우자 경청'이라고도 한다. 부부간의 경청 수준을 빗대어 말하는 것이다. 일반적으로 남편에게서 많이 나타난다. 남편이 신문이나 텔레비전을 보면서 아내의 이야기를 건성으로 듣거나 아내가 하는 말을 가로막고 자기 이야기만 하는 경우다. 또한 남녀를 불문하고, 말하다가 자신이 무슨 말을 했는지 상대가 무슨 말을 했는지 잊어버리는 경우도 여기에 들어간다. 낮은 수준의 경청일수록 자기중심적인 특성이 높아진다.

자기중심적 에고(ego)가 강할수록 자기중심의 관점이 강해지고, 점점 자기 상자 안에 갇히게 된다. 그러니 그 상자 안에 들어 있는 것만 들리게 된다. 어느 노래 가사처럼 '내 속엔 내가 너무도 많아 당신의 쉴 곳 없네.'가 되는 것이다. 실제로 많은 사람이 자신의 생각과 관점으로 듣는다. 자신의 것과 다른 생각이나 관점은 들으려 하지 않는다. 자신의 것과 다른 것은 틀린 것이라 생각하기 때문이다. 그러나 코칭 패러다임은 '나 중심(Me-Centered)'이 아니라 '상대방 중심(You-Centered)'이다. 그러므로 듣는 것도 상대방의 관점과 처지에서 들어야 한다.

나의 관점으로 듣기 시작하면 상대의 말을 내 기준으로 판단하고 해석하게 되어 다음에 내가 충고할 말을 생각하거나, 내가 궁금해 하는 것을 탐색하는 질문을 하게 된다. 이런 사람들은 상대방의 눈을 잘 바라보지 않는다. 보더라도 집중하지 않고 딴 짓을 하면서 말꼬리를 자르는 등의 태도가 나타난다.

스티븐 코비의 《성공하는 사람들의 7가지 습관》에서는 상대의 이야기를 자기중심적으로 들으면 자연히 자서전적인 반응을 하게 된다고 한다. 나의 경험, 편견, 선입견과 가치로 다른 사람의 말을 걸러낸다는 것이다. 그렇게 자기 관점으로 듣게 되면 상대를 이해하기보다는 내 생각으로만 대답하고 말하려는 욕구가 높아진다. 이런 경우 대부분은 충고, 탐색, 해석, 판단 등 자서전적 반응이 나오게 된다. 예를 들면 다음과 같다.

충고 : 다른 사람이 어떻게 해야 하는가를 말해주는 것이다.

그러므로 문제를 들으면 그것에 대해 충고와 조언과 해결책을 제공한다.

예) 저도 그런 일을 겪어서 잘 알아요. 이렇게 해보세요.

탐색 : 지금 이 순간이 아닌 과거의 경험을 기준이나 안건으로 삼아 질문한다.

예) 그 일이 있었을 때 당신은 어디에 있었습니까? 이렇게 된 이유는 무엇입니까?

해석 : 사람들이 왜 그런 식으로 행동하는지 설명하는 것이다.

즉, 상대를 파악하거나 분석하려고 한다.

예) 당신이 그렇게 행동한 이유는 _____, 분명히 후회하셨을 것입니다.

판단 : 상대를 평가하는 것으로, 두 가지 형태를 취한다.

동의나 판단을 직접 이야기할 수도 있고, 어조나 표정 혹은 몸짓으로 표현할 수도 있다.

예) 정말 맞는 말씀입니다. 무슨 말씀인지 압니다.

나 중심적으로 듣지 않고, 자서전적 반응을 하지 않으려면 앞에서 언급한 것 외에 또 어떻게 해야 할까? '에미서리'라는 영성 수련 프로그램에서는 다음과 같이 말하고 있다.

1. 처음 듣는 것처럼 듣는다.

    즉, 한 번도 듣지 않은 것처럼 새롭게 들어야 한다. 상대는 처음 만난 사람이며, 지난번 만난 사람이 아니다. 그 동안 어떤 새로운 경험을 해서 생각이 바뀌어 있을지 모른다. 그러므로 이미 아는 것처럼 들어서는 안 된다.

2. 말의 형태를 넘어 생명의 진동을 느끼며 듣는다.

    말은 일종의 형태이나 말 속에는 그만의 삶에서 우러나온 생명의 힘과 기운이 있다. 그것을 느낄 때 그 사람이 말하는 의미를 알 수 있다. 그렇게 될 때 진짜를 듣는 것이다.

3. 스스로 진동하면서 듣는다.

    그렇게 들으면 가슴이 깨어난다. 가슴으로 듣게 되는 것이다. 자연히 상대의 말에 응답하게 된다. 응답하면서 가슴으로 들으면, 앎이 확장되고 생각만이 아니라 몸으로 알게 된다. 이때 감동할 것이 있으면 그것을 표현해야 한다. 표현하면 감동이 더욱 깊어지고, 울려 퍼지게 된다. 그러니 진동을 느끼며 듣고, 응답하며 들어라. 이 진동으로 사람과 사람 사이의 터치는 깊어진다.

4. 유연하게 듣는다.

    공감이 안 될 때 그것에 대해 고민하지 마라. 따지지 마라. 그것과 씨름하지 말고 유연하게 그냥 가라. 따지는 동안 다른 것을 다 놓친다. 그러다 보면 진동과 공명이 울리고 감동이 울린다.

치열한 경쟁사회에서 상대를 설득하기 위해 말을 잘하려고 노력하는 사람이 많다. 하지만 자기 마음속에 상대의 말을 귀 기울여 듣는 공간을 마련하고, 그것을 상대가 활용하도록 허용해주는 것은 참으로 위대한 소통의 지혜다.

3. 말과 맥락을 통째로 들어라

빙산 그림으로 돌아가보자. 우선 겉으로 표현한 말과 몸말을 잘 들어야 한다. 미국의 심리학자 앨버트 메라비언은 상대방에 대한 인상이나 호감을 결정하는데 있어서 7%가 언어(단어), 38%가 음성(어조, 억양, 음색)이고, 나머지 55%는 비언어적인 몸말(눈짓, 얼굴 표정, 제스처, 피부색 등)이 차지한다고 했다.

따라서 상대의 말을 잘 들으려면 우선 단어(언어)와 음성에 특히 주목해야 한다. 코칭에서 상대가 사용하는 단어에는 그 사람만의 고유한 시각과 가치관, 의미와 욕구 표현이 들어 있다. 또한 그 사람만의 독특한 언어 습관이 있다. 상대의 언어에는 표준어, 사투리, 영어와 혼합된 말 등 여러 가지 정보가 담겨 있다. 그래서 상대와 같은 주파수로 진동하려면 상대가 사용하는 말을 그대로 사용해야 한다. 코치는 상대의 언어를 즐겨 사용하고, 상대의 성장을 돕는 긍정적 언어를 선택해 사용해야 한다.

상대의 언어를 그대로 사용하라

코칭 상대의 언어를 그대로 사용하면 친밀감을 느끼게 된다. 상대가 경상도 사투리로 말하는데, 코치가 전라도 사투리로 반응한다면 어떻겠는가? 그 사람이 속한 문화에서 사용하는 고유한 언어나 전문용어도 일단 그 내용을 물어보고 사용해야 한다. 예를 들어, 코칭 상대가 GWP라는 용어를 사용했는데, 그 의미를 알면 그 말을 바로 사용하고 그 내용을 모르면 물어보고 나서 사용하라는 것이다. 요즈음 기업체에 가보면 그 조직만의 고유한 약어를 많이 사용한다. 그 때문에 관계 형성을 위해서라도 그들이 사용하는 용어를 알고 함께 사용할 필요가 있다.

키워드를 기억해 적절히 사용하라

(가) 세상을 보는 시각을 기억하라.

상대가 '나는 환경의 산물이다.'와 '나는 내가 한 선택의 산물이다.'라는 문장 중 어느 관점을 표현하느냐에 따라 그 사람이 문제에 접근하는 방식이 결정된다. 그 관점은 나중에 대안을 창출하거나, 실행 계획을 세울 때도 그대로 영향을 미치게 된다. 예를 들어, '당신은 선택의 결과로 어떤 삶을 원하는가?'라고 물을 수 있고, '당신의 환경은 어떤 선택을 강요하고 있는가?'라고 물을 수도 있다.

'나는 가정의 행복이 중요하다.' 또는 '나는 평생 성장이 중요하다.' 같은 표현이 코칭 대화를 하면서 어떻게 변화하고 진화하고 있는지를 파악하고, 나중에 코칭 상대에게 그것을 거울에 비춰주듯 알려주어야 한다. 그러면 상대는 자기도 모르게 표현한 그 언어가 갖고 있는 내면의 목소리를 스스로 들을 수 있게 된다.

(나) 가치관과 의미 표현을 기억하라.

사람들은 대화할 때 '나의 가치관은 이것이다.'라고 말하지 않는다. 오히려 '나는 인간관계에서 이런 것들을 중요하게 여긴다.', '삶에서 어디에 무게를 둔다.', '나는 이럴 때 즐겁다.', '이런 것을 할 때 제일 신난다.' 등으로 표현한다. 그럴 때 상대가 어떤 가치관을 갖고 있는지, 어떤 의미를 표현하는 것인지를 빨리 파악하려면 그것을 표현하는 단어가 무엇인지 알고 있으면 도움이 된다. 가치관이나 의미 표현 단어는 다음과 같은 것이 있다.(가나다 순)

가식 없음, 개인적 능력, 감사, 가정의 행복(화목), 가족, 강인함, 건강, 검소함, 결단력, 결혼, 격려, 경력, 풍요, 경쟁, 경청, 겸손, 계몽, 공동체, 공정, 공헌, 과감, 관용, 관계, 관대함, 구원, 권력, 권위, 긍정적 태도, 교육, 균형, 극기, 근면, 끈기, 기쁨, 기술, 기지, 깨끗함, 너그러움, 다양성, 단순함, 대담성, 도덕성, 도움, 도전, 독립성, 돈 벌기, 동정과 자비심, 따뜻함, 리더십, 로맨스, 마음의 평온함, 말 절제, 명예, 목적의식, 목적에 대한 확신, 모험, 미의 세계, 민감성, 믿음직함, 발전, 배려, 배우기를 좋아함, 변화, 본보기 되기, 봉사, 부유함, 사람들에게 감동 주기, 사랑, 사려, 상상력, 사회적 인정, 삶에 대한 존중, 생명, 생산성, 섬김, 성과 창출, 성공, 성숙한 사랑, 성실, 성장, 성취, 소신, 소통, 순수함, 순종, 승리, 신, 신념, 신뢰, 신실함, 신앙, 신용, 신중, 실용, 실천, 아름다움, 안락한 생활, 안전, 안정성, 약속 지킴, 양육, 역량, 영적 성장, 영향력, 열심히 일함, 열정, 예술적 감각, 예의, 온유, 용기, 완벽, 우수함, 우아함, 우의, 우정, 위험 감수, 유머와 위트, 유연성, 육체적 활기, 윤리의식, 의지력, 이타적인 삶, 우주와 일체감, 인내, 인맥 관리, 인정, 임파워링, 자기 표현, 자아실현, 자발성, 자비심, 자신감, 자존감, 자아실현, 자유, 자율성, 잠재력 개발, 재미, 절도, 절약, 절제, 정리 정돈, 점검, 정서적 안정, 정신적 활동, 정의로움, 정직, 정확성, 조건 없는 사랑, 조화, 존경, 종교, 주도성, 준법, 중용, 즐거움, 지위, 직업적 성취, 지식, 지속적 변화, 진실함, 진정성, 진취성, 지식, 지혜, 집중력, 창의성, 창조, 철저함, 책임, 청결, 청렴, 초월성, 초연, 충직, 친절, 친화력, 탁월함, 통제, 팀워크, 코칭, 커뮤니케이션, 쾌활함, 평등, 평온함, 평정심, 평화, 풍요로움, 프로정신, 학문 탐구, 학습, 한결같음, 헌신, 혁신, 현명, 협동, 협조, 화합, 확신, 환경에 대한 존중, 활력, 효율성, 효과성, 행복, 희망, 휴식 등.

이렇게 단어들은 선택의 갈림길에 있을 때 결정의 기준이 된다.

상대: 요즘 회사 일이 바쁘기는 하지만, 그래도 제가 MBA 과정에 들어가서 꼭 공부를 하고 싶은데 어떻게 하면 될지 코칭을 받고 싶습니다.
코치: 그렇군요. 그럼 MBA 과정에 들어가면 될 텐데, 그것을 가로막는 것이 무엇입니까?

상대: 우선 돈도 들고요, 일이 많아서 몸도 피곤하고, 시간 내기도 쉽지 않을 것 같아요.

코치: 그렇게 쉽지 않은데도 불구하고, MBA 과정을 생각하고 고민하는 이유가 무엇입니까?

상대: 저는 나중에 우리 회사의 임원이 되고 싶습니다. 그리고 경험을 쌓아서 훗날 저만의 비즈니스를 하고 싶습니다.

코치: 임원이 되고, 나만의 비즈니스를 하는 것, 그런 것을 통해 무엇을 얻을 수 있습니까?

상대: 삶의 의미와 성취감, 그리고 나중에는 자유로움……. 맞아요. 경제적 자유로움, 선택의 자유로움, 삶의 자유로움이요.

코치: 당신에게 자유로움이 그렇게 큰 의미가 있군요. 그 자유로움은 당신에게 무엇을 가져다주죠?

상대: 내가 하고 싶은 일은 일반적인 비즈니스 외에 사회 기여 사업이나 봉사, 예술적 활동 등을 자유롭게 할 수 있는 것이에요.

코치: 사회 기여 사업이든, 봉사든, 혹은 예술적 활동이든, 비즈니스 외에 하고 싶은 일로 자신의 목표와 가치관을 추구하려 하는데 그것을 가로막고 있는 것들이 있군요. 그럼 이제 어떻게 하시겠습니까?

상대: 언제든 변명거리는 있게 마련이겠죠. 내가 하고 싶은 일을 위해 지금 어려움을 극복하고 선택하는 것 또한 자유로움이라는 제 가치관에 맞는 일이네요. 결정했습니다. 감사합니다.

(다) 언어에 담긴 욕구를 파악하라.

에이브러햄 매슬로의 욕구 단계에서 사용될 만한 단어를 이해하면 상대가 어느 수준의 욕구 단계에 있는지를 쉽게 알 수 있고, 그 단계에서부터 대화를 시작할 수 있다. 즉, 생리적 욕구를 이야기하는 사람은 그 욕구에서부터 시작하고, 인정의 욕구를 끄집어내는 사람은 그 단계에서부터 코칭을 시작하면 된다.

이런 욕구는 코칭이 진행되고 상대가 성장하면서 점차 상위 단계의 욕구로 바뀌게 된다. 따라서 단어 사용에 따른 흐름이 코칭 진행과 더불어 상대의 성장과도 연결이 된다는 것을 이해하고, 상대가 사용하는 욕구 단어를 알아둘 필요가 있다.

> **생리적 욕구 언어**: 음식, 물, 성, 배설 등.
> **안전의 욕구 언어**: 신체(몸 관리, 다이어트 등), 고용, 가족의 안전, 건강, 안전한 환경, 안전한 재산 관리 등.
> **소속과 애정의 욕구 언어**: 우정, 가족, 조직의 소속감, 조직 문화에 적응, 성적 친밀감 등.
> **존경과 인정의 욕구 언어**: 자존감, 자신감, 성취감, 인간 존중, 다른 사람에 의한 존중, 여러 가지 분야에서 인정받는 것.
> **자아실현의 욕구 단어**: 창조성, 자발성, 문제해결력, 비전과 목표의 구현, 충만감 등.
> **영적 욕구 단어**: 초월성, 죽음과 삶의 합일성, 신성, 영혼, 유산을 남기는 것, 이타주의, 의미를 추구하는 삶, 내면의 소리, 우주와의 연결성, 제3의 눈 등.

특히 자아실현의 욕구에서부터 출발하는 사람은 의식 수준이 높기 때문에 한 차원 높은 영성의 단계로 나아갈 수밖에 없다. 그러려면 코치는 상대가 영성의 단계로 나아갈 수 있도록 '영성 코칭 역량'까지 갖추고 있어야 한다. 지금까지 말한 언어 듣기의 사례를 몇 가지 살펴보기로 하자.

단어를 정확히 듣기

▶ 예시 1

상대: 살아가면서 문득문득 신념이 흔들릴 때가 있어요. 매 순간을 신이 나에게 주신 축복이라고 생각하며 기쁨을 유지하면서 살았으면 좋겠습니다.

코치: 아, 살면서 가끔 불안감을 느낄 때가 있고, 그럴 때 삶에서 기쁨을 찾고 싶다, 이런 말씀이시군요?

알아차림: '신념이 흔들린다.'는 말을 '불안감을 느낀다.'로 바꾸었고, '축복'이라는 단어를 '기쁨'이라는 단어로 바꾸어 사용함. 또한 '기쁨을 유지하며 살고 싶다.'는 말을 '기쁨을 찾고 싶다.'로 바꾸었음.

▶ 예시 2

상대: 매일의 삶을 어떻게 하면 계획성 있게 지낼까 고민하고 있어요. 하루가 지나면 정말 바쁘게 지낸 것은 알겠는데, 무엇을 했는지 가닥이 잘 잡히지 않아요.

코치: 아, 잘 계획된 삶을 살고 싶으신 거군요. 하루하루 잘 관리된 삶을 살고 싶고요.

알아차림: '매일의 삶'을 '삶 전체'의 의미로 받았고, '가닥이 잡히지 않는다.'는 말을 '관리'라는 말로 바꾸었음.

단어 골라 듣지 않기

상대: 요즘 팀원들 때문에 신경이 곤두섭니다. 상반기 마감이 당장 코앞인데, 일은 열심히 하지 않고, 팀원들끼리 불화도 있고……, 완전 콩가루 팀입니다.
코치: 네, 팀원끼리 불화가 없고 화합이 잘 되어야 성과를 잘 낼 수 있을 텐데 말이에요. 정말 신경이 곤두서시겠어요.

알아차림: '상반기 마감이 당장 코앞인 것', '일을 열심히 하지 않는 것', '팀원들끼리 불화가 있는 것' 중에 '팀원들끼리 불화가 있는 것'만을 골라 들었음.

반복하는 언어의 맥락 듣기

한 문장만 들어서는 상대가 중요하게 생각하는 키워드를 찾아내기가 쉽지 않다. 하지만 대화 전체를 들어보면 상대가 여러 문장에서 반복적으로 이야기하고자 하는 키워드를 발견할 수 있다. 이 키워드를 놓치면 대화의 초점을 놓치게 되고, 이로 인해 대화의 핵심을 놓치게 될 수 있다.

첫 번째 대화 표현: 저는 선택의 자유를 중요시합니다. 성취라는 것도 그것과 연결되지요.
두 번째 대화 표현: 제겐 충만감이 중요합니다. 그것은 제가 선택한 것과 관련이 있습니다.
세 번째 대화 표현: 저답게 사는 것을 선택하는 것. 그게 궁극적으로 이루고 싶은 거죠.

알아차림: 주요한 가치와 의미 있는 말을 했지만, 그중에서 반복되는 단어는 '선택'이다.

이럴 때 코치는 다음과 같이 반응하는 것이 좋다.

코치: 방금 '선택'이라는 단어를 3번 사용하셨는데, 선택이라는 것을 어떻게 정의하시는지 말씀해주시겠습니까?

이처럼 중요한 단어의 사용 빈도와 정의를 물어보면 상대는 '코치가 내 말을 제대로 듣고 있다.'는 믿음을 갖게 된다.

비유를 잘 듣고 기억하라

코치: 오늘 느낌이 어떠세요?

상대: 제 별명이 '향초'인데요. 오늘은 향초 냄새가 안 나요.

코치: 오, 저런, 그렇군요. '향초' 냄새에 대해 좀 더 자세히 이야기해 주실래요?

상대가 '향초'라는 비유를 사용했다. 이처럼 비유로 표현한 말은 특히 중요한 의미를 담고 있다. 그러므로 코칭 과정에서 비유 표현은 절대 그냥 지나쳐서는 안 된다. 이 대화에서 상대가 말한 '향초'는 자신의 정체성을 표현한 단어다. 자기다운 향기를 잃어버리고 자꾸 흔들리는 자기 모습을 표현한 것이다. 그래서 지금의 자기 모습을 극복하려는 마음으로 '향초'라는 단어를 사용했다고 할 수 있다.

이후 진행된 코칭 과정에서 상대는 '향초'와 관련된 자신의 특유한 잠재력이 무엇인가를 스스로 인식하게 되었다. 이로 인해 '향초'와 같은 존재가 되기 위해 어떤 과정과 결심이 필요하고, '향초' 냄새가 나기 위해 어떤 행동을 할 것인가 등 모든 것이 향초와 관련해 대안이 도출되었다.

이처럼 코치는 상대의 말에 어떤 비유가 나오면 좀 더 집중해서 탐구하는 자세를 가질 필요가 있다. 왜냐하면 비유는 어떤 현상이나 사물을 직접 설명하지 않고, 다른 비슷한 현상이나 사물에 빗대어 암시적으로 설명하기 때문이다. '내 마음은 호수, 한 떨기 장미, 그대 이름은 바람, 그대는 나의 등불, 앵두 같은 입술, 은쟁반에 옥구슬 굴러가는 목소리' 같은 노래 가사에서부터 '뿌리 깊은 나무, 북극성, 무지개, 등대, 나침반, 자명종, 여명의 눈동자, 축복의 통로, 가시밭길, 마법사의 빗자루, 광야, 생명의 떡, 빛과 소금, 누룩, 겨자씨' 등과 같이 삶을 성찰하게 하는 수많은 비유는 모두 그 단어가 암시하는 특별한 의미가 있다. 그것을 이해하기 위해 코치는 더욱 더 귀 기울여야 한다.

그런데 낯익은 비유 표현을 사용한다 하더라도 사람들이 그 단어를 똑같은 의미로 사용하지 않기 때문에, 그 말 속에서 상대만의 고유한 의미와 가치를 읽어내야 한다. 예를 들어, 상대방이 '북극성'이라는 단어를 사용했다고 해보자. 이때 코치는 북극성을 자기 인생의 방향을 표시하는 역할로 해석하고 진행했는데, 상대방은 북극성을 모든 별의 중심적인 역할로 생각하고 말했다면 어떻게 되겠는가? 코치는 '방향'으로 이해하고, 상대는 '흔들리는 삶의 중심'으로 이야기한다면 코칭이 진행될수록 상대와의 간격만 더 벌어지게 될 것이다.

코칭을 할 때 상대와 코치가 같이 공감하고 의미를 공유할 수 있는 비유를 사용한다면 의미가 통하는 코칭 대화가 진행될 수 있을 것이다. 이렇게 비유는 서로 다른 사람, 혹은 부서 사이에 공유될 수 있는 비전을 만드는 데 커다란 도움을 준다. 특히 코칭 중에 자기 정체성을 이야기해 보라고 하면 대부분 논리적이고 수사학적으로 표현하려고 하기 때문에 표현 자체를 매우 어려워하는 사람들이 있다. 이럴 때 코치가 '되고 싶은 모습을 비유로 표현해보라.'고 하면 의외로 쉽게 이야기한다.

예를 들어, 어떤 사람이 자기가 하고 싶은 일의 의미를 '온 세상에 사랑을 전하는 일'이라고 했다. 그래서 '10년 쯤 뒤의 당신 모습은 어떤가?'라고 물었더니 그는 길고 힘들게 설명했다. 그리고 나서 '내가 횡설수설하네.'라고 말한다. 그래서 그 말을 비유로 표현해보라고 하자, 그는 쉽게 '바다'라고 대답했다. 그러고 나서는 '사랑을 온 세상에 펼쳐내는 바다'라고 정리했다. 다시 그것을 구체적으로 설명해보라고 하자 정말 신나게 미래의 모습을 자세히 펼쳐냈다.

참으로 신기한 점은 얼핏 들으면 별것 아닌 표현인데도 코칭 과정에서 자기가 이야기한 것에 스스로 벅차하고 감동해한다는 것이다. 이는 온 세상에 하나밖에 없는 존재로서 자기의 정체성을 표현했기 때문이다. 그러므로 그 말을 하고 난 후 '자신에 대해서 어떻게 느끼는가?' 하고 물어보면 '너무나 자랑스럽다.', '할 수 있겠다는 마음이 든다.', '자신 있다.', '나에게 이런 면이 있었다는 것이 놀랍다.' 등으로 표현한다.

비유의 힘은 이처럼 간결하고 강력하다. 그러므로 전문코치뿐만 아니라 누군가와 제대로 소통하고자 생각하는 사람이라면 상대방이 표현한 '비유 표현'을 그냥 지나치지 말고 의미를 제대로 파악하려고 노력해야 한다.

몸말에는 무의식의 소리가 들어 있다

몸말 듣기, 즉 비언어적 표현은 상대의 제스처, 몸의 자세, 얼굴 표정, 눈동자의 움직임 등 전반적인 신체적 반응을 총체적으로 지칭하는 것이다. 예를 들어보자.

상대: 그렇게만 된다면 (주먹을 불끈 쥐고) 정말 기쁘겠죠. 제가 꿈꾸던 일이니까요.

코치: (주먹을 불끈 쥐고 말하는 제스처를 놓치지 않는다.) 그렇게 되는 게 당신한테는 정말 중요하고 기쁜 일이군요.

상대: (손을 크게 내저으며) 아니에요. 그렇지 않아요.

코치: (손을 크게 내젓는 제스처를 놓치지 않는다.) 정말 그렇지 않다는 이야기군요. (때로는 얼굴 표정이나 색깔로 볼 때 자기를 속이는 과장의 제스처일 수도 있음을 유의할 필요가 있다. 이때는 전후의 맥락을 볼 필요가 있다.)

▶ 사례

코치: 지금 어떤 상황인데요?

상대: 지금 저는 인생의 새로운 전환기에 와 있어요. (말하면서 왼쪽 어깨에 손을 올려 놓는다.)

코치: 말하면서 왼쪽 어깨에 손을 올려놓으셨는데 그것은 어떤 의미죠? (왼쪽 어깨는 경우에 따라 삶의 타임라인 상에서 과거를 표현하는 것일 수도 있다.)

상대: 그랬나요? 제가 이 새로운 전환기라는 상황 때문에 어깨가 짓눌린 것 같아요.

코치: 그 문제가 그렇게 힘들게 하는군요.

(중략)

상대: 네, 그게 마치 힘든 산을 올라가는 것 같아요. (손으로 점점 올

라가는 표현을 한다.)

코치: (손의 제스처를 따라하면서) 이렇게 올라가면 어디에 도착하나요?

상대: 산꼭대기에 도착하겠죠.

코치: 거기에는 뭐가 있죠?

상대: 내가 바라는 목표가 이루어진 상태……. (자연스레 눈을 감는다.)

코치: 거기에서는 무엇이 보이나요?

상대: 와! (양손을 벌리며), 넓은 들판이 보이고, 하늘이 유난히 파랗네요.

코치: 그 넓은 들판과 하늘이 당신에게 무어라고 말하나요?

상대: 하늘이 제게 말해요. 새로운 것을 주저 없이 하라고요. 내게는 그만한 자격이 있다고.

코치: 뭐라고 대답하시겠습니까?

상대: 네, '그렇게 하겠다.'고 대답하겠어요. 자신감이 넘쳐요.

이 사례는 필자가 MCC에 응시할 때 제출한 사례 중 일부로, 코칭 상대의 승인을 얻어 이 책에 실었습니다.

비언어적 표현, 즉 몸말을 들을 때는 다음을 의식하며 듣는다.

- 강조할 때 사용하는 몸짓은 무엇인가?
- 내 눈을 보며 또박또박 말하는 단어는 무엇인가?
- 몸짓의 크기는 어느 정도인가?
- 몸짓과 억양은 조화로운가?

- 말의 내용과 다른 몸짓은 무엇인가?
- 같은 말이라도 달리 표현하는 몸짓은 무엇인가?
- 내용과 느낌이 어떻게 달라지는가?
- 몸짓을 통해 표현하려고 하는 느낌과 정서는 무엇인가?
- 몸짓과 눈, 표정은 일치하고 있는가?
- 첫말과 끝말에서 중요하게 표현하는 것은 무엇인가?
- 몸짓을 사용해 힘주어 강조하는 단어는 무엇인가?

4. 상대를 감정의 늪에서 구하는 공감

이제 빙산의 보이는 부분을 지나 한 단계 더 아래로 내려가 보자. 감정 듣기는 상대가 표현한 감정을 듣고 읽어주기다. 즉, 공감해주는 것이다. 상대의 처지가 되어 그 느낌을 알고, 같은 주파수로 진동하는 것이라고 할 수 있다.

상대방의 감정을 듣고 같은 주파수로 진동해 주는 공감이 왜 필요한가? 그것은 감정의 특징 때문이다. 감정의 특징 중에 가장 큰 특징은 억누르고 있으면 없어지지 않는다는 점이다. 오히려 감정이 무시당한 느낌까지 더해져 홍수처럼 터져 올라오는 경향이 있다. 그러나 알아주고 읽어주면 사그라든다.

감정은 좋고 나쁜 것이 없다. 또한 일관성도 없다. 기분 나빴다가 금방 좋아지기도 하고, 그 반대도 가능하다. 옛말에 '자기를 알아주는 사람을 위해 목숨까지 바친다.'고 했다. 이때 자기를 알아주는 사람이란 자기 마음속에 있는 감정을 잘 이해해주는 사람이라는 뜻이다.

감정 읽어주기의 의미를 그림으로 이해해보자. 코칭은 현재 있는 곳에서 원하는 목표로 스스로 갈 수 있도록 지원해주는 것이라고 했다.

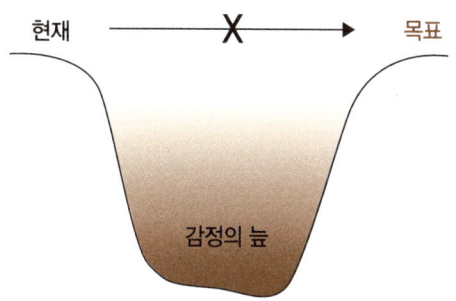

그런데 목표를 향해 가고는 싶어도 헤어나기 어려운 감정의 늪에 빠져 있으면 혼자서는 극복하기가 쉽지 않다. 또 극복한다 해도 오랜 시간이 걸린다. 이럴 때 감정의 늪에서 빠져나와 목표를 향해 나아갈 수 있게 해주는 방법이 '감정 읽어주기'다. 감정의 늪에서 탈출할 수 있는 심리적 에너지를 불어넣어 주는 과정이다.

감정의 늪에 빠진 상태는 '감정 배터리'로 설명할 수 있다. 배터리가 충전되어 있을 때는 선만 연결하면 바로 전류가 흘러 전구를 밝힐 수 있다. 마찬가지로 감정의 배터리에 묵은 감정이 충전되어 있으면 어떤 상황과 연결 즉시 그 방향으로 감정이 흐르게 된다. 그런데 감정의 방향이 잘못되어 원래 의도한 방향과 다른 감정이 흐르게 되면, 이 감정은 원래의 감정이 일어나지 못하도록 막는 저항 역할을 하게 된다. 예를

들면, 감정 배터리에 '화'가 가득한 사람은 사소한 일에도 감정 배터리가 연결되어 화를 표출한다. 특히 '화'라는 감정이 가득하면 감정의 전류는 그만큼 세게 흐르게 되어 원래 가고자 하는 목표에 대해 강한 저항으로 작용하게 되는 것이다.

상대가 원하는 목표로 나아가게 하려면 먼저 감정의 배터리를 방전시켜야 한다. 감정은 말로 드러내고, 묘사하고, 표현하면 사라진다. 반대로 감정은 억누르면 언제든 드러나려 하고, 때로는 시간이 지날수록 쌓이고 뭉쳐 큰 폭발을 일으키기도 한다. 일단 방전이 되고 나면 감정의 늪에 빠져 있는 자신을 바라보게 됨으로써 다른 것을 받아들일 수 있는 공간이 생긴다. 그럼, 감정의 늪에서 벗어나는 사례 하나를 살펴보자.

코치: 방금 그 이야기 속에서 속상하고 서글프다고 말한 것 외에 어떤 감정이 있습니까?

상대: 외롭고 안타깝고 외톨이가 된 느낌이요.

코치: 속상하고, 서글프고, 외롭고, 안타깝고, 외톨이가 된 느낌 중에

가장 크게 남아 있는 감정은 무엇인가요?

상대: 외톨이로 남겨졌다는 느낌이요.

코치: 외톨이로 남겨졌다는 느낌이 몸의 어디에서 느껴지나요?

상대: 가슴이요.

코치: 가슴에 손을 가져다 대 보세요. (잠시 침묵) 어떤 느낌이세요?

상대: 따뜻해졌어요.

코치: 가슴에 대고 있는 손이 가슴에게 뭐라고 말하고 있나요?

상대: 괜찮아. 내가 있잖아. 그리고 그것으로 인해 더 강해질 거야.

코치: 괜찮아. 내가 있잖아. 그리고 그것으로 인해 더 강해질 거야. (잠시 침묵) 그 느낌으로 무엇을 하고 싶어요?

상대: 어차피 혼자 할 일인데, 외톨이가 된 느낌은 당연한 거죠. 오히려 이것이 내가 하고 싶은 것을 할 수 있는 에너지가 되는 것 같아요.

코치가 상대의 감정을 공감해주는 것도 중요하지만, 이 사례에서처럼 자신이 스스로 자기의 감정을 표현하게 하는 것도 효과적이다. 감정 표현을 자제할 때 자신의 생동감과 진정성도 함께 자제해 버리기 때문이다. 또한 감정은 움직이는 심리적 에너지이기 때문에 감정을 자유롭게 표현하면 에너지도 자유롭게 흐른다. 그러다 보면 생각지도 않은 큰 에너지를 가져다줄 수도 있다. 이런 에너지는 상대를 크게 성장시키는 힘이 되기도 한다. 이것이 공감이 발명된 이유일 것이다.

감정 단어를 숙달하라

코칭 전문가를 육성하면서 가끔 놀라는 일 중의 하나는 전문코치 중의 상당수가 자신의 감정을 느끼고 이해하지 못할 뿐만 아니라 감정을 표현하는 것이 어떤 것인지도 모른다는 점이다. 코치라면 감정 표현 단어와 사실 내용을 표현하는 단어가 어떻게 다른지를 알고 숙달할 필요가 있다. 감정 단어와 내용을 설명하는 단어를 구분하지 못하면 감정을 읽어주어야 할 시점에서 서술형 표현을 하거나, 혹은 무시하고 넘어가 버리게 된다. 따라서 일단은 감정 단어가 어떤 것인지를 먼저 알아야 한다. 다음은 삶의 희로애락에 관한 감정 표현이다.

> 기쁘다, 슬프다, 두렵다, 신난다, 화가 난다, 속상하다, 흥분된다, 감정이 격해진다, 어렵다, 힘들다, 불편하다, 안타깝다, 짜증스럽다, 무시 받은 느낌이다, 실망스럽다, 오해 받은 느낌이다, 신경이 쓰인다, 설렌다, 당황스럽다, 쑥스럽다, 마음이 내키지 않는다, 황당하다, 바보가 된 느낌이다, 질식할 것 같다, 막막하다, 혼란스럽다, 할 말을 잃었다, 자책감이 든다, 뭐가 뭔지 잘 모르겠다, 즐겁다, 행복하다, 에너지가 높아진다, 희망에 벅차다, 아련하다, 애틋하다 등.

어느 전문코치가 자신의 코칭 장면을 직접 보고 피드백을 해달라는 요청을 한 적이 있다. 자신의 코칭 역량을 강화하기 위해서였다. 감사하는 마음으로 흔쾌히 코칭 세션에 참여했다. 먼저 코치가 상대와 관계 형성을 하기 위한 질문을 건넸다.

"요즘 어떻게 지내십니까?"

그러자 상대는 기다렸다는 듯이 최근 자신의 심경을 쏟아내기 시작했다.

"요즘 제 사업이 잘 안 돼서 고민이 많은데 친구가 자기 사업을 좀 도와달라고 떼를 쓰고 있고, 아내는 몸이 아파서 병원에 입원해 있고, 아이는 고3인데 성적이 통 안 오르고, 얼마 전에 우리 팀원 몇 명이 갑자기 회사를 떠나는 바람에 제가 도대체 어떻게 해야 할지를 모르겠어요."

순간, 코치는 당황한 기색을 역력히 보였다. 그리고는 코칭 프로세스에 따라 정해진 질문을 던졌다.

"아, 그러세요. 그럼, 오늘 코칭에서 어떤 것을 먼저 이야기하고 싶으세요?"

그러자 상대는 갑자기 표정이 굳어지며 침묵하고 말았다. 그냥 침묵이 아니라 어이없다는 침묵이었다. 코칭을 받고 싶은 마음이 싹 사라진 듯한 표정이었다.

우리는 잠깐 코칭을 멈추고 코치에게 지금 상대의 표정과 태도를 보고 무엇을 느꼈는지 물어보았다. 그리고 이어서 상대의 느낌을 물어보았다. 상대는 '자기가 무시당한 듯한 느낌이 들었고, 더 이상의 코칭 진행은 의미가 없다.'고 대답했다. 즉, 코치가 자신의 감정을 하나도 읽어주지 않고 기계적으로 코칭 프로세스에 따른 질문만 던지는 걸 보니 자신은 앞으로 진행될 코칭에서 형식적인 대답만 하게 될 것 같다고 말했다. 그리고 사실 자기가 정말 이야기하고 싶은 것은 다른 것이었는데,

지금은 그것을 말할 기분이 아니어서 설사 코칭이 진행된다고 해도 깊은 이야기는 하지 않겠다고 했다.

코치는 '무심죄(?)'를 짓고 말았다. 무심한 코치의 말이 상대에게 도움이 되기는커녕 마음을 상하게 한 것이다. 상대가 하소연하고, 이해받고 싶었던 감정은 무엇이었을까? 그가 위로받고 싶은 감정은 슬프고, 두렵고, 힘들고, 혼란스럽고, 막막하고, 불안하고, 걱정스럽고, 화가 나고, 속상하고, 불편하고, 안타깝고, 할 말을 잃은 듯 멍하고, 아련하고, 애틋하고, 기가 막히는 등의 복잡한 감정이었을 것이다. 그런데 코치는 이것을 전혀 알아주지 못했다. 상대는 사실 이보다 기가 막히고 화가 나고, 마음을 수습하기조차 어려운 가족 간의 갈등 문제를 이야기하고 싶었는데, 코치의 무심함에 그만 초장부터 마음의 문이 닫혀 버린 것이다.

그런 일이 있은 후 그 코치는 별도의 감정 읽기 트레이닝을 받았는데, 매주 10~20개의 감정을 선정해서 20번 이상 연습하고 일주일 후에 스스로 숙달한 감정 표현을 내게 시범으로 보여달라고 요청했다. 그 내용은 다음과 같다.

1주: 기가 막히다, 답답하다, 당황스럽다, 불편하다, 불쾌하다, 서럽다, 섭섭하다, 속상하다, 슬프다, 화난다.

2주: 귀찮다, 난처하다, 답답하다, 두렵다, 부끄럽다, 애처롭다, 어색하다, 짜증스럽다, 허전하다, 힘들다.

3주: 혼란스럽다, 약 오르다, 미안하다, 후회스럽다, 외롭다, 막막하다, 창피하다, 긴장되다, 무안하다, 억울하다, 불안하다, 떨리다. 걱정스럽다. 조급하다.

4주: 안절부절못하다. 모호하다. 실망스럽다. 당혹스럽다. 불쌍하다. 몰인정하다. 쓸쓸하다. 비참하다. 불평스럽다. 민망하다.

5주: 얄밉다. 설레다. 샘나다. 지루하다. 측은하다. 차분하다. 따분하다. 무기력하다. 괘씸하다. 원망스럽다. 흡족하다. 믿음직스럽다. 재미있다. 간절하다. 벅차다. 반갑다. 홀가분하다. 후련하다. 신나다. 놀랍다.

6주: 비웃다. 깔보다. 뚱하다. 투덜대다. 억세다. 고집스럽다. 어설프다. 어림없다. 아슬아슬하다. 아리송하다. 이상하다.

7주: 종합 실습.

어떻게 실천했는지 물어보니 아주 쉽게 했다고 한다. '감정 언어로 그물망을 쳐놓는다.'는 것이다. 즉, 상대방이 내가 익힌 감정 단어를 표현하면 그때를 놓치지 않고, 그것을 되돌려주는 단순한 방법을 사용했다고 한다. 예를 들어, 만약 상대방이 "어려웠다."라고 말하면 "어려웠겠어요."라고 받아주고, "처음에는 너무 실망스러웠어요."라고 말하면 "그래, 처음에는 너무 실망스러웠겠어요."라고 말해주었다는 것이다. 그런데도 그것이 그렇게 효과가 있었다고 한다.

그 후 그 코치는 어떻게 되었을까? 지금은 주변에서 '감정 읽기의 대가'라는 평가를 받고 있다. 부하 직원들이 자기에게 와서 결재를 받고 나면 표정이 예전과 사뭇 달라지는데, 특히 여직원들은 힘들고 애쓴 일을 공감해주면 눈물을 글썽이는 모습을 여러 차례 보였다고 한다.

이제 감정 단어가 무엇인지 느낌이 오는가? 앞으로는 상대방이 감정 단어를 말하면 놓치지 않고 그대로 받아주어야 한다. 이때 상대방이 말하는 내용도 함께 수용해주면 더욱 좋다. 이렇게 내용과 감정을 동시에 읽어주는 것을 '공감 수용'이라고 한다.

감정은 공감, 내용은 수용

감정을 공감한 후 내용과 함께 수용해주면 더욱 이해받는 느낌이 든다. 공감 수용 과정을 단계별로 나누면 다음과 같다.

1단계: 상대가 말한 내용을 그대로 반복하거나 요약, 정리하는 단계다. 이는 상대방이 말한 내용을 수용해준다는 느낌을 전달한다. 첫 시작 표현과 중간 진행 과정, 마지막 부분의 표현에 유의한다. 특히 마지막 부분의 표현에 유념한다.
2단계: 표현된 감정을 읽어준다. 이는 공감해준다는 느낌을 전달해주는 일이다. 상대방이 감정 표현을 하지 않았으면 느낌을 물어본다. 표현된 감정 표현과 보디랭귀지의 일치 여부에 주의를 기울인다.
3단계: 1단계와 2단계를 합치면 공감 수용을 해주게 된다.

1단계에서 내용을 수용해주는 기법을 '패러프레이징(paraphrasing)'이라고 한다. 패러프레이징은 코칭 대화에서 상대방에게서 받은 메시지를 재정리해서 다시 말해주는 기법이다. 이로 인해 패러프레이징은 상대를 거울에 비추어주는 효과가 있으며, 코칭 상대와 쉽게 연결된다. 또한 상대를 인정해주는 효과도 있다.

패러프레이징 종류

순차 패러프레이징
상대가 말한 내용을 그대로 거울에 비추듯 반복해주는 것이며, 내용이 짧을 때 사용한다.

상대: 어제 가족들과 함께 소요산에 가서 좋은 시간을 보내고 왔어요.
코치: 어제 가족들과 함께 소요산에 가서 좋은 시간을 보내고 왔다구요.

요약 패러프레이징
상대가 말한 핵심 내용을 요약해서 상대에게 전달해준다. 이때 유의할 점은 상대가 사용한 단어를 가능한 한 사용하는 것이다.

상대: 저는 목표 중심적인 사람이에요. 사람을 만날 때도 왜 만나는지 오늘 할 이야기가 무엇인지를 확실히 하고 만나죠. 그렇지 않으면 시간낭비일 뿐만 아니라 관계 면에서도 좋은 결과가 나오지 않는 것을 여러 번 경험했어요. 그래서 사람을 만나기 전에 같이 이야기할 목표가 무엇이고, 내가 해줄 수 있는 것, 상대에게서 도움을 받을 수 있는 것이 무엇인지 알고 만나요. 이 바쁜 세

상에 그냥 만나서 커피나 마시고 세상 이야기하려고 만나는 것은 아니지 않아요? 효율적으로 살아야죠. 코치님도 그렇게 생각하지 않으세요?

코치: 그 말씀은 당신이 목표 중심적으로 생각하고, 또 사람을 만날 때도 그렇게 하는 것이 시간적으로나 관계적인 측면에서도 효율적이라는 말씀이시군요.

2단계는 상대가 표현한 감정을 그대로 읽어주는 단계다.

▶ 대화 1: 자기중심적(충고, 탐색, 해석, 판단)형 반응

상대: 마음이 슬퍼요.
코치: 그러게요. 왜 그랬어요?

상대: 저 얼마 전에 이런 말을 듣고 화가 났어요.
코치: 왜요? 이유가 뭔데요?

▶ 대화 2: 공감형 반응

상대: 마음이 아파요.
코치: 마음이 아프셨군요. 안타깝네요.

상대: 저 얼마 전에 이런 말을 듣고 화가 났어요.
코치: 저런, 화가 났었군요.

상대: 저 요즘 힘들어요.

코치: 오 저런, 요즘 힘들군요.

3단계에서는 한 문장으로 공감 수용해준다.

▶ 예시 1

상대: 마음이 내키지 않은 새로운 프로젝트 때문에 매우 힘들어요.
　　　일도 잘 안 풀리고 해서 왜 이 일을 맡았나 하는 자책감도 생기고요.

코치: 마음이 내키지 않은 새로운 프로젝트 때문에(수용) 힘드시군요.
　　　(감정) 또 왜 이 일을 맡았나(내용) 하는 자책감(감정)도 생기고요.

▶ 예시 2

아이가 집에서 공부하면서 다음과 같이 투덜거린다.

"우리 집은 왜 이리 시끄러운지 모르겠어요. 집에선 공부하기가 힘들어요."

앞에서 언급한 '나 중심적'으로 들으면 '충고, 탐색, 해석, 판단'하게 된다.

"뭐가 시끄럽다고 그러니? 공부하기 싫으니까 핑계도 많네."

"공부 잘하는 애들은 시끄러운 속에서도 공부만 잘 하더라."

하지만 한 단계 더 나아가 상대방 중심으로 공감 수용해주면 다음과 같이 말할 수 있다.

"시끄러워서 공부하기가(내용) 힘들다(감정)는 이야기구나."

고수(鼓手) 심리학을 활용하라

맞장구 심리학을 잘 이해하면 간단하게 감정 읽기를 잘하면서도 좋은 관계를 맺을 수 있다. 얼마 전에 어느 정신과 의사의 강의를 들은 적이 있다. 주제는 대인관계 소통기술에 대한 것이었는데, 그 내용 중에 매우 강력한 메시지를 하나 받았다. 정신과적 측면에서 소통이 사람의 정신에 어떤 영향을 끼치는지를 이해하게 되어, 소통의 중요성을 새삼 깨닫게 되었기 때문이다.

자녀와 소통할 때 '맞장구를 치라.'는 내용은 새롭거나 어려운 것이 아니다. 국악에서 소리꾼이 소리를 할 때 북을 치는 고수가 추임새를 넣지 않으면 흥이 나지 않듯이 대화에서도 반드시 맞장구를 쳐주라는 것이다. 그는 '맞장구는 남의 말에 덩달아서 호응하거나 동의한다는 표현'이라고 정의하면서, 대화하는 상대에게 관심을 가지고 공감하고 있다는 것을 전달해주는 간단한 스킬이라고 했다. 그런데 이 맞장구가 심리학적으로는 매우 중요한 의미가 있다고 그는 강조했다. 아이들과 대화할 때 맞장구를 쳐주며 대화하지 않으면 아이들이 성장한 후 정신과 질환을 갖게 되는 경우가 훨씬 많아진다는 것이었다. 어렸을 때부터 '맞장구'를 받아보지 못하고 거부당한 상처가 쌓이면 정신질환을 얻게 될 가능성이 매우 높다는 이야기였다.

그렇다면 맞장구를 어떻게 칠 것인가? 우리는 보통 친구가 어떤 일에 실패해서 푸념할 때 "살다보면 그런 일도 있고, 저런 일도 있지. 어떡하니, 네가 힘내야지."라고 충고 비슷하게 말한다. 하지만 이때 "아,

정말 힘들었겠구나. 아이구, 얼마나 견디기 어려웠을까?"라고 맞장구를 쳐주면 상대방은 이해 받고 공감 받는 느낌을 더 크게 느끼게 된다. 여기에서 '아, 오, 아하, 아이구' 하는 등의 감탄사를 사용해 맞장구를 쳐주면 대화에서 호응하거나 동의하는 느낌을 넘어, 상대를 인정해준다는 느낌이 훨씬 강하게 전달된다.

어느 회사의 팀장과 코칭했을 때의 일이다. 그 팀장의 부하직원들과 인터뷰를 했더니 상사의 대화 스타일에 대해 몇 가지 불만을 제기했다. 그중 하나는 부하직원이 상사에게 보고할 때 "이번 프로젝트와 관련해 이런 방안을 생각해보았습니다."라고 보고하면, 상사는 "그거 가지고 되겠어? 그렇게 된다는 증거 있어?"라고 반응한다는 것이다. 상사의 이런 반응을 들으면 당황스럽고 머릿속이 하얘져서 아무 생각이 나지 않는다고 했다.

그래서 상사가 어떻게 반응해주면 좋겠는지 물어보았다. 그러자 그 부하직원의 대답은 간단했다. 칭찬은 못해줘도 '아, 그렇게 생각했구나. 이런 점도 생각해보면 어떨까?'라고만 해줘도 좋겠다는 것이었다. 얼마나 간단한 일인가? "오, 그랬어?", "아, 그랬군.", "아하, 그런 생각을 했군.", "아, 자네가 그래서 그렇게 말했었군.", "와, 정말 괜찮은데?", "오, 그래? 그렇겠네."

이렇게 "아, 오"를 넣어서 말해주는 이 간단한 맞장구를 자녀들과 부하직원들은 그렇게도 애타게 원하고 있다는 것을 알 필요가 있다.

사실 이보다 중요한 것이 있다. 중요할 뿐 아니라 반드시 필요하다. 그것은 다른 사람이 아닌 스스로에게 맞장구를 쳐주는 일이다. 자기를 인정하고 사랑할 생각을 하지 못하는 현대인이 자신에게 "아, 그렇게 힘들었구나."라고 먼저 맞장구를 쳐주고, "그렇지만 '성공의 디딤돌이 하나 더 생겨서 다행이다.'라고 생각하고 힘내자."라고 하면 자신에게 따뜻한 공감과 위로가 된다. 자기 자신에게 하는 이런 위로는 나아가 희망의 예언이 되기도 한다.

욕구를 들어주라, 내면이 연결된다

"오, 그래? 그렇게 힘들었어?"라고 감정을 들어주면 상대와 연결되기 시작한다. 그러나 '공감'과 '수용'으로만 끝나면 마무리되지 않은 느낌이 있다. 그럼 어떻게 할까? 상대가 진정으로 바라는 것을 이해하고 읽어주어야 한다. 예를 들어보자. 아이가 집에서 공부하면서 투덜거릴 때, "시끄러워서 공부하기가(내용) 힘들다(감정)는 이야기구나."(공감, 수용) 이렇게만 공감하고 수용해 주어도 이해받은 느낌이 든다. 그런데 한 단계 더 나아가 욕구를 읽어주면 어떻게 될까? "공부에 더 집중할 수 있게 식구들이 좀 더 조용히 해주었으면 좋겠다는 거지?"(욕구 읽어주기)

다시 빙산으로 돌아가 보자. 상대와 코치가 '사실'과 '내용'으로만 대화하면 어느 정도 거리가 느껴진다. 그러나 '감정'이 소통되면 점점 가까워지고, 함께 있다는 느낌이 들기 시작한다. 한 단계 더 나아가 욕구까지 읽어주고, 의미와 가치를 공유하게 되면 내면이 연결(inter-connection)되는 느낌이 든다.

욕구 읽어주기 사례를 조금 더 살펴보자.

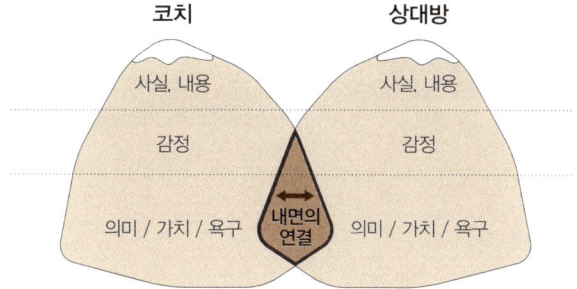

▶ 예시 1

상대: 저는 참 한심한 사람입니다. 어떤 계획을 세우고 끝까지 해본 적이 없으니 저 자신에 대한 자신감도 떨어지고, 이제는 계획을 세우는 일 자체를 하지 않게 됩니다.

코치: <u>**공감 수용**</u> – 어떤 계획을 세우고 끝까지 해본 적이 없어 자신감도 떨어지고 또 자신이 한심하다고까지 느껴져 속상하시군요.

<u>**욕구 읽기**</u> – 그래서 이제부터는 뭔가 계획을 잘 세워서 더 이상은 한심한 모습으로 지내기 싫다는 말씀이시군요.

▶ 예시 2

상대: 제가 이번 일에 잘못이 없다고는 생각지 않습니다. 더 철저히 준비했어야 했어요. 이렇게 허술하게 일 처리를 한 제 업무 방식에 분명 문제가 있다고 생각합니다. 그렇지만 이런 혹독한 비판을 받고 보니 '그 동안 내가 이 조직에 어떤 사람이었나?' 하는 생각이 들고, 마음을 어디에 둘지 막막하네요.

코치: <u>**공감 수용**</u> – 이번 일에 철저하게 준비를 못하고 일 처리도 허술

하게 해서 혹독한 비판을 받다 보니 참 마음이 아프셨겠어요. 조직에서도 마음을 어디다 두어야 할지 몰라 막막하고요.

<u>욕구 읽기</u> - 그래도 그 정도 실수로 가치가 비하되는 사람이 아닌, 믿음과 역량을 인정받는 영향력 있는 사람으로 인식되고 싶다는 말씀이시지요?

▶ 예시 3

상대: 저는 공부를 싫어해요. 공부를 그렇게 강조하는 세상도 잘못되었다고 생각하고요. 공부 잘하는 사람만 성공하는 것은 아니잖아요. 이런 세상에서 그 틀에 맞춰 살아야 한다고 생각하니 정말 끔찍해요.

코치: <u>공감 수용</u> - 공부 잘하는 사람만이 성공하는 것은 아닌데도 그런 세상에서 그 틀에 맞춰 살아야 한다는 것이 정말 끔찍하게 느껴지시는군요.

<u>욕구 읽기</u> - 공부로만 자신의 가치를 평가 받는 것은 받아들일 수 없는 일이고, 무엇이든 나만의 가치를 인정받을 수 있다는 확신을 갖고 싶다는 이야기지요?

코치가 경청할 때 3가지 요소 즉 '사실과 내용', '감정', '욕구/의미/가치'를 들으려면 어떻게 해야 할까? 몇 년 전, 병원에 갔다가 직접 겪은 일이다. 허리가 심하게 아파 근처 개인병원에 가서 MRI(자기공명 단층촬영)를 찍었다. 그 병원에서는 결과를 보더니 당장 수술해야 한다며 수술 날짜를 잡자고 했다. 아무래도 미심쩍어 대한민국에서 제일 이름

난 A병원의 의사에게 예약하고 만나러 갔다. 그런데 그 의사는 얼굴 한 번 쳐다보지 않고 사진만을 들여다보면서 "허리 운동 열심히 하면 아직은 괜찮겠다."고 말했다. 그러자 간호사가 "다음 분."하고 불러댔다. 괜찮겠다고 하니 안심은 되었다. 그런데 문을 나서는데 마음에서 은근히 분노 같은 감정이 올라왔다. 그 의사는 환자인 나와 이야기한 게 아니라 MRI 사진과 이야기하고 나는 제3자로서 그것을 들었을 뿐이라는 느낌 때문이었다. 그냥 돌아갈 수 없었다. 나가려다가 뒤 되돌아서서 그 의사에게 "내가 누구인줄 알겠느냐?"라고 따져 물었다. 그 의사는 당황한 표정이었다. 나를 한 번도 쳐다보지 않았으니 내가 누구인줄 모르는 게 당연했다. 지금도 그 의사를 생각하면 기분이 좋지 않다.

임원 코칭을 하다보면 이 의사 같은 사람이 의외로 많다. 이들의 특징은 부하직원과 이야기할 때 사람과 이야기하지 않고 팩트(fact: 사실)나 데이터만을 가지고 내용 중심으로 이야기하고 끝낸다. 이런 태도를 접한 부하직원은 '내 말을 듣지 않는다.'고 생각한다. 그렇지만 임원들은 '나는 부하직원의 말을 들으려고 무척 노력한다.'고 말한다. 부하직원은 '안 들어준다.'고 느끼는데 상사는 '열심히 듣는다.'고 한다면, 이것은 누구의 잘못인가?

잘 들으려면 3개의 폴더를 활용

'제대로 듣는다'는 것은 3개의 폴더를 활용해 필요한 것을 들으면서 적절히 반응하는 것을 의미한다. 3개의 폴더는 다음과 같다.

첫째, 팩트나 데이터 폴더다. 이 폴더에서는 '사실과 내용' 위주로 듣는다. 여기에는 문제 해결에 필요한 것들이 포함돼 있다. 또 객관적이고 이성적으로 듣기 때문에 어떤 사실이 일어난 배경을 파악하고, 새로운 각도로 살펴볼 수도 있다.

업무와 관련됐을 때는 주로 팩트나 데이터를 중심으로 이야기하고 해결책을 살핀다. 그러나 이것만으로는 한계가 있다. 팩트나 데이터로는 느낌이나 감정을 들을 수 없어서다. 따라서 관계맺기가 어려워질 수 있다. 뿐만 아니라 상대방이 정말 원하는 것을 파악할 수 없어서 본질을 놓칠 수도 있다. 부부간의 대화에서 대부분 남편들이 듣는 형태이며, 직장에서는 매니저들이 주로 이런 태도로 듣는다.

둘째, 감정 폴더다. 이 폴더에서는 이야기를 하는 사람의 '감정'을 다룬다. 느낌이나 감정은 팩트나 데이터로 표현되지는 않지만 실제 의사결정에 매우 중요한 역할을 한다. 그럼에도 그 중요성을 간과하는 경우가 흔하다. 특히 관계맺기를 좋게 하려면 빠지면 안 되는 중요한 요소다.

셋째, '욕구/이미지/가치' 폴더다. 이곳에서는 말하는 사람의 '욕구/의미/가치'를 둔다. 느낌 혹은 감정의 단계를 거치면 이 단계로 들어올 수 있다. 상대방이 진정 원하는 것이 무엇인지, 진심으로 말하고자 하는 '욕구/의미/가치'를 이해하게 된다. 이 단계에 들어오면 사람과 사람 사이에 긴밀한 연결이 가능해진다. 특히 내면적 연결이 가능해질 수 있다.

경청을 제대로 하려면 이렇게 세 개의 가상 폴더를 만들어놓고 듣는 것도 하나의 방법이다. 말을 들으면서 팩트나 데이터는 내용 폴더에, 감정이나 느낌은 감정 폴더에, '의미/가치/욕구'와 긍정적 의도는 욕구 폴더에 저장하면서 듣는다. 그리고 대화가 끝난 후 각 폴더에 저장된 표현을 다시 한번 되새겨 보면 그 사람과의 관계는 물론 문제의 본질을 다시금 이해하는 데 도움이 된다. 경청에서 이 3가지 영역을 듣고 이해하면 상대와의 연결(inter-connection)이 이루어지고, 일단 연결이 되면 관계가 좋아지고 대부분의 문제는 원만히 해결될 것이다.

'섭리(攝理)'라는 말이 있다. '섭' 자에는 귀 이(耳)가 3개나 들어 있다. 우연일까? 링컨도 〈링컨〉이라는 영화에서 '3개의 귀로 듣는다.'고 했다. 사람에겐 귀가 2개밖에 없지만, 3개의 귀로 들어야 서로의 내면이 연결되고 관계의 어려움도 풀리는 섭리를 이해할 수 있게 된다.

한 차원 높은 '스페이스 경청'

지금까지 이야기한 경청 수준보다 한 단계 더 높은 경청을 하려면 '스페이스 경청(Space Listening)'을 해야 한다. 여기서 말하는 스페이스는 하나의 대화 주제를 갖고 말하는 상대와 코치, 두 사람 사이를 둘러싼 공간이다. 그 공간에는 두 사람이 만들어낸 독특한 에너지가 흐른다. 예를 들어 같은 주제를 가지고 몇 사람과 이야기를 나눠보라. 각 사람과 대화할 때 느껴지는 에너지의 흐름이 다르다는 것을 느낄 수 있게 된다.

우리가 대화로 누군가와 관계를 시작할 때, 처음에는 진짜 그 사람과 관계를 맺는 것이 아니라 서로의 에고(ego)가 투사되어 '에고와 에고끼리' 관계를 맺게 된다. 상대가 에고를 내세워 말한 것을 내 에고가 해석하고 받아들이는 것이다. 이런 대화는 아무리 오래 지속되더라도 '스침의 관계'로 끝나고 만다. 스침의 관계는 온전한 존재로서 수용되고 인정받고 싶은 기본적인 욕구를 충족시키지 못하기 때문에 서로에게 성장을 가져오지 않고, 경우에 따라서는 각자가 그 관계에서 상처를 받고 파괴적 관계가 되기도 한다. 세계적 명상 스님 틱낫한은 이런 관계에 대해, "'인터빙(Interbeing: 인간의 존재는 개체로서 완결되는 것이 아니라 inter 즉 상호 연결되어 있고, 상호 의존의 과정으로 존재한다는 뜻, 너와 나는 둘이 아니고 하나라는 불교의 불이 사상)'의 관계로 연결되지 않는다."고 말했다.

상대의 말을 주의 깊게 듣다보면 상대가 어느 순간 무의식적으로 자신의 존재를 표현하는 말을 하고 있음을 알게 된다. 그 말에는 상대의 의미, 가치, 욕구가 포함되어 있다. 이러한 경청을 위해 필요한 것이 '스페이스 경청'이다. 스페이스 경청이란 의식의 공간을 만들어놓고 상대의 말을 어떻게 듣고 있는지 스스로 알아차리면서 경청하는 것을 말한다.

스페이스 경청을 잘하려면?

스페이스 경청을 잘하려면 의식이 깨어 있어야 한다. 의식이 깨어 있으려면 내 의식의 눈을 스페이스 위에 올려놓고, 대화하는 두 사람 사이와 그 공간의 에너지를 살펴보아야 한다. 그래서 대화 도중에 의식을 공간 위에 띄워 놓고 전체적인 상황을 관찰하며 들어야 한다.

우선 '내가 상대의 말을 나 중심, 에고 중심으로 듣는가?' 또는 '상대가 에고 중심으로 말하는가?', 그리고 '두 사람 사이의 관계 에너지가 어

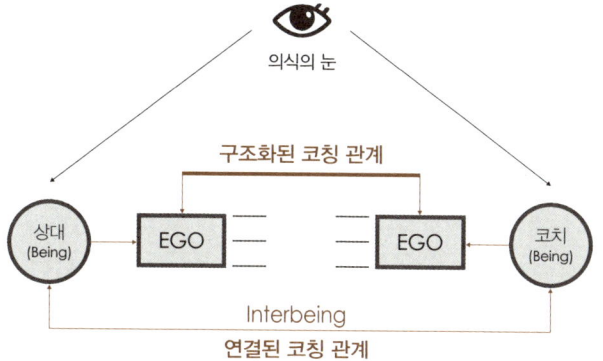

떠한가?'를 살펴야 한다. 말은 논리에 맞게 잘 하는데 톤이 다운된 상태일 때는 그 밑에 깔려 있는 감정이나 분위기가 어떤지를 알아차리고, 그것이 어떻게 변화하고 있는지도 알아차려야 한다. 그리고 두 사람 사이에 흐르는 느낌은 어떠한가도 살펴본다.

사실 두 사람이 이야기하고 있는 환경적 요소도 스페이스 경청에 영향을 준다. 좋은 공간을 만들기 위한 방법 중 하나는 상대의 답변과 코치의 질문 사이에 '잠깐의 침묵 시간'을 두는 것이다. 아주 잠깐 동안의 침묵도 두 사람을 존재(Being)의 공간으로 초대하는 방법이 된다. 말이 성(盛)하면 말썽이 생긴다. 그리고 이 짧은 시간에 코치는 의식의 눈을 스페이스 위에 올려놓아야 한다. 말을 그치고 침묵으로 바라보면 공간이 생기게 되고, 처음에는 작았던 스페이스가 점점 더 큰 스페이스로 확장된다.

처음에는 서로의 에고가 투사된 의식 사이에서 대화가 시작되겠지만, 스페이스 경청을 통해 상대가 서서히 드러내고자 하는 것을 듣게 된다. 깨어 있는 코치는 이러한 '알아차림의 공간(Space)'을 만들고, 그 공간에서 바라보는 의식의 눈으로 상대가 드러내고자 하는 것을 알아차리고 수용해준다. 그럼으로써 상대의 존재를 드러나게 한다. 그러면 두 사람 사이에는 자연스럽게 '인터빙 관계'가 형성된다.

코치들은 코칭 중에, 내면에서 일어나는 에고를 없애기 위해 애를 많이 쓴다. 그런데 아무리 노력해도 그 '에고가 없어지지 않는다.'고 고민한다. 일상에서 우리는 세상을 잘 살아가기 위해서는 에고가 필요하다. 자신을 지키는 데 도움이 되기 때문이다. 또 에고를 만족시켜야 행복할 때도 있기 때문이다. 하지만 코칭 중에는 다르다. 코칭 중에 코치의 에고가 드러나면, 상대의 말을 자신의 잣대로 판단하고 충고하려 한다. 코칭이 제대로 이루어지지 않게 되는 것이다. 따라서 코칭할 때는 코치의 에고가 드러나지 않도록 조절해야 한다. 그래야만 상대의 말을 온전히 들을 수 있기 때문이다.

에고가 드러나지 않게 하는 가장 좋은 방법은 에고가 드러날 때마다 의식의 눈을 스페이스 위에 띄워놓고 잠깐 멈추어서 "아, 내가 지금 상대가 말한 것을 내 중심으로 해석하고 있구나. 내가 충고 조언을 하고 있구나." 하고 알아차리는 것이다. 이 방법은 에고의 작용을 멈추게 하는데 매우 효과가 크다.

내 에고가 작동되는 것을 알게 되면 코치로서 상대의 말을 듣는 수준이 달라진다. 앞의 그림처럼 코치가 의식의 눈을 공간에 띄워놓으면 에고가 작동되는 것을 쉽게 알아차릴 수 있기 때문에 우리 의식의 초점을 인터빙을 위한 연결로 돌릴 수 있게 된다. 일단 내면의 존재끼리 연결되는 '내면의 소통'이 가능해진다.

상대를 담는 스페이스 만들기

맞춤형 리더는 '묵언의 스페이스'가 있다. 상대방을 담는 스페이스다. 나 중심으로 말하고, 지시하고, 통제하면 상대방이 들어올 공간이 없다. 상대가 들어올 공간을 만들어주는 행위가 바로 묵언이다. 즉, 말을 하지 않는 것이다. 잘 듣지 않는 리더는 자신이 말을 많이 한다. 일반적으로 직장의 풍경을 둘러보면 말을 적게 하는 리더보다는 말을 잘하고 많이 하는 리더가 더 많은 것 같다.

경청을 잘하는 리더가 되려면 평소 자신의 말을 줄이는 연습을 해야 한다. 묵언 수행까지는 아니더라도 꼭 필요한 말만 한다든지, 말하지 않는 시간을 늘릴 필요가 있다. 리더가 경청을 잘하고자 한다면 스스로 '말 안하는 훈련'을 반드시 해볼 필요가 있다. 혼자 2~3일 동안 말하지 않고 지내보면 의외로 편하게 느껴질 수도 있다.

코치도 마찬가지다. 코칭 중에 코치가 말을 많이 해서 코칭 상대에게 도움이 되는 경우는 거의 없다. 말을 줄이는 것은 곧 자신의 에고를 줄이는 것과 같다. 에고가 줄어들면 반드시 말도 줄어든다. 따라서 맞춤형 리더들은 내가 만나는 사람들을 담을 수 있는 내면의 공간을 만들기 위해 하루에 1~2시간 정도라도 거의 말하지 않는 스페이스를 가져보기를 권한다. 자발적인 침묵 수련이 대화 중 경청의 스페이스를 만드는 데 큰 도움이 되기 때문이다. 스페이스 경청을 위한 묵언을 할 때 의도적으로 의식의 눈을 스페이스 위에 올려놓고 자신을 내려다보는 '묵언 의식 연습'을 하게 되면 더 큰 효과를 경험할 수 있다.

Q&A 멈추고 알아차리기 (사람을 위한 공간, 경청)

Q. 경청이란 무엇인가?

A.

Q. 경청과 내 마음의 공간과는 어떤 관계가 있는가?

A.

Q. 경청할 때 무엇을 들어야 하는가?

A.

Q. 나 중심으로 듣지 않고 상대방 중심으로 듣는다는 것은 무엇을 뜻하는가?

A.

Q. 경청시 내가 갖추어야 할 태도는 무엇인가?

A.

Q. 감정의 늪에 빠진 사람을 어떻게 도와줄 수 있을까?

A.

Q. 스페이스 경청을 잘 하려면 어떻게 해야 하는가?

A.

Q. 내가 사용하는 경청 폴더는 몇 개나 있는가?

A.

Q. 내 경청의 수준은 어느 정도 되는가?

A.

Q. 내가 경청을 잘해서 성공한 사례와 경청을 잘못해서 실패한 사례는 무엇인가?

A.

CHAPTER

3

맞춤형 리더는 힘(Power)을 깨우는 질문을 한다

EMPOWERING

1. 질문은 그 자체가 강력한 힘이다

　미래학의 거장 제임스 데이터(James Dator) 미국 하와이대학 교수가 2014년 한국을 방문해 유학(儒學)에 대해 매우 참신하고 의미 있는 이야기를 전했다. 그는 유학을 이야기하면서 의외로 질문의 중요성을 이렇게 강조했다.

　"보통 한국에서 쓰는 인문은 '人文'이지만 저는 '물을 문(問)' 자를 쓰고 싶습니다. 유학(儒學)은 '상호간 대화 작용이 일어나는 것', 그러니까 인간에 대해 묻고 알아가는 학문입니다. 사람(人) 혼자만 있으면 개인을 뜻하지만 여기에 물음(問)을 더하면 사람에 대해 묻고 알아가는 사회, 즉 '집단'이 됩니다."

　서로에게 책임과 의무를 다하는 사회적 관계로 살아가려면 사람에 대해 묻고 알아가는 과정이 있어야 한다는 것이다. 유학(儒學)을 공부하는 미래학자가 코칭을 이야기하고 있는 듯하다. 코칭이 바로 그러하다. 코칭은 상대가 갖고 있는 문제를 해결해주기 위해 컨설팅적인 질문을 지양한다. '상대'라는 사람에 대해 호기심과 존중감을 가지고 물어가는 과정이기 때문이다. 코칭은 그래서 사람에 대해 물어보는 '인문(人間)학'이고 서로 묻고 배우고 성장해가는 '학문(學問)'인 것이다.

　대학원에서 학생들에게 리더십 코칭 강의를 하고, 기업에서 임원들을 코칭하면서 새롭게 깨달은 것이 '교학상장(敎學相長)'이라는 말이다. 가르치고 배우며 서로 성장하기 위한 첫 번째 열쇠가 바로 '질문'이다. 학생들에게 어떤 질문을 했을 때 엉뚱한 대답을 하는 경우도 있지만 그

것 또한 배움이다.

어느 기업의 전략 담당 임원에게 "당신은 전략을 어떻게 정의하십니까?"라고 질문하자 "전략이란 물이 자연스럽게 흘러가도록 통로를 만들어주는 것"이라고 대답했다. 가히 지난 20~30년 간의 경험과 지혜가 압축된 말이었다. 그리고 한 달 후에 그 임원은 '물과 같이 흘러가는 통로로서의 전략'을 위해 그간의 전략을 몇 가지 수정했다고 이야기했다. 그는 전략에 대한 자신의 정의에서 새로운 아이디어를 얻고, 개념을 수정해 상사에게 보고했더니 매우 기분 좋은 인정과 격려를 받았다며, 자기 인생도 물과 같이 자연스럽게 흘러가는 길을 만들고 싶다고 했다.

이와 같이 호기심 어린 질문과 진정성 있는 답변 사이의 공간은 무한한 창의와 혁신의 보고이며, 사회적 관계성이 머무는 공간이다. 또한 이것이 '인문(人間)'의 공간이며 '학문(學問)'의 공간이고 '코칭의 공간'이다.

《최고의 석학들은 어떤 질문을 할까?》라는 책에 따르면, "지속적으로 목표를 추구하고 자신만의 능력을 발휘하면서 성장해가는 사람들은 공통적으로 자문자답을 반복하는 습관이 있다."고 한다. 석학이 된 비결이 자신을 비판하거나 자책하기보다는 질문하기를 좋아하는 습관이었던 것이다.

긍정심리학의 대가 미하이 칙센트미하이는 하루에 두세 번 아무 때나 알람을 설정해놓고 알람이 울리면 똑같은 질문을 하고 답을 적었다고 한다. 그 질문은 바로 '지금 내가 이 일을 하는 이유는 무엇인가?'였다. 스티브 잡스 역시 매일 아침 자신에게 똑같은 질문을 던지며 하루를 시작했다고 알려져 있다. 그의 질문은 '만일 오늘이 나의 마지막 날이라면 내가 하고 싶은 일은 뭘까?'였다.

코칭에서 질문은 왜 하는 것일까? 물론 답을 얻기 위해서다. 하지만 이것만은 아니다. 바로 사람을 성장시키기 위해서다. 따라서 코칭에서의 질문은 답을 얻고 동시에 사람도 성장시키는 수단이다. 그런데 재미있는 것은 가장 좋은 답은 새로운 질문이라는 점이다. 즉, 코칭이 끝난 뒤 상대가 스스로에게 새로운 질문을 할 수 있다면 그처럼 좋은 답이 없는 것이다. 그래서 아인슈타인은 "질문이 정답보다 중요하다. 곧 죽을 상황에 처해 있고, 목숨을 구할 방법을 딱 한 시간 내에 찾아야 한다면, 한 시간 중 55분은 올바른 질문을 찾는 데 사용하겠다. 올바른 질문을 찾고 나면, 정답을 찾는 데는 5분도 걸리지 않을 것이다."라고 말했다.

이렇듯 코칭에서의 질문은 문제 해결을 위한 답을 넘어서, 상대의 성장을 촉진하는 데 필요한 질문이 더욱 중요하다. 그래서 코칭에서는 상대가 자기 이슈에 대한 답을 찾는 것보다, 그것을 찾기 위한 과정으로서의 질문을 더 중요하게 다룬다. 문제가 생겼을 때, "답, 답"만 찾는 사람은 답답한 사람이다. 먼저 올바른 질문을 찾아야 한다. 질문은 그 자체로 강력한 힘이 있다. 상대는 질문에 대답하면서 점점 창의력이 강화되고 강력해진다.

세계 인구의 0.25%에 불과한 유대인이 노벨상 수상자의 20~30%에 해당하는 이유를 여러 가지로 설명할 수 있겠지만, 그중 가장 강력한 이유는 아마도 '질문의 생활화'일 것이다. 유대인은 아이가 아침에 학교가기 전, "오늘 선생님에게 무슨 질문을 할 거니?"라고 묻고, 학교

갔다 오면 "오늘 선생님에게 무슨 질문을 했니?"라고 물어보도록 교육 받는다. 그리고 이들은 그것을 실천하려고 애쓴다. 선생님들도 수업시간이나 학교생활 속에서 "마따호쉐프?(네 생각은 무엇이니?)"라는 질문을 하루에도 수십 번씩 한다고 한다.

심지어 그들의 도서관도 혼자 조용히 공부하는 곳이 아니라, 서로 묻고 대답하는 토론의 장으로 활용하고 있다. 미국 인구 중 유대인의 비중은 3% 정도다. 그런데 미국 유명대학 교수의 30%가 유대인이고, 미국 억만장자의 40%가 유대인이다. 이토록 강력한 힘은 어렸을 때부터 늘 질문 속에서 생활하며 지혜를 축적한 결과라고 생각한다.

그렇다면 우리 대한민국은 어떤가? 2010년 대한민국에서 개최된 G20 폐막식 때 오바마 대통령 기자회견장에서 일어난 해프닝이다.

오바마 대통령 : 한국 기자들에게 질문권을 먼저 드리고 싶군요. 정말 훌륭한 개최국 역할을 해주었으니까요.

한국 기자들 : …….

오바마 대통령 : 누구 없나요?

한국 기자들 : …….

오바마 대통령 : 한국어로 질문하면 아마 통역이 필요할 것입니다. 사실 통역이 꼭 필요합니다. (이때 중국 기자 한 명이 자리에서 일어났다.)

중국 기자 : 실망시켜서 죄송하지만, 저는 중국 기자입니다. 제가 아시아를 대표해서 질문해도 될까요?

오바마 대통령 : 하지만 저는 한국 기자들에게 질문을 요청했어요.
그래서 제 생각에는······.

중국 기자 : 그러면 제가 한국 기자들에게 대신 질문해도 되는지 물어보면 어떨지요?

오바마 대통령 : 그것은 한국 기자가 질문하고 싶은지에 따라 결정되 겠네요. 없나요? 아무도 없나요.

한국 기자들 : ······.

정말 난감한 분위기 속에서 한동안 침묵이 이어지다가 마침내 질문권은 중국 기자에게 넘어갔다. 한국 기자들은 그때 왜 질문을 하지 않았을까? EBS에서는 이 장면을 두고 현직 기자 몇 명을 초대해 그 이유를 알아보는 자리를 만들었다. 그 자리에 참석한 기자들의 이야기를 정리하면 다음과 같다.

"질문하는 것은 내가 부족하다는 것을 남들 앞에서 드러내는 것이다. 그러한 부담 때문인지 몰라도 '아는 척' 앉아 있게 된다. 질문하게 되면 다른 기자들이 말은 안 하지만 '뭐 저런 질문을 하느냐?'라고 비아냥거리고 눈치를 준다. 나도 그 분위기를 깨고 질문을 안 했을 것이다. 우리한테는 질문도 답인 것 같다. 어떤 상황에서 어디까지 질문이 용인되고 어떤 질문을 할 수 있을까? 그것을 파악하는 일조차 답이 되어버린 듯하다."

이것이 질문을 잃어버린 우리의 현주소이자 자화상이다. 그때 기자 회견에 참석했던 기자들뿐만 아니라 나중에 토의에 참석한 기자들까지도 질문을 두려워했다. 국내에서 어떤 사건이 터졌을 때 검찰청 문 앞에 진을 치고, 보기에도 민망할 정도로 피의자에게 질문 공세를 퍼부어대던 기자들의 질문 역량은 다 어디로 갔을까?

기자에게 사실(fact)을 파악하고 의견을 도출하는 가장 좋은 방법이 질문이지만, 정작 질문이 꼭 필요한 자리에서는 질문하지 않는 배경이 무엇일까? 아마도 자유로운 질문이 허용되지 않는 가정과 학교, 사회의 문화가 가장 큰 원인일 것이다. 우리의 가정 문화는 질문을 환영하지 않는다. 그래서 '미운 네 살'이라는 말도 있다. 그 무렵 아이들은 호기심이 발동되어 질문을 마구 쏟아내는데 부모들은 매번 같은 질문을 해대는 아이들을 귀찮아한다.

학교에서도 마찬가지다. 교사들은 수업 진도 때문에 질문하는 학생들을 달가워하지 않고, 다른 학생들은 질문하는 아이를 놀리거나 비아냥거리기도 한다. 직장 역시 많은 중소기업과 대기업, 전문직종에까지 철저한 상하 관계와 서열문화가 깔려 있다. 질문에 관한 한, 어쩌면 그 기자들도 이런 주입식 교육과 억압적인 사회 문화의 피해자가 아닐까?

일반적으로 질문은 '내 궁금함을 풀기 위한 것'이다. 그러나 맞춤형 코칭 리더십에서는 내 궁금증을 풀기보다는 상대가 스스로 생각하고, 선택하고, 행동하도록 파워를 이끌어내기 위해서 질문한다. 상대방의 시각 전환과 강점 혹은 잠재력 발견을 돕고, 자신의 가치나 의미를 찾도록 하기 위해서 질문하는 것이다. 이렇게 상대가 스스로 답을 찾도록 지원하고 지지해주는 것이 코칭 질문의 핵심이다.

그러나 코칭에서의 질문은 독립적으로 존재하지 않는다. 상대와의 관계, 코치의 호기심, 경청 능력, 직관, 코칭 프로세스, 상대의 반응 등을 바탕으로 문제를 풀고 성장을 돕기 위해 질문을 해야 한다. 이때 직접적으로 영향을 미치는 것이 경청 능력이다. 상대가 무엇을 말하는지, 그리고 그것을 표현하는 몸말이 어떤지를 보고 듣고 이해해야 한다. 이런 경청 능력 없이는 제대로 된 질문을 할 수가 없다. 또 상대가 사용하는 언어와 감정 표현 등을 서로 연결시킬 수 있어야 한다. 그래야 효과적이고 강력한 질문을 할 수 있게 된다.

무의식을 알아차리게 하는 질문

상대의 말에는 그의 내면의 다양한 요소들이 포함되어 있다. 그것을 코치가 민감하게 알아듣느냐, 못 듣느냐에 따라 코치의 역량은 크게 차이가 난다. 코치가 코칭 상대의 '그 어떤 것'을 직관적으로 감지하고 무의식에서 살짝 올라온 그것을 이끌어내는 질문을 하면, 상대는 무의식의 영역에 있던 그것을 의식의 영역으로 끌어올릴 수 있게 된다. 의식의 영역으로 올려놓으면, 그 다음 구체적인 대안과 실행 계획으로 발전시킬 수 있다. 상대는 인지적 차원에서 여러 가지 현안 문제를 이야기하면서도, 동시에 그의 내면에서는 무의식 차원의 대화가 계속 이루어지고 있다.

무의식적인 내면의 대화는 대개 이런 것들이다. "내가 지금 뭘 하고 있는 거야?", "왜 이렇게 헤매고 있지?", "내가 지금 제대로 하고 있는 건가?", "나는 왜 하는 일마다 이렇지?", "도대체 이게 왜 안 되는 거지?", "내가 정말 바라는 건 뭘까?", "나는 정말 어떻게 되고 싶은 거지?", "나는 어떤 삶을 살고 싶은 거지?" 등이다.

그러므로 상대가 어떤 주제에 대해, 어떤 식으로 설명을 하든 코치가 상대의 내면의 움직임을 읽고 "지금 이것을 바라보는 당신의 느낌은 어떤가?"와 같은 질문을 던져 무의식적으로 내면에서 움직이고 있는 여러 가지 이야기를 자유롭고 편안하게 펼쳐내도록 해야 한다.

'질문' 하면 떠오르는 것이 소크라테스의 질문법이다. 《플라톤의 대화편》〈메노〉에는 소크라테스가 취한 유명한 접근법이 나온다. 어느 노예 소년이 기하학을 공부한 적이 전혀 없음에도 불구하고, 단지 소크라테스가 던지는 일련의 질문에 답하는 과정에서 복잡한 기하학 문제를 스스로 풀어낸 것이다. 소크라테스는 메노에게 기하학을 전혀 모르는 소년이 어떻게 이런 능력을 보일 수 있는지를 이렇게 설명한다.

소크라테스 : 어떻게 생각하나, 메노? 그 아이가 자기 자신의 의견이 아닌 남의 의견을 빌어 대답을 했다고 보는가?

메노 : 아뇨. 그건 전부 그 소년의 생각이었습니다.

소크라테스 : 하지만 우리가 조금 전에 확인했듯이 그 애는 그걸 몰랐지.

메노 : 맞습니다.

소크라테스 : 그렇다면 이 의견들은 그 아이의 머릿속에 이미 들어 있었던 것 아니었나?

메노 : 그렇습니다.

소크라테스 : 그러니 어떤 주제에 대해 일자무식인 사람도 자기 안에

	나름의 진짜 생각을 이미 갖고 있는 셈이군.
메노	: 그런 것 같습니다.
소크라테스	: 새로 표현된 생각들은 꿈과 같은 특성을 지니고 있네. 하지만 여러 차례 다른 방식으로 그에게 똑같은 질문을 할 경우, 결국 그 주제에 대해 누구 못지않게 정확한 지식을 갖추게 될 걸세.
메노	: 그럴지도 모릅니다.
소크라테스	: 이 지식은 가르침이 아니라 질문으로부터 나올 걸세. 그러면 상대는 내면의 지식을 스스로 끌어내게 되지.

제임스 파일, 메리앤 커린치의 《질문의 힘》(비즈니스북스, 2014)에서 인용.

 소크라테스가 내린 결론은 코칭의 철학과 스킬을 완벽하게 구현하고 있다. 기하학을 공부한 적이 전혀 없는 노예 소년처럼 어떤 주제에 대해 일자무식인 사람도 실은 자기 안에 그것에 대한 나름의 진짜 생각을 이미 갖고 있다고 보는 것이다. 이것이 코칭에서 모든 사람에게 무한한 가능성이 있다고 말할 수 있는 이유다.

 그래서 소크라테스는 소년에게 '다른 방식으로 똑같은 질문을 던지는 방법'으로 진리를 터득하게 하려 했다. 이를 후세 사람들은 '산파법'이라고 부른다. 마치 산모가 출산할 때 산파가 옆에서 도와주듯 어떤 사람이 무엇에 관해 생각할 때 진리를 깨닫도록 도와주는 역할을 하기 때문에 붙여진 이름이다.

사람 판단은 '어떤 질문을 하느냐'로

공병호 소장이 요약한 《제2의 기계시대》에는 '컴퓨터가 할 수 없는 것들'이라는 흥미로운 내용이 나온다. 그 내용은 다음과 같다.

"우리는 아직 진정으로 창의적인 기계나 모험적인 기계, 혁신적인 기계를 본 적이 없다. 운율을 지닌 영어 문장을 지어낼 수 있는 소프트웨어를 본 적은 있지만, 진정한 시를 지을 수 있는 소프트웨어는 아직 못 보았다. 산뜻한 산문을 지을 수 있는 프로그램의 탄생만도 놀라운 성과다. 거기까지다. 무엇을 써야 할지를 이해하는 프로그램은 아직 나오지 않았다. 또 우리는 좋은 소프트웨어를 만들 수 있는 소프트웨어도 본 적 없다. 지금까지 그런 시도들은 처참한 실패를 거듭했다.

컴퓨터가 못하는 이 활동들에는 한 가지 공통점이 있다. 바로 '아이디어 떠올리기(ideation)', 즉 '새로운 아이디어나 개념을 생각해내는 활동'이다. '훌륭하고 새로운 아이디어나 개념을 떠올리는 것'이라고 해야 더 정확하겠다. 컴퓨터는 여전히 답을 내놓는 기계로 남아 있다. 흥미로운 새로운 질문을 제기하지 못하고 말이다. 새로운 질문을 하는 능력은 아직 인간만의 것인 듯하며, 여전히 엄청난 가치를 지닌다.

아이디어를 잘 떠올리는 사람들이 당분간은 디지털 노동자보다 계속 비교 우위에 있을 것이고, 그들을 원하는 수요가 계속 될 것이라고 예측한다. 다시 말해, 고용인이 재능 있는 사람을 뽑고자 할 때, 계몽운동가인 볼테르가 말한 '어떤 답을 하느냐가 아니라 어떤 질문을 하느냐로 사람을 판단하라'를 따를 것이다."

아이디어 떠올리기, 창의성, 혁신을 영어로는 흔히 상자 밖에서 생각하라(think outside the box)고 표현하는데, 이 말은 인간이 이 분야에서 디지털 노동자보다 꽤 오래 비교우위에 있을 것임을 시사한다. 컴퓨터와 로봇은 프로그래밍된 자신의 틀 안에서는 패턴 인식을 아주 잘하는데 반해, 틀 바깥에서는 전혀 그렇지 못하다. 이 점은 인간 노동자에게는 희소식이다. 우리는 여러 가지 감각을 지닌 덕분에, 본질적으로 디지털 기술보다 훨씬 더 넓은 틀을 갖고 있다. 특히 '패턴 인식'이라는 점에서는 더욱 그렇다.

인간만이 새로운 질문을 만들어낼 수 있고, 새로운 질문을 함으로써 새로운 아이디어를 창출할 수 있다. 또 질문을 통해 성찰함으로써 스스로 배우고 성장할 수 있고, 질문으로 서로와 연결되고 협력하며 시너지를 낼 수 있다.

절실한 질문의 답은 가까이 있다

질문은 예로부터 동서양을 불문하고 늘 중요하게 여겨져 왔다. 《논어》에 '절문이근사(切問而近思)'라는 구절이 있다. '간절히 묻고 가깝게 생각하라.'는 뜻이다. 법정 스님도 '건성으로 묻지 말고 목소리 속의 목소리로, 귀 속의 귀에 대고 간절하게 물으면 답은 그 안에 있다.'고 했다. 세계적인 전자부품 기업 '교세라'를 키운 이나모리 가즈오 회장은 '왜 일하는가?'를 절실하게 물어보면 '간절히 바라는 것을 찾고 몰두하게 되며, 그 마음이 하늘에 닿아 선물을 받는다.'고 말했다.

질문은 코칭에서 없어서는 안 될 가장 중요한 스킬 중의 하나다. 앞에서 말한 바와 같이 질문은 그 자체가 강력한 힘이기 때문이다. 코치의 질문은 코칭의 방향을 설정하고 초점을 유지하며, 코칭 상대가 스스로 설정한 목표를 향해 가장 자기다운 방법을 선택하게 한다. 또한 상대의 상상력을 자극해 자신의 문제를 창조적으로 해결하고 성장하도록 돕는다.

코칭에서 절실한 질문은 무엇인가?

코칭에서 절실한 질문이란 첫째, '핵심을 다루는 강력한 질문'이다. 핵심 질문의 실마리는 상대의 말 속에 있다. 그러니 상대의 말을 잘 듣고 무엇이 핵심인지 알아야 한다. 만일 상대의 말이 분명하지 않을 경우 "이 상황에서 가장 중요한 것은 무엇인가요?"라고 질문하면 된다.

둘째, '본질을 자극하는 질문'이다. 즉, 문제 해결을 위한 본질적인 접근이 가능하게 하는 질문이다. 예를 들면, 존재/정체성에 관한 질문, 가치/의미를 생각하게 하는 질문, 영혼에 대한 질문, 목표를 이룰 수 있는 리소스에 대한 질문들이다. 이러한 질문은 코칭 상대에게 자신의 삶을 깊고 넓게 생각하게 유도하여 본질적인 해결책을 떠올리게 하고 이로 말미암아 영속적인 변화와 성장을 이루어가도록 돕게 된다.

예를 들면, "당신은 자신을 어떤 존재라고 생각하며, 앞으로 어떤 존재로 성장하고 싶은가?", "당신이 드러내고 싶은 존재의 아름다운 모습은 어떤 모습인가?", "모든 상황에서 판단 기준이 되는 당신의 가치관은 무엇인가?" 등이 그런 질문에 해당한다.

셋째, '비전에 대한 질문'이다. 이는 코칭 상대가 간절하게 원하는 것이라고 할 수 있다. 《성경》의 〈베드로전서〉에는 "여러분이 가지고 있는 희망에 관하여 누가 물어도 대답할 수 있도록 언제나 준비해 두십시오."라는 구절이 있다.

비즈니스 코칭 세션 중에, "당신의 꿈은 무엇인가?"라고 물으면 매우 당황하는 사람들이 있다. 인생에서 아주 중요한 질문인데 스스로에게 절실하게 물어본 적이 없기 때문이다. 직업에서의 직(職)은 일자리를 말하고, 업(業)은 그 안에 들어 있는 가치와 소명을 뜻하는데, 일을 위한 목표는 있으나 자기 삶에 대한 소명과 비전이 없기 때문이다.

코칭에서의 근사(近思)는 어떻게 하는가?

절실한 물음에 대한 답은 항상 가까운 데 있다. 질문에 대한 답은 내면의 소리를 통해 나온다. 내면에 그 문제를 풀어낼 파워가 있기 때문이다. 그러므로 생각은 먼 데가 아니라 가까이에서부터(近思) 구체적으로 해야 한다. 사람의 내면에는 무한한 가능성을 품고 있는 리소스가 모여 잠재된 파워를 형성하고 있다. 그것들을 활용하면 해결하지 못할 문제가 없다. 절실한 질문(切問)을 하면 '생생하게 상상하고, 간절히 소망하는 것'을 찾을 수 있고, 잠재된 내면의 리소스를 바탕으로 매번 부딪치는 일상의 상황을 생각하면(近思) 효과적인 해결책을 찾을 수 있다.

2. 상대와 함께 춤추는 질문 기법

도올 김용옥은 동양의 고전《중용》을 해설하면서 '시중(時中)'을 이렇게 설명한다.

"동양에서의 시(時)는 시간(time)이라는 추상적 개념에 대한 탐구가 아니라, 살아가는 삶의 자리에 있어서의 타이밍(timing) 문제다. 같은 진리라도 타이밍에 맞게 적절해야 한다. 그러므로 중용(中庸)에서의 중(中)은 반드시 시(時) 속에서 이루어지는 중(中)이어야 한다."

이 이론은 맞춤형 코칭에서의 질문에도 그대로 적용된다. 질문은 상대가 말하는 내용과 감정, 몸짓, 표정에 딱 알맞은 질문을 해야 한다. 대화를 하다가 잠시 내 생각에 머문 상태에서 질문을 던지면 나 중심적인 질문이 되어 그 의도가 상대에게 제대로 전달되지 않는다. 따라서 아무리 좋아 보이는 질문도 타이밍(timing)이 중요하다. "진정으로 원하는 것이 무엇입니까?"라고 물을 때와 "원하는 것이 무엇입니까?"라고 물을 때가 따로 있고, 질문할 때와 침묵할 때가 따로 있다.

어떤 질문이 좋은 질문인가?

질문은 질문 자체보다, 상황에 맞게 하는 것이 가장 중요하다. 시중(時中)에 맞는 질문, 이것이 질문하는 자의 첫 번째 지혜다. 그리고 더불어 시중에 맞는 적절한 질문을 하면서 동시에 다음과 같은 질문 기법들을 함께 훈련할 필요가 있다.

하나,　짧고 단순하고 간결하게 질문한다.
　　　　분명하고 직접적이고 상대가 이해하기 쉬운 질문이 좋다. 한 번에 2개 이상의 내용을 질문하면, 질문도 대답도 복잡해진다.

둘,　숨겨진 의도가 없이 투명하게 질문한다.
　　　　그래야 상대가 질문의 의미를 왜곡하지 않고 정확하게 이해한다. 더불어 상대의 대답에 대해 옳다, 그르다 판단하지 않는 마음과 중립적인 언어를 가지고 질문해야 한다.

셋　직접적인 질문을 한다.
　　　　빙빙 돌려서 질문하지 않고 명료하게 질문한다. 코칭 상대의 언어를 활용해 질문하면, 질문이 더욱 명료해진다. 또한 코치의 의도를 가지고 유도 질문을 하지 않는다.

넷,　초점을 맞추는 질문을 한다.
　　　　코칭 상대가 크고 넓은 주제에서 시작하더라도 초점을 맞추어 범위를 좁혀가며 주제에 집중할 수 있도록 질문해야 한다.

다섯,　현재 표현을 활용하는 질문을 한다.
　　　　우리는 과거나 미래보다 현재 자신의 상황에 대한 질문을 받을 때 답하기가 더 쉬워진다. 따라서 지금 여기에서 발견할 수 있는 질문, 또는 현재형 질문을 하려고 노력해야 한다.

여섯,　긍정적인 질문을 한다.

우리의 뇌는 부정적인 것을 인식하지 못한다. 그러므로 질문도 긍정적인 질문을 해야 한다.

일곱, 직관을 활용한 질문을 한다.

판단, 추리 등 사유 작용보다는 대상을 순간적으로 직접 파악하는 질문을 한다. 이미 알고 있는 지식보다는 언어나 눈짓, 또는 몸말로 표현되는, 정확히 인식되지 않은 그 무엇을 질문하는 것이다. 상대와 함께 춤추는 순간에 느껴지는 마음의 소리를 듣고, 그 순간의 느낌을 질문하는 것이 중요하다. 따라서 직관을 사용할 때 정해진 질문은 없다.

여덟, 발견을 목적으로 하는 질문을 한다.

이유나 원인을 따지는 질문보다는 발견을 목적으로 하는 질문을 한다. 상대는 자기가 탐구하고자 하는 것에 대해 질문받고 싶어 한다. 그러므로 상대가 가진 관심의 방향과 호기심을 자극하는 질문을 한다.

아홉, 체계적인 질문을 한다.

이슈에 대한 상대의 사고가 넓어져 문제가 풀려나가도록 각 이슈에 맞는 코칭 프로세스에 따라 체계적인 질문을 할 필요가 있다.

열, 균형 있는 질문을 한다.

문제 해결을 위한 질문과 상대의 성장을 위한 성찰 질문을 적절히 병행한다.

열하나, 침묵을 동반한 질문을 한다.

상대의 답변과 코치의 질문 사이에 일정한 침묵이 필요하다. 침묵은 코칭 상대나 코치에게 여유와 창조적인 스페이스를 제공하며, 그 스페이스에서 상대와 함께 춤추는 마당이 된다. 만일 상대가 질문을 받고 잠시 생각하는 시간을 갖거나 "아, 그것 참 좋은 질문이군요."라고 이야기한다면 그것은 실제로 좋은 질문이다.

열둘, 영혼을 자극하는 질문을 한다.
영혼을 자극하는 질문은 자신의 현존에 대해 성찰하게 하고, 나아가 초월적인 존재에 대해 성찰하게 한다.

좋은 질문의 효과

좋은 질문이 주는 효과는 다음과 같다.

첫째, 상대가 스스로 임파워되었다고 느낀다. 즉, 자신에게 잠재되어 있던 파워가 발휘되고 있다고 느낀다. 코칭은 상대가 원하는 곳으로 스스로 가도록 코치가 서포트하는 것이다. 그러므로 좋은 질문은 상대가 원하는 곳으로 스스로 가도록 내면의 파워를 일깨워주는, 즉 임파워 해주었다고 느끼게 하는 것이다.

둘째, 코칭 상대의 시각이 바뀌어 상자 밖으로 나오게 되면서 창조적으로 생각하게 된다. 코칭은 시각의 전환으로 많은 문제를 해결할 수 있다. 상대가 현재 프레임을 성찰해 보게 하면 현재의 사고 패턴을 인식하고, 행동의 패턴을 바꿀 수 있다.

셋째, 상대가 좋은 질문에 답함으로써 내면에 자신의 문제를 해결할 수 있는 자원이 있다는 것을 발견하게 되고, 스스로를 가능성 있고 역량 있는 사람으로 인식하게 된다.

넷째, 그동안 상대가 고민해오던 문제를 질문하면, 그에 대한 답을 하면서 그 문제를 더욱 명료하게 인식하기도 하고, 아예 문제 자체가 없어지기도 한다. 그뿐만 아니라 더 큰 차원의 문제로 발전할 수도 있다.

《조선일보》 '위클리 비즈'(2014년 11월 15~16일)에는 제품 개발을 할 때도 '질문을 어떻게 바꾸느냐에 따라 창조적인 제품이 탄생하기도 한다.'는 내용이 실렸다.

"삼성전자의 사례를 들어보자. 2000년대 중반 삼성전자의 TV 부문 임원들은 완전히 헤매고 있었다. 온갖 최신 기술을 반영한 TV를 만들었는데, 잘 안 팔렸다. 당시 삼성 TV의 외관은 소니를 비롯한 타사 제품들과 흡사했다. 온갖 기술력을 자랑하는 스티커가 덕지덕지 붙어 있고, 다른 제품과 비슷한 영상을 틀었다. 그런데 바로 이게 문제였다. 소비자들은 끝도 없는 공학 발전의 퍼레이드에 싫증을 느끼고 있었던 것이다. 그래서 접근 방식을 달리했다. '어떻게 하면 TV를 많이 팔 수 있을까?'라는 질문을 '가정에서 TV라는 현상은 무엇을 의미할까?'로 바꿨고, 고객이 TV를 어떻게 생각하는지 관찰했다. 사람들은 TV를 거실에 두고, TV를 살 때는 항상 여성의 의견이 반영된다는 사실을 발견했다. 또한 삼성 TV를 바라보는 소비자 중에는 디자인이 예쁘지 않다는 불만도 가지고 있음을 알았다. 소비자는 몇 년이 지나도 괜찮은 디자인의 물건을 집에 두고 싶어 한다는 사실을 깨달았다. 즉 'TV도 가구의 일종'이라는 것이다. 그 후 삼성전자는 TV 디자인 자체를 바꿨다. 딱딱한 상자 모양의 디자인을 버리고, 유선형 디자인을 채택했고, 스크린은 평평하게 만들었다. 그렇게 나온 제품이 바로 '보르도 TV'이다."

기업에서 질문을 어떻게 바꾸어 창조적인 제품을 만들 수 있었는지 보여주는 사례다.

다섯째, 상대가 행동을 하기 시작한다. 좋은 질문에 답해 나가다 보면 좋은 행동의 아이디어가 떠오르게 되고, 그것을 코치에게 말하는 과정에서 자연히 실행에 대한 의지가 높아지게 된다. 그러면서 변화된 자신의 모습을 마음속에 그리게 된다. 마음속에 이미지가 심어지면 그것은 곧 행동으로 이어진다. 질문이 행동을 유발하는 것이다.

여섯째, 좋은 질문은 상대를 나선형으로 성장하게 한다. 인간의 의식 레벨은 주변의 환경 의식에서부터 행동 의식, 역량 의식을 지나 가치관, 정체성의 영역으로 발전하거나, 앞에서 언급한 바 있는 에이브러햄 매슬로의 욕구 5단계를 따라 성장하게 된다. 그 과정에서 사람은 생각을 자극하는 질문을 품고 나선형의 루트를 반복해서 돌며 점진적인 성장을 이루어나간다.

3. 열린 질문과 긍정 질문을 활용하라

질문의 일반적인 형태

궁극적으로 상대의 목표 달성에 도움이 되도록 정보를 이끌어내거나 응답을 촉구하는 질문의 형태는 많다. 그런데 여기서는 적극적 경청을 통해 상대의 시각을 이해하기 위한 질문의 형태를 살펴보기로 하자.

- 감정을 묻는 질문: 지금 어떤 느낌인가?
- 상황을 묻는 질문: 지금 무슨 일로 시간을 낭비하고 있는가?
- 존재에 대한 질문: 당신은 자신을 어떻게 생각하고 있습니까?
- 직관적인 질문: (어떤 문제에 매어 있다는 느낌이 들 때) 그 상자 밖으로 나오면 무엇이 보일까?
- 뜻밖의 사실을 발견하는 질문: 지금 당신에게 더 중요한 것은 이것인가?
- 탐구하게 만드는 질문: 지금 활용하지 못하고 있는 기회는 어떤 것인가?
- 시각이나 생각을 자극하는 질문: 글로벌 시각으로 보면 이 상황이 어떻게 보이는가? 이 문제를 제기한 담당 임원이라면 어떤 생각이 떠오르겠는가? 무엇이 당신을 가로막고 있는가?
- 정보를 얻는 질문: 당신에게 필요한 정보는 어디에 있나?
- 깊이 들어가는 질문: 당신은 어느 부분에서 가장 무책임한가?

- 선택을 묻는 질문: 실패하지 않고 시간과 돈이 충분하다면 무엇을 하고 싶은가?
- 이유를 묻는 질문: 그 목표를 세운 이유가 무엇인가?
- 현실 점검 질문: 당신은 코칭에서 다루고 싶은 것을 제대로 다루고 있다고 생각하는가?
- 초점을 맞추는 질문: 다음 단계로 넘어가기 전에 지금까지 이야기의 핵심은 무엇인가?
- 상기시키는 질문: 계획을 예정대로 추진하기 위해 1단계는 언제까지 해야 하는가?
- 성실성에 대한 질문: 당신이 하려고 하는 일이 당신의 정직이라는 가치와 일치하는가?
- 목표 설정 질문: 당신은 앞으로 3년 간 무엇을 하려고 하는가?
- 촉진하는 질문: 그것과 관련된 이야기를 더 생각하면 무엇이 있을까?
- 해결 방안을 찾는 질문: 지금 가장 먼저 해야 할 일은 무엇인가?
- 도전하는 질문: 당신에게 한 단계 더 높은 기준을 어떻게 적용할 수 있겠는가?
- 동기를 유발하게 하는 질문: 이 목표를 달성하면 당신에게는 어떤 이익이 있는가?
- 행동하게 하는 질문: 그것은 언제 완성되는가?
- 격려하는 질문: 당신이 성공했을 때 어떻게 축하하고 싶은가?

《The Coach U Personal and Corporate Coach Training Handbook》에서 참조.

- 기적 질문: 당신이 요술봉을 가지고 있다. 그런데 이제 한 가지 밖에 써 먹을 수 없다. 무엇에 그 한 가지를 사용하겠는가? 아침에 눈을 뜨니 당신의 문제가 사라졌다. 당신은 어떤 부분이 가장 먼저 변한 것을 느낄 수 있을까? 주변 환경에서 가장 달라진 점은 무엇인가? 그렇다면 당신은 무엇을 하겠는가? 당신이 믿는 신이 당신이 가장 원하는 한 가지 은총을 내려주셨다. 그것은 무엇일까?

질문의 유형

질문이라는 형태를 띠고 있지만 코칭 대화에서 효과적인지 아닌지를 알아차리게 하는 질문의 유형은 다음과 같다.

열린 질문 VS 닫힌 질문

열린 질문은 코칭에서 가장 기본적인 질문의 형태다. 열린 질문은 사람의 생각을 열게 하는 질문이다. 가능성을 무한히 펼칠 수 있는 질문이다. 열린 질문은 항상 의문사로 시작한다. 의문사로 시작하는 질문에 대한 답변은 정보와 단서뿐만 아니라 그 가능성에도 여러 방면으로 열려 있다. 가장 좋은 구조적 의문사가 바로 5W1H(Who, What, When, Why, Where, How)다. 구조적이라고 말하는 이유는 이들이 문제를 풀어가는 코칭 프로세스에서 공통적으로 사용되는 질문 형태이고, 거의 이 범주에서 벗어나지 않기 때문이다. 앞에서 다룬 코칭 프로세스에서 활용한 질문들은 거의가 열린 질문이다.

반대로, 닫힌 질문은 "당신은 _____ 합니까(Do you _____)?", "당신은 _____ 입니까(Are you _____)?", 혹은 "당신은 _____ 할 수 있나요(Could you _____)?"라고 질문하기 때문에 대답은 늘 "예, 아니오."로 말하게 된다.

닫힌 질문과 열린 질문을 비교해보면 다음과 같다.

닫힌 질문	열린 질문
시도해 보았어?	어떤 시도를 해보았어?
할 수 있을까?	어떻게 할래?
이거 잘할 수 있겠어?	어떻게 하면 잘할 수 있을까?
그게 좋다고 생각해?	어떤 방법이 좋다고 생각해?

▶ 닫힌 질문의 대화

A: 그 일 다 끝났나?

B: 아니오.

A: 내일까지 되겠어?

B: 아니오.

A: 그럼, 김 대리한테 좀 도와주라고 할까?

B: 아니오.

A: 뭐야? 한다는 거야, 안 한다는 거야?

B: 그런 말 안 했는데요.

닫힌 질문에 익숙해서 자꾸 닫힌 질문을 하게 되더라도 기왕이면 상대가 긍정적인 대답을 하도록 질문하려고 노력해 보라. 예를 들면, "춥지?"라고 질문했는데 상대가 "아니오."라고 대답하면 분위기가 썰렁해진다. 같은 닫힌 질문이라도 "견딜 만하지?"로 바꾸면 "네, 괜찮네요."라고 대답하면서 긍정적 분위기가 되어 다른 긍정적인 이야기로 이어갈 수 있다.

▶ 열린 질문의 대화

A: 그 일 어떻게 되어가고 있나?

B: 거의 다 되어갑니다.

A: 그래? 언제까지 마무리 될 수 있겠어?

B: 내일 모레면 될 것 같습니다.

A: 그렇군. 어떤 작품이 나올지 기대되네. 내가 어떤 도움을 주면 좋겠나?

B: 아, 감사합니다. 제가 일단 해보고 도움이 필요하면 요청드리겠습니다.

A: 그래. 그럼, 모레까지 수고하게.

집안에서도 부모가 아이들에게 "요즘 공부 잘하고 있지?" 하면 닫힌 질문이고, "요즘 공부하는 거 어때?" 하면 열린 질문이다. 부부간에도 "여보, 술 줄인다면서 또 술을 먹었어요?" 하면 닫힌 질문이고, "여보,

술을 좀 줄이려면 어떻게 하면 좋겠어요?" 또는 "내가 어떻게 도와주면 좋을까요?"라고 물어보면 열린 질문이 된다.

닫힌 질문에는 닫힌 마음으로 답하게 되고, 열린 질문에는 열린 마음으로 답을 하게 된다. 술을 줄이지 못하는 이유를 열린 질문으로 물어보면 '술을 끊으려 해도 스트레스를 받으니 쉽지 않아.'라고 답하게 되고, 나아가 술 대신 스트레스를 줄일 수 있는 다른 방법을 찾게 될 수 있다. 이렇게 내 생각을 말하다보면 그것은 나의 선택이기 때문에 스스로 저항감 없이 받아들이고 실행력이 높아진다.

그런데도 우리가 평소에 열린 질문을 하지 않는 이유는, 첫 번째가 열린 질문이 우리 문화 속에 없기 때문에 열린 질문을 받아보거나 관찰한 경험이 거의 없기 때문이다. 그리고 두 번째는 대부분 에고, 즉 자기 중심적인 생각에 사로잡혀 있는 경우가 많고, 마지막으로는 상대를 빨리 변화시키고 싶은 조급함 때문이다. 코치가 상대에게 맞추려면 우선 상대의 마음을 열게 하는 열린 질문부터 해야 한다. 어떻게? 5W1H를 사용하는 것이다.

- 무엇을 해야 할까?(What)
- 왜(무슨 이유로, 무엇 때문에) 그것을 해야 하죠?(Why)
- 어디서부터 시작하면 좋을까?(Where)
- 누구의 도움이 필요하지?(Who)
- 언제까지 가능할까?(When)
- 어떻게 하면 될까?(How)

부정 질문 VS 긍정 질문

부정 질문	긍정 질문
그런다고 되겠어요?	어떻게 하면 되겠어요?
목표 달성은 어렵지 않겠어요?	어떻게 하면 목표 달성이 가능하겠어요?
내일 수학 시험이 있는데, 오늘은 친구 안 만나면 안 되겠니?	내일 수학 시험이 있는데, 오늘 저녁을 어떻게 보내겠니?

부정적인 질문을 하면 부정적 에너지가 생겨나고, 긍정적인 질문을 하면 긍정적 발상이 생겨난다. 간단한 실험을 해보면 에너지 흐름을 느낄 수 있다. 엄지와 검지로 '오링(O-ring)'을 만들어서 실험하는 것이다. '오링'을 하고 부정 질문을 받을 때의 에너지와 긍정 질문을 받을 때의 에너지 수준을 측정해보라. 각 질문을 받았을 때 자기 내부의 느낌을 알아차려도 알 수 있다. 감정은 에너지를 만들기 때문이다.

더욱 중요한 것은 부정 질문을 하는 코치의 태도다. 일반적으로 부정 질문은 닫힌 질문과 같이 사용된다. 그리고 부정 질문과 닫힌 질문에는 보통 코치의 편견이 들어가 있다. 그렇기 때문에 중립적인 깨끗한 질문이 되지 않는 것이다.

유도 질문 VS 중립 질문

유도 질문에는 코치가 의도하는 답이 이미 들어 있다. 이것은 진실하고 정확한 생각을 가로막는다. 코칭에서 유도 질문을 하지 않는 이유

유도 질문	중립 질문
미래의 진로를 선택할 때, 비전보다는 돈이 더 중요하지 않을까요?	미래 진로를 선택할 때, 당신의 기준이 되는 것은 무엇인가요?
요즘 같은 무한경쟁 시대에 코칭이나 다른 새로운 기법보다는 전통적인 당근과 채찍이 더 나은 방법 아닌가요?	요즘 같은 무한경쟁 시대에 성과를 올리는 데 필요한 리더십에는 어떤 것들이 있을까요?
내년에 이 상품은 얼마나 내려갈까? (가격이 하락한다는 판단이 내포되어 있음)	내년에 이 상품의 가격은 얼마나 될까?

는, 질문자가 원하는 답을 암시적으로 제시해서 상대를 그쪽으로 몰고 가기 때문이다. 코칭에서의 질문은 발견을 목적으로 한다. 코치가 자신이 듣고 싶은 답을 암시하는 유도 질문을 하면, 실제로 자신이 원하는 답을 들을 확률이 높아진다. 그러면 상대가 자기 자신을 탐색하고 가능성을 발견하는 데는 커다란 장애가 될 수밖에 없다.

책임 추궁형 질문 VS 가능성 발견 질문

책임 추궁형 질문	가능성 발견 질문
이번 일은 왜 이 모양이야? 이 정도밖에 못해?	이런 일이 있을 때 다음에는 어떻게 하겠나?
입사 몇 년 차인데 아직도 일을 그렇게 하나?	업무 효율을 조금 더 높이려면 어떻게 하면 좋겠나?
일이 왜 이렇게 말썽이야?	어떻게 하면 일이 순조롭게 진행되겠나?
이게 지금 제 정신으로 한 거야?	어떻게 하면 제대로 할 수 있겠나?

기업에서 책임 추궁형 질문의 예를 들어보라고 하면 순식간에 엄청난 질문들이 쏟아져 나온다. 그만큼 조직에서 리더들이 책임 추궁형 질문을 많이 사용하고 있다는 방증이다. 예를 들면, "자네, 대학 안 나왔나?", "자네, 김 과장하고 입사 동기지? 그런데 왜 하는 일은 이렇게 달라?", "이봐, 이게 수학이야? 산수지! 왜 계산이 맨날 틀려?", "이봐, 내가 자네 상사로는 보이나?" 등 끝도 없이 많다. 이것은 질문의 형태를 띠고 있지만, 사실은 상대방에게 모욕과 상처를 주는 질책의 도구일 뿐이다.

4. 마스터풀 코치의 질문 비법

모든 방향의 질문을 한다

상대가 꺼낸 주제를 상하 좌우로 질문해봄으로써 큰 것과 작은 것, 추상적인 것과 구체적인 것, 과거와 미래를 통합해서 문제의 본질을 파악할 수 있게 하는 질문 기법이다

과거 질문

《역사란 무엇인가?》의 저자 에드워드 카는 "역사는 역사가와 사실의 계속적인 상호작용이며, 현재와 과거 사이의 끊임없는 대화"라고 말했다. 또한 오스트리아의 경제학자 루트비히 폰 미제스(Ludwig von

Mises)는 "역사학이란 인간 행동에 관련된 과거의 모든 경험 자료를 수집하고 체계적으로 정리하는 것이다. 과거를 복사하거나 재현하는 것과 반대로, 역사가는 과거를 해석하고 재구성한다. 인류의 진정한 역사는 아이디어들의 역사다. 아이디어들이야말로 인간과 모든 다른 존재를 구분해주는 것이다."라고 말했다.

과거는 나의 역사이고, 나는 나의 과거를 해석하고 재구성하는 역사가다. 따라서 과거 일어난 사실이 현재의 나와 어떻게 상호작용하고 있는지, 그리고 그때 작용했던 아이디어는 어떤 것들인지, 그것이 현재 어떻게 작용하고 있는지, 미래에 어떻게 작용할 것인지를 알아보는 매우 좋은 질문 방법이다.

다만 과거에 일어난 사건 자체보다, 그것으로 인해 얻게 된 리소스를 찾아가는 것이 중요하다. 그래서 코칭할 때 상대에게 '자신의 과거 돌아보기' 시간을 갖게 하는 것은 매우 효과가 있다. 상대는 자신의 문제라고 여기는 것을 이야기하면서, 자기 안에는 그것을 해결할 능력이 없다고 불안해하는 경우가 많다. 때로는 해결이 불가능하다고 생각하며 자포자기 심정으로 문제에 접근하는 경우도 있다. 하지만 우리 모두에게는 우리가 살아온 과거의 시간 그 이상의 리소스가 우리 안에 내재되어 있다. 다만 그것을 인식하지 못하고 있을 뿐이다.

그것을 인식하게 도와주는 간단한 방법이 있다. 먼저 자기 삶의 탄생부터 죽음까지의 시간을 상징하는 가상의 타임 라인을 바닥에 그린다. 그리고 그 위에 올라가서 조용히 명상한다. 과거로 한 발 한 발 옮기면서 나에게 의미 있었던 경험과 그 경험에서 쌓인 리소스들이 무엇인지 살펴본다. 이렇게 하다보면 우리가 인식하는 것보다 훨씬 많은 경험과 능력과 지혜가 내면의 자원으로 쌓여 있음을 깨닫게 된다.

유치원 시절 달리기에서 1등을 했을 때 느낀 자신감, 중학교 때 씨름판에서 친구에게 지고 다시 열심히 연습해서 이겼을 때의 뿌듯함, 그 끈질김과 이기겠다는 승부욕, 친구와 등산하면서 쌓았던 우정 등 헤아릴 수 없이 많은 자원들이 있다. 상대가 고민하는 문제의 해답은 그가 인식하는 삶에 대한 시각에 있다. 과거에 대한 질문은 특히 상대가 두려움을 가지고 있거나, 자신의 능력에 심한 자괴감에 짓눌려 있을 때 사용하면 효과적이다.

과거에 가득 찬 리소스를 발굴하기 위한 질문들은 다음과 같다.

- 과거에 가장 행복했던(기뻤던, 자랑스러운) 순간은 언제였나요?
- 당신에게 가장 큰 영향을 준 사람은 누구였나요? 그에게서 어떤 점을 배웠나요?
- 당신이 살아오면서 배운 가장 중요한 교훈은 무엇인가요?
- 어린 시절에 꿈꾸었던 것은 무엇인가요?
- 가족이나 친구들이 당신에게 해준 가장 큰 찬사는 무엇인가요?
- 당신의 기억 중 딱 한 가지를 영원히 붙잡을 수 있다면, 무엇을 기억하시겠어요?
- 지금 당신의 삶은 과거에 상상했던 삶과 비교할 때 어떤가요?
- 이것을 시작하게 된 계기는 무엇인가요?
- 이 주제로 삼게 된 배경에는 무엇이 있나요?

- 이것을 시작할 당시의 생각은 무엇이었나요?
- 어떤 성공과 실패가 있었나요? 원인은 무엇이라 생각하나요?
- 그것에서 얻은 아이디어는 무엇인가요?
- 과거에 뼈아픈 실패 사례는 무엇인가요? 그것에서 무엇을 배웠나요?
- 과거 실패했을 때 자신이 놓치고 있었던 것은 무엇인가요?
- 과거의 삶에서 축적된 것 중 가장 자랑스러운 것은 무엇인가요?
- 과거 삶에서 드러내고자 했던 내 존재의 모습은 어떤 것이었나요?
- 과거 삶에서 얻은 교훈을 한마디로 이야기하면 뭐라고 할 수 있나요?
- 이 주제와 관련된 과거의 경험은 무엇인가요?

지금까지 살면서 가장 기뻤던 순간을 물어보면 여성들은 대부분 아이를 낳은 순간을 이야기한다. 그 순간에는 지난 열 달 동안의 수고로움과 출산할 때의 지독한 고통도 잊고 그저 새로 탄생한 생명을 바라보며 무한한 기쁨과 감동을 느낀다고 한다. 어느 영성 워크숍에서 신의 역할은 '사랑과 창조'라고 했다. 그런데 여성들이 출산을 통해 생명을 창조하고 사랑으로 키우는 일 역시 인간 세상에서 신의 역할을 하고 있다는 생각이 든다.

남성들의 경우 군대 생활을 하면서 많이 겪는 일인데, 아무리 골치 아픈 병사라 하더라도 '엄마' 이야기를 꺼내면 눈빛이 달라지고 표정과 어투가 변한다. 엄마가 자식에게 쏟는 사랑은 그만큼 위대한 것 같다. 다만 그 사랑이 집착으로 변질되지만 않는다면 말이다. 따라서 여성들이 가진 가장 위대한 리소스인 '생명 창조와 사랑'의 힘을 자신이 현재 겪고 있는 문제에 적용해 풀어낸다면 한 차원 높은 접근이 가능할 것이다.

스티브 잡스는 그의 회고록에서 애플에서 해고당한 것이 자신의 인생에서 최고의 사건이었다고 말한다.

"그때는 몰랐지만 애플에서 해고당한 것은 내 인생 최고의 사건이었다. 애플에서 나오면서 성공에 대한 중압감을 '다시 시작할 수 있다.'는 가벼움으로 대체할 수 있었다. 그 시기는 내 인생에서 가장 창조적인 시간이었다. 애플에서 쫓겨난 경험은 매우 쓴 약이었지만, 어떤 면에서 환자였던 내게는 정말로 필요한 약이었다."

이를 보더라도 과거의 경험에서 얻어진 자원을 발견하는 일이 미래를 위해 얼마나 중요한지 알 수 있다. 또 '아픈 만큼 성숙한다.'는 말은 실패와 실수가 쌓이면서 깨달음을 얻게 된다는 의미이다. 우리의 인생에서 실패란 없다. 다만 경험과 알아차림이 있을 뿐이다. 알아차리지 못하면 알아차림이 있을 때까지 우주는 계속 같은 피드백을 줄 것이다. 그래서 과거 질문은 땅 속에 묻힌 금맥을 캐는 과정이다.

미래 질문

코칭은 '현재 있는 곳에서 원하는 곳으로 스스로 갈 수 있도록 서포트해주는 것'이다. 그렇게 하려면 코치는 상대가 자신의 미래 모습을 생생하게 그릴 수 있도록 질문을 해야 한다. 그 이미지가 마음속에 심어지면 상대는 미래로 가고자 하는 동기가 강하게 일어난다.

우리의 뇌는 상상과 현실을 구별하지 못한다. 그리고 미래의 내 모습은 현재에 뿌리를 두고 꽃피운 모습이므로 어차피 현재에 깃들어 있을 수밖에 없다. 나의 지금 현재 순간은 내가 만나는 절대 시간이다. 그러므로 미래현재(FutureNow)는 함께 동시적으로 존재하는 시간이다. 그렇기에 삶의 비결은 지금 이 순간을 다루는 방식에 있다.

붓다는 "오늘이 가장 좋은 날이다. 나는 어제를 바꾸지 못한다. 내일은 아직 오지 않았다. 단지 오늘을 만들 수 있다. 오늘이 내 인생에서 가장 중요한 날이다. 사랑은 내일이 아니라 오늘이 필요하다."고 말했다.

미래는 오늘을 걸어가는 한 걸음 한 걸음에 있음에도, 오늘을 살아가는 우리는 끊임없이 미래에 대한 불안과 기대에 일희일비한다. 따라서 미래에 대한 이미지를 우리의 가슴속에, 그리고 근육과 세포 속에, 저장해놓고 오늘을 살아가는 것이 매우 중요하다.

그러므로 코칭에서 내가 원하는 목표가 무엇인지 숙고한 후 결정을 내리고, 결과를 생각하며 미래의 비전을 고민하도록 하려면 '현재 무엇을 해야 하는지'를 선택하게 하는 질문이 매우 중요하다. 예를 들면 이런 질문들이다.

- 당신은 미래라는 것을 어떻게 정의하나요?
- 당신의 미래는 어떤 모습인가요?
- 사람들에게 어떤 사람으로 기억되기를 바라나요?

- 당신이 앞으로 가장 자랑스러워할 일은 무엇일까요?
- 계획대로 된다면 5년 뒤에는 어떤 모습일까요?
- 이대로 진행한다면 예상되는 결과는 무엇인가요?
- 만일 목표를 달성하지 못한다면 당신의 미래는 어떨까요?
- 이 일과 관련해서 앞으로 무엇을 해보고 싶은가요?
- 구체적으로 무엇이 달성되면 성공이라 할 수 있을까요?
- 5년 후 이 일을 보았을 때, '참 잘했다.'라고 여겨진다면 무엇을 잘했기 때문일까요?
- 20년 뒤 나는 어떤 존재로 그려지나요?
- 내 삶의 끝부분에서 '나는 다 이루었다.'라고 말하려면 무엇을 해야 하나요?
- 미래에 드러내고 싶은 내 존재의 모습은 어떤 모습인가요?
- 당신이 80세 생일에 초대하고 싶은 사람은 누구인가요? 왜 그런가요?
- 당신이 죽을 때 남기고 싶은, 영감 어린 마지막 지혜의 말은 무엇인가요?
- 당신은 후세에 물려줄 어떤 유산을 준비하고 있나요?
- 그것을 준비하고 있다면 그것을 물려줄 사람이 있나요?
- 어떤 사람과 함께하고 싶은가요?
- 당신의 미래에 죽을 때까지 함께 가고 싶은 동반자(가족 외)는 누구인가요? 왜 그런가요?
- 당신은 겉모습이 아닌 참 존재로서의 미래 모습은 무엇인가?

– 당신의 장례식에 누가 오나요? 그들이 뭐라고 말하기를 바라나요?

미래 질문은 미래의 내 모습을 그리게 해주는 것이지만, 결국은 언젠가의 현재 내 모습을 묻는 것이다. 미래가 나를 위해 준비하고 있는 것은 지금 이 순간 나의 의식 상태에 달려 있기 때문이다. 이 순간의 나의 의식 상태는 미래 이미지로 흘러간다. 또한 미래 이미지는 현재 의식 수준에 영향을 미친다. 따라서 미래 질문은 미래의 가능성을 보게 하고, 그 가능성이 내면에 이미 깃들어 있다는 것을 알게 함으로써 내면에 쌓인 자원을 열정의 에너지로 바꾸는 작업을 하게 만든다.

그러므로 미래와 현재는 동시에, 함께 존재하는 미래현재(Futer-Now)인 것이다. 따라서 미래 질문을 현실화하기 위해서는 과거의 리소스를 발견하는 질문과 균형을 이루면서 사용하는 것이 더욱 효과적이다.

메타뷰(Meta view) 질문

노자 사상의 핵심 중 하나는 '우리가 사물을 바라볼 때 각자의 눈(시각)으로 바라보게 되는데, 그 대상을 제대로 알기 위해서는 내가 보는 한계를 벗어나야 한다.'는 것이다. 자기가 보는 한계를 벗어나기 위해서는 높은 곳에서 보고, 멀리서 보아야 한다. 그러면 그 사물의 진정한 모습과 의미를 보게 된다. 그래서 코치는 코칭 중에 자신의 의식을 공중에 띄워 놓고 내려다보는 훈련을 한다.

노자의 계승자로 여겨지는 장자는 이것을 아주 쉬운 이야기로 풀어냈다. 붕새와 매미의 이야기다. 붕(鵬)이라는 새는 하늘을 날면 그 날개가 마치 구름처럼 보일 정도로 엄청나게 큰 상상 속의 새로, 세상을 한눈에 바라보는 절대 자유의 경지에 오른 존재를 상징한다. 이런 붕의 눈으로 세상을 바라보면 땅 위의 번다한 일에 일일이 집착하지 않게 되고 큰 그림을 보게 된다. 이런 거시적인 안목을 코칭 언어로는 메타뷰(Meta view 또는 Helicopter view)라고 한다. 이와 반대로, 땅 위의 나무에 붙어서 사는 매미의 시각은 현상을 개별적, 부분적으로 분석하는 미시적 특성을 상징한다.

코칭에서 어떤 주제를 다룰 때, 코치는 먼저 상대가 큰 그림을 볼 수 있도록 질문하는 것이 바람직하다. 우리가 해야 할 작은 행동들은 보이지 않는 큰 것에 의해 좌우되기 때문이다. 그런데 우리는 우리가 바라보는 작은 부분이 전체인양 왜곡해서 삶에 오류를 일으키는 경우가 많다. 이를 피하기 위해서라도 저울추가 균형과 조화를 이루도록 먼저 전체를 바라보는 큰 그림을 볼 필요가 있다.

- 당신의 나침반은 어디를 가리키고 있나요?
- 왜 그곳으로 가고 싶은가요?
- 당신의 목표 너머 목표는 무엇인가요?
- 어디로 가고 있는지를 알기 위해 참조할 점은 무엇인가요?
- 지금 고민하고 있는 이 일이 앞으로 어떻게 전개될 것 같은가요?
- 지금 다루고 있는 이 이슈는 삶 전체에서 바라볼 때 어떤 점에서 중요한가요?

- 개인 입장이 아닌 팀과 조직의 입장에서 생각해본다면 어떤가요?
- 헬리콥터를 타고 하늘에서 내려다본다고 생각해보세요. 무엇이 보이나요?
- 과거의 경험(자원)이 미래에 어떤 작용을 하고 있나요?
- 삶이 어떤 모습이었으면 좋겠어요?
- 지금 당신이 어떻게 보이나요?
- 당신의 전체 타임 라인은 어떤 모습인가요?
- 현재 어느 지점에 와 있나요?
- 현재 지점이 과거와 미래를 연결하는 데 어떤 역할을 하고 있나요?
- 미래의 자신이 현재의 모습을 바라본다면 어떻게 말할 수 있을까요?
- 당신의 마지막 순간으로 가 보세요. 당신의 생을 어떻게 마감하고 있나요?
- 당신의 장례식 장면을 내려다보세요. 사람들이 뭐라고 말하고 있나요?

현재 질문/디테일 질문

일본 역사상 가장 이름 높은 장군 중 한 사람인 이시다 미쓰나리(石田三成)가 도요토미 히데요시(豊臣秀吉)에게 발탁된 이야기가 있다. 그는 간온사(觀音寺)라는 절에서 일하고 있었는데 하루는 막부의 수장인 도요토미 히데요시가 이 사찰을 찾아 차를 한 잔 달라고 청했다. 이시다 미쓰나리는 친절하게 그를 맞이하며 차를 대접했다. 그런데 그가 처음에는 커다란 잔에 따뜻한 차를 따라주더니, 두 번째에는 중간 정도 크기의 잔에 조금 뜨거운 차를 따라주는 것이었다. 의아하게 생각한 도요토미 히데요시가 차 한 잔을 더 달라고 하니 이번에는 작은 잔에 뜨거운 차를 내놓았다. 그러자 도요토미 히데요시가 왜 차 석 잔의 양과 온도가 모두 다른지를 물었다. 이시다 미쓰나리는 이렇게 설명했다.

처음에 큰 잔에 따뜻한 차를 대접한 것은 목이 마른 듯해 빨리 마실 수 있도록 적당한 온도에 양을 많이 한 것이고, 두 번째에는 이미 목을 축였으니 천천히 차의 향내를 맡을 수 있도록 양을 줄여 조금 뜨거운 물에 차를 우린 것이며, 세 번째에 뜨거운 차를 작은 잔에 따라준 것은 차를 두 잔이나 마셔 충분히 목을 축였으니 이제 온전히 차의 향만을 음미할 수 있도록 하기 위해서였다는 것이다. 도요토미 히데요시는 그의 세심한 배려에 크게 감동해 그 자리에서 그를 자신의 수하로 삼았고, 이시다 미쓰나리는 이를 계기로 명장으로 발돋움할 수 있는 기회를 얻었다고 한다.

노자의 《도덕경》에도 필작어세(必作於細: 천하의 어려운 일은 반드시 쉽고 작은 일에서부터 시작된다.)라고 했다. 코칭에서도 이런 디테일에 대한 마인드를 가지고 있을 때 디테일 질문이 따라 나온다. 큰 질문이나 메타뷰 질문 뒤에는 반드시 디테일 질문이 있어야 실행력이 뒤따라온다. 현재 질문은 상대가 말하고 있는 주제에 대해 구체적인 현상을 파악하기 위한 디테일 질문이다. 메타뷰 질문은 큰 숲을 보게 하고, 현재 질문은 나무, 나무 중에서도 더 세세한 부분을 보게 한다. 장자가 말한 나무에 붙어 있는 매미의 시각으로 질문하는 것이다.

코칭에서 다룰 수 있는 현재 질문들은 다음과 같다.

- 구체적으로 이야기해보시겠어요?
- 예를 들어 이야기해주시겠어요?
- 지금 당장 시작할 가장 중요한 것은 무엇인가요?
- 지금 당신이 (집중, 몰입)할 수 있는 단 하나의 일은 무엇인가요?
- 다른 모든 일들을 쉽게 혹은 필요 없게 만들 일은 무엇인가요?
  _{게리 켈러, 제이 파파산, 《원씽(THE ONE THING)》(비즈니스북스, 2013년)에서 인용.}
- 목표를 위해 첫걸음을 어떻게 내딛어야 할까요?
- 첫 단추를 잘 끼우기 위해서 할 일은 무엇인가요?
- 성과를 내기 위해 오늘부터 시작해야 하는 구체적인 일은 무엇인가요?
- 이 문제를 촉발한 특별한 사건이 무엇이었나요? 그것은 어떤 의미인가요?
- 가장 중요하다고 생각되는 부분은 뭐라고 생각하나요?
- 지금 느낌은 어떤가요?
- 첫 발걸음을 떼기 시작했다고 생각해보세요. 그때의 느낌은 어떤가요?
- 지금의 삶에 들어 있는 미래 모습은 무엇인가요?

'큰 그림 질문/메타뷰 질문/헬리콥터 질문'은 인생의 지도와 나침반과 관련된 질문이기 때문에 올바른 방향을 잡는 데 도움이 된다. 반대로, 초점을 맞추어 행동으로 옮기는 단계에서는 매미처럼 작은 부분에 집중해야 한다. 작고 초점이 맞춰진 질문은 가장 중요한 일에 집중하게 해줄 뿐만 아니라, 내가 큰 그림을 위해 얼마나 깊이 파고들어야 하는지를 알게 하고, 그것으로 인해 내 삶이 얼마나 더 커질 수 있는가를 깨닫게 해준다. 다시 말해, 붕의 질문은 주제를 넓은 시각에서 전체적이고 객관적으로 보게 하고, 매미의 질문은 주제를 주관적으로 몰입해서 큰 그림의 퍼즐을 하나씩 맞춰 나가게 한다.

현재 질문은 현재에 초점을 맞춘 질문이다. 상대가 제시한 주제를 현재 시점에서 바라보고, 느끼고, 행동을 가늠하게 하는 질문이다. 여기서 중요한 점은, 현재 질문을 할 때 단순히 현재를 묻는 게 아니라 현재 상태에 대한 정리가 되도록 해야 한다는 사실이다. 그래야 상대가 제시한 주제에 대해 과거, 미래, 큰 그림 질문(메타뷰 질문)과 더불어 구체적인 것을 들여다보게 하는 현재 질문을 연계해서 하는 것이 효과적이다.

동양의 질문 지혜

동양 철학에는 특별한 질문의 지혜가 숨겨져 있다.

음양 질문

동양 철학에 담긴 철학적 사고를 코칭에 적용하면 한 차원 높은 코칭 단계로 접어들 수 있다. 범어(梵語)라고 불리는 인도의 산스크리트어에 '구루'라는 말이 있다. 간단하게는 '정신적 스승'이라는 의미이지만, 현대 서구 사회에서는 추종자들을 거느리고 있는 철학과 종교 지도자들을 광범위하게 지칭하며, 자아를 터득한 신성한 교육자를 지칭하기도 한다.

그런데 이 '구루'라는 말은 단순히 '선생' 또는 '교육자(teacher)'와는 다른 의미를 가지고 있다. 구루는 '구(gu)'와 '루(ru)'라는 두 낱말로 이루어져 있는데, '구'는 어둠을, '루'는 빛을 뜻한다. 그리고 구루는 대개 접미사 '데바(deva)'와 함께 쓰이는데, 데바는 '빛나는 존재'라는 뜻이다. 즉, 어둠과 빛의 조화 속에서 드러난 '빛나는 존재'로서 무지의 어둠을 쫓아버리는 이를 바로 '구루'라고 한다. 그러므로 이 단어의 진정한 의미는 빛과 어둠의 조화에서 생성된 성스러움과 최상의 지혜와 관련되어 있다.

'어둠'과 '빛'의 조화 속에서 깨달은 스승을 의미하는 '구루'라는 말은 동양에서 말하는 음과 양의 조합에서 나오는 진화, 생성의 개념과 같은 것이다. 이는 참으로 흥미로운 부분이다. 음과 양은 천지만물을 만들어 내는 상반되는 성질의 두 가지 기운이다. 어둠이 있는 밤의 '음', 빛이 있는 낮의 '양', 밤의 달과 낮의 태양, 생명을 낳는 땅과 그것을 기르는 하늘, 그리고 여자와 남자 등으로 표상되는 음과 양은 서로 대립되는 개념이 아니라, 두 가지 성질이 갈등과 대립을 겪고 조화와 균형을 이루면서 새로운 것을 창조한다는 데 진정한 의미가 있다. 그래서 하늘과 땅의 자연 현상을 통해 인간의 삶을 이해하고 인생 문제를 설명하는 처세 철학서 《주역》에서는 '하나의 음과 하나의 양을 세우는 것이 도(一陰一陽之謂道)'라고 말하고 있다.

코칭에서 주제를 풀어나가는 데 음양의 원리를 적용하면 생각을 더 큰 차원으로 확장시켜 문제에 대한 본질적인 해결 방법에 접근할 수 있다. 코칭을 하다보면 코칭 상대의 성격 유형이나 부하직원 인터뷰, 또는 조직 내에서의 리더십 평가에서 약점을 많이 보고 듣고 느끼게 된다. 이럴 때 코치는 균형 잡히고 조화로운 시각을 가져야 한다. 예를 들어, 코칭 상대가 용기라는 양(陽)적 에너지를 많이 가진 사람이라면, 배려라는 음(陰)적 에너지를 보완해 조화와 균형의 영역으로 갈 수 있도록 지지해주는 것이다.

만약 코칭 상대가 상황에 맞춰 대화하는 세련된 대화 스킬을 가졌다면 이는 음(陰)적 에너지를 가진 것이다. 그렇다면 이런 사람에게는 반대로 자신을 있는 그대로 진솔하고 직접적으로 표현하는 양(陽)적 에너지를 강화시켜주어야 한다. 그러면 '세련된 진솔함'이라는 조화와 균형을 갖출 수 있게 된다.

또한 자신의 영향력 확대라는 주제를 다룰 때, 상대가 주변 사람들의 목표를 지원해주고 배려해주는 타인 지향적인 성향이라면 이는 음(陰)적 측면의 사람이다. 반면에, 상대가 중심 잡힌 자신의 주장을 분명하게 말하는 자기중심적인 성향이라면 이는 양(陽)적인 측면의 사람이다. 이 두 가지 상반된 요소를 조화롭게 확장시켜 나가도록 도울 수 있는 것이 바로 음양 질문의 힘이다.

다른 사람의 능력을 더 많이 이끌어내는 리더에 대해 다룬 《멀티플라이어》라는 책에는 '훌륭한 토론이나 문제 해결을 하려면 음과 양의 두 요소를 잘 활용하라.'는 내용이 있다. 이 책에 따르면, 구성원들에게서 최고의 잠재력을 이끌어내는 멀티플라이어가 되기 위해서는 먼저 음(陰)적인 측면, 즉 최고의 생각을 해낼 수 있는 '환경'을 조성해주어야 한다. 팀원들이 어떤 주제에 대해 토론할 때, 리더가 자신의 의견부터 먼저 말하지 말고 팀원들이 각자의 생각을 편안하게 이야기할 수 있는 기회를 주는 것이 중요하다. 비록 그 생각이 분석적인 자료에 근거하지 않은 직관적인 아이디어일지라도 서슴지 않고 말할 수 있는 분위기와 여건을 만들어주어야 한다는 것이다.

또한 양(陽)적인 측면에서는 '철저함'을 요구한다. 이제까지 당연시 여기던 생각에 이의를 제기하는 질문을 던져 토론 이슈를 가로막는 장애물이 무엇인지 스스로 밝혀내도록 한다. 또 더 열심히 생각하고 더 깊이 파고드는 질문을 하고, 그것을 입증할 수 있는 사실적 근거를 요구한다. 감정적인 주장이나 의견에 흔들리지 않고 어떤 관점이든 진실성을 보여주는 자료를 요청할 수도 있다. 반대 의견을 제시할 때도 현상을 설명할 수 있는 구체적 자료를 제시하며, 문제의 다른 면을 놓치지 않도록 도와주어야 한다는 것이다.

이렇게 음과 양의 두 가지 관점에서 바라보면, 간혹 팀이 너무 빨리 합의에 다가간다 싶을 때 더 큰 그림을 그려보거나 다른 관점에서 이슈를 살펴보도록 속도나 방향을 조절할 수 있다. 즉, 팀이 최종 결정 단계에 이르기 전에 공간(스페이스)을 갖게 함으로써, 다양한 관점에서 예상되는 결과를 바라보도록 도와줄 수 있는 것이다. 이렇게 되면 결과 너머에 있는 궁극적인 목표를 바라보는 안목을 갖게 되고, 제대로 된 방향을 설정할 수 있게 된다.

노자와 장자의 이명 질문

시인 함민복은 〈꽃〉이라는 시에서 '모든 경계에는 꽃이 핀다.'고 했다. 또 노자와 장자는 이명(以明)이라는 단어를 사용해 '밝음과 어두움의 경계에 서서' 판단하고 선택하라고 말했다. 노자는 지(知)와 반대되는 인식 방법으로 명(明)을 이야기한다. 지(知)는 이것과 저것을 구분하는 방식의 앎이다. 이것을 알기 위해 저것을 구분해내고, 저것을 알기 위해 이것을 발라내는 작업이다. 이러한 사고 체계에서는 규정된 구분선 안에 들어오면 선(善)이 되고, 그렇지 못하면 악(惡)이 된다.

그러나 명(明)은 다른 개념이다. 이 세계는 서로 다른 것들이 엮어져 하나로 연결되어 있기 때문에 이것을 저것에서 완전히 구분해내거나 저것만을 따로 발라내어 고정시켜 놓을 수가 없다. 그래서 최진석의 《노자의 목소리로 듣는 도덕경》에는 명(明)을 설명하면서 '어떤 관계에 있는지, 또 어떤 변화 속에 있는지 그 대상의 전체적인 국면을 파악하는 것이 진정한 앎(明, 명)'이라고 말한다.

'명(明)'이라는 글자에서 일(日)이 밝음을, 월(月)이 어둠을 상징한다면, 일(日)과 월(月)은 서로 상대를 통해 의미를 갖게 되므로 어느 한쪽에만 시선을 두지 말고 둘 다를 모두 수용해야 한다는 것이다. 노자는 이 개념을 어느 한쪽으로 기울지 않고 대립되는 양면을 함께 가지고 있다는 의미에서 '수중(守中: 중의 상태를 지킨다)'이라는 말로도 표현했다.

코칭에서도 같은 개념이 적용된다. 상대가 어떤 문제를 이야기할 때 자신은 한쪽 영역에만 머물러 있으면서, 다른 쪽 영역에 대해 문제를 제기하고 고통스러워하는 경우가 많다. 지(知)의 차원이다. 이러면 나중에 그것에 대한 해결책을 모색할 때도 자기만의 안전지대에서 익숙하고 편안한 것들을 위주로 선택한다. 다른 영역에 있는 것들은 불편하거나 심지어 옳지 않은 방법이라고 생각한다. 그러나 상대의 진정한 변화와 성장은 상호 대립되는 '경계에 서서' 양면을 모두 바라보고, 양면의 의미를 이해하고, 양면의 에너지를 수용할 때 가능해진다.

문제가 해결되는 방식은 그 문제에 대한 해결책을 찾아내거나, 혹은 문제 자체가 사라지거나 둘 중 하나다. 지(知)의 차원에서는 문제의 해결책을 찾는 쪽으로 접근하지만, 명(明)의 차원에서는 양쪽 대립면의 관계성과 전체성을 고려하기 때문에 문제 자체가 사라지게 될 수도 있다. 왜냐하면 한쪽 영역에서의 고통은 다른 영역에서의 기쁨이기도 하기 때문이다. 한쪽 영역에서는 문제이지만 다른 영역에서는 기회가 될 수도 있다. 따라서 이렇게 경계에 서서 바라보면 문제 자체가 사라지게 된다. 오직 그렇게 느끼고 성장해가는 존재만이 있을 뿐이다.

코칭 과정에서 상대가 경계에 서 있지 못하다면 어떻게 해야 할까? 상대를 일깨우면 된다. 그런데 상대를 일깨우려면 코치 스스로가 깨어 있어야 한다. 음(陰)의 방식을 사용하면 된다. 전문코치 훈련 커리큘럼 중에 '일깨우기(Creating Awareness)'라는 항목이 있는 것도 코치의 이런 역량을 개발하기 위한 것이다.

경계에 서서 코칭하기 위한 코칭 역량을 살펴보자. 여기에는 '일깨우기'라는 원래의 뜻에 '이명(以明)'의 뜻을 더해 보았다.

- 코치는 상대가 말하거나 행하는 것 너머에 담긴 숨은 뜻을 찾아내야 한다. 그것을 상대와 다시 공유하고, 성장을 돕기 위해 상대에게 이명(以明)의 공간을 만들어주어야 한다. 그러기 위해서는 상대에 대한 전체적인 관찰이 필요하다.
- 코치는 상대가 말하는 정보의 다양한 자원(日과 月에 관한)을 통합해 상대가 깨달음을 얻을 수 있도록 도움을 주어야 한다.
- 자신이 스스로 잘하고 있다고 생각하는 면의 반대 측면을 고려해 보고, 종합적인 판단을 하게 한다.
- 코치는 상대 스스로 객관적인 입장에서 자신을 자각하도록 도와주어야 한다.
- 코치는 상대가 가진 문제를 해결하기보다 탐구하는 탐험가가 되어야 한다.

이어서 상대가 음과 양, 이명의 대립되는 양쪽 측면을 알아차리도록 돕는 질문을 할 때 사용할 수 있는 몇 가지 질문들을 살펴보자.

- 그 어둠 뒤에 있는 밝음은 무엇인가요?
- 그 밝음 뒤에 예상되는 어둠은 무엇인가요?
- 그 밝음과 예상되는 어둠의 경계에 서서 보면 무엇이 느껴지나요?
- 그 경계에서 꽃이 핀다면 그 꽃은 어떤 모습일까요?
- 이 고통스러운 상황에서 얻을 수 있는 긍정적 측면은 어떤 것인가요?
- 당신의 강점은 무엇인가요? 그 강점을 자주 발휘함으로써 잃어버

리는 것은 무엇인가요?
- 당신이 생각하는 반대의 상황은 무엇인가요? 그것에 대해 어떻게 느끼나요?
- 지금 상황에서 고통 받고 있는 자신의 모습이 어떻게 보이나요?
- 그 목표를 이루지 않으면 어떻게 되나요?
- 그 목표를 이루기 위해 당신이 치러야 할 대가는 무엇인가요?
- 현재 어떤 기회를 활용하고 있나요? 이용하지 못하고 있는 기회는 어떤 것인가요?
- 10년 후의 당신이 현재의 자신에게 해줄 수 있는 말은 무엇일까요?
- 지금의 당신이 10년 전의 자신에게 해주고 싶은 말은 무엇인가요?
- 당신이 믿는 신이 이 문제를 대한다면 어떻게 하실까요?
- 당신이 선택하지 않는 것은 무엇인가요?
- 지금의 틀 밖에서 다시 본다면 무엇이 보이나요?

코칭 과정에서 상대가 아무리 고통스러운 이야기를 한다 해도, 코치는 그 말 속에 상대가 진정으로 바라는 희망과 그 희망을 위한 다짐의 약속이 숨어 있다는 것을 알아야 한다. 반대로, 상대가 말하는 피상적 긍정 속에는 드러내지 않는 아픔이 있다는 것도 알아야 한다. 코칭 과정에서 상대가 비록 한쪽 측면을 바라보며 접근하더라도, 코치가 음양의 법칙과 이명(以明)의 개념을 잘 적용하게 되면, 상대에게 반대되는 양쪽 측면의 경계에 서서 성찰하도록 도울 수 있다. 그럼으로써 궁극적으로 상대가 가장 자기다운 존재를 발견할 수 있게 하는 것이다.

존재로 접근하는 질문

전통적 지성은 2분법, 즉 '옳다 / 그르다', '좋다 / 나쁘다', '강점 /약점'으로 구분하고 그것을 바탕으로 분석하고 창조하여 앞으로 나아가려는 성향을 갖고 있다. 그리고 '나'를 강조하기 때문에 나 중심의 좋은 직장, 성공, 권력 등에 집중하고, 나를 돋보이게 하는 것에 집중한다. 무심코 살아가다 보면 우리는 자기도 모르게 이런 2분법적 사고에 젖어 인생을 살아가게 된다. 그래서 모든 이슈도 우열의 차이와 경쟁, 승패적인 시각으로 접근하게 된다.

그러나 음양과 이명적인 접근 방법은 이런 2분법적인 사고를 뛰어넘어 존재를 인식하는 차원으로 접근하게 한다. 이런 까닭에 상대가 지금 당면하고 있는 이슈에 대한 큰 '전략적 통찰력'을 갖게 하려면 '음과 양(이명)'이라는 양쪽의 관점으로 바라보게 하는 질문이 필요하다. 나아가 상대의 강점과 약점의 균형과 조화를 넘어, 가장 자기다운 사람으로 성장하도록 도와주어야 한다. 다시 말해 강점과 약점을 통합해 어떤 모습으로, 어떤 존재로 살고 싶은지에 대해 인식을 전환시키는 질문을 하는 것도 좋은 방법이다.

코치는 이렇게 질문할 수 있다.

- 당신의 강점과 약점을 통합하면 어떤 모습인가요?
- 당신의 강점과 약점을 통합해 어떤 존재로 드러내고 싶은가요?
- 강점과 약점을 통합해 나답게 키워 나가면 어떤 모습이 될까요?

(꽃이나 나무, 혹은 동물에 비유해 본다면 무엇이 떠오르나요?)
  - 어떤 존재로 성장하고 싶은가요?
  - 당신의 고유한 삶의 모습은 어떤 모습인가요?
  - 당신 삶의 아름다운 모습은 어떤 모습인가요?
  - 당신은 어떤 존재로 살아가고 있나요?
  - '가장 나답다'라는 것은 무엇을 의미하나요?

사람은 스스로 성장하는 존재다. 따라서 코치는 사람들이 가진 강점뿐만 아니라 약점이 함께 어우러져 성장하는 존재라는 점을 깊이 깨닫고 이를 지원해주어야 한다. 이러한 것을 알아차리게 해주는 방법 역시 '질문'이다.

성찰 질문

마스터풀 코치들은 자기 스스로에게 하는 성찰 질문을 하며 셀프 코칭을 한다. 내가 나에게 질문하고 답하는 과정에서 '만일 내가 상대에게 이런 질문을 하면, 상대가 어떻게 느낄 수 있는지'를 미리 체험할 수 있기 때문이다.

영혼의 산을 오르면서 자신의 삶을 성찰한 김영남 전문코치가 있다. "당신의 꿈은 무엇입니까?" 이는 코치들이 흔히 하는 질문이다. 그러나 그 질문을 자신에게 돌려 스스로 진지하게 질문하고 답하는 코치는 많지 않다. 그런 면에서 그는 자신의 생각과 말과 행동을 꾸준히 일치시켜 나가는 참로로 존경스러운 코치다. 특히 그가 최근에 들려준 에베레스트 등반기는 그의 성실성과 한결같음(integrity)이 그대로 녹아 있는 아름답고도 감동적인 코칭의 여정이었다.

그가 에베레스트 등반을 결심하게 된 것은 코칭 중에 받은 질문 때문이었다. "당신의 꿈은 무엇입니까?" 이 질문이 그의 마음에 공명을 일으켰고, 그는 그동안 방치해두었던 자신의 꿈 리스트를 꺼내 보았다. 아직 이루지 못한 꿈 중에서 '에베레스트 등반'이라는 항목을 보자 문득 '내가 내 꿈도 실천하지 않으면서 내 학생들과 고객들에게 어떻게 꿈 이야기를 할 수 있겠는가?'라는 성찰이 일어났다. 또한 아버지로서 아이들에게 어떤 모습으로 기억되고 싶은지, 코치로서 어떻게 나답게, 충만하게, 행복하게 살아갈 것인지, 에베레스트를 오르며 스스로 그 답을 찾아보고 싶었다.

그런데 몇 가지 문제가 있었다. 그는 혈소판 수치가 낮아 산소 공급이 원활하지 못하기 때문에 평소에도 쉽게 피로해지는 체질이었고, 고혈압과 당뇨, 뇌에 작은 혹까지 발견되어 그 일이 목숨과 바꿀 만한 일이 아니라면 절대로 가서는 안 되는 상황이었다. 그래서 그는 이 일이 정말 자신의 목숨과 바꿀 수도 있을 만큼 의미 있는 일인지 몇 번이나 자신에게 되물었고, 그의 영혼은 '그러하다'고 대답했다.

그래서 결국 그는 한 손에는 지팡이, 다른 한 손에는 임파워링 코칭 질문판을 들고 에베레스트 입구인 남채에서부터 등반을 시작했다. 자신에게 질문 하나를 던진 후, 20~30분씩 걸으며 흰 눈으로 뒤덮인 히말라야의 순수의식을 불러내면서 묵상하고 답을 듣는 과정을 되풀이했다. 지금의 이 등반이 왜 중요한가? 나에게 어떤 의미가 있는가? 이것이 나에게 무엇을 가져다주는가? 궁극적으로 이루고 싶은 삶의 근원은 무엇인가? 삶이 나에게 원하는 것은 무엇인가? 이런 질문과 대답의 긴 여정에서 그는 많은 눈물을 흘렸고, 그 눈물만큼 깊은 영혼의 소리를 들을 수 있었다.

그런데 5,000미터지점을 지나면서부터 동료들이 하나둘 낙오하기 시작했다. 그것을 보면서 그는 산을 오르는 진정한 의미를 자기 내면에 갖지 않으면 인간은 자신의 한계를 뛰어넘을 수 없음을 깨달았다. 또한 스스로 그 의미를 묻는 사람은 답을 찾게 되지만, 묻지 않는 사람은 결국 등반을 포기한다는 것도 알게 되었다. 묻고 또 묻고, 건성으로 묻지 말고 내면의 깊은 소리로 물으면 영혼이 답한다는 것도 온전히 이해하게 되었다. 더불어 그 과정에서 코치로서 진정성을 갖고 묻는 태도가 얼마나 중요한지에 대해서도 깊은 성찰이 있었다.

그는 자신이 목표했던 6,500미터까지를 걸으며 나답게, 코치답게 사는 것에 대한 내면의 소리를 들었다. '코치불기(不器)', 즉 코치로서 나는 편견에 물든 한정된 그릇으로 세상과 사람을 바라보지 않겠노라 다짐하며, 기쁨에 울고 웃으며 자신을 더욱 사랑하게 되었다고 한다. '함'으로 익힌 '앎'이 사람을 만든다. 자신을 성찰하기 위한 질문을 던지고, 그 질문에 답하고, 그 답을 삶으로 실천하며 사는 사람을 만날 수 있다는 것은 참으로 감사한 일이다.

그러면 이런 성찰 질문을 어떻게 할까? 《최고의 석학들은 어떤 질문을 할까?》에서 발췌한 내용을 참고하고 몇 가지를 추가해 코치들을 위한 성찰 질문을 다음과 같이 만들어보았다.

- 나는 지금 이 일을 왜 하고 있는가?
- 잘해서 좋아하는 것인가? 좋아해서 잘하는 것인가?
- 실망하고 있는 자신의 모습에 대해 어떻게 생각하고 있는가?
- 당신의 어떤 모습이 다른 사람에게 보이기를 허락하고(허락하지 않고) 있는가?
- 결정을 고민할 만큼 중요한 일은 무엇인가?
- 충분한 돈과 능력이 주어진다면 무엇을 할까?
- 내 인생의 가장 중요한 스승은 누구인가?
- 다른 사람의 허락 없이 할 수 있는 일은 무엇인가?
- 나는 어떤 종류의 책임감을 가지고 있는가?
- 도움이 안 되는 이를 나는 어떻게 여기고 대하고 있는가?
- 내가 죽기 직전에, 무엇이 생각날까?
- 전혀 의심해보지 않는 믿음이 있다면 무엇인가?
- 나, 겁먹었니? 나, 흔들리고 있니? 나, 외롭니?
- 내가 쉬었던 게 언제였더라?
- 어디서 실패했지?
- 비슷비슷한 선택에 갇혀 있는 것은 아닌가?
- 누구를 위해 시간을 쓰고 있지?
- 이것이 진짜 도전인가?
- 돌아보면 무엇이 보이는가?

- 1년 후, 10년 후, 100년 후에도 그 문제 때문에 고민할까?
- 더 좋은 세상을 위해 오늘 내가 한 일이 뭐지?
- 내 삶에 3개월이 남아 있다면, 오늘 어떤 일들을 하며 보내지?
- 내가 아이들에게 자랑할 수 있는 것은 무엇인가?
- 가슴이 두근거렸던 때가 언제였던가?
- 나는 즐겁게 살고 있는가?
- 나는 내 삶에 만족하는가?

Q&A 멈추고 알아차리기 (힘을 깨우는 질문)

Q. 질문이란 무엇인가?

A.

Q. 질문의 효과에는 어떤 것들이 있나?

A.

Q. 질문의 힘은 어디서 나오는가?

A.

Q. 어떤 질문이 강력한(Powerful)한 질문인가?

A.

Q. 지시와 질문 시 결과로 나타난 차이점은 무엇인가?

A.

Q. 질문의 유형에는 어떤 것이 있나?

A.

Q. 보는 시각을 확장시켜주는 통찰력 있는 질문에는 어떤 것이 있나?

A.

Q. 질문할 때 함께 사용할 코칭 스킬은 무엇인가?

A.

Q. 평소 나는 어떻게 질문하는가?

A.

Q. 가끔 한번 씩이라도 내면에서 올라오는 질문에는 어떤 것이 있나?

A.

CHAPTER

4

맞춤형 리더의 특별한 인정과 격려

EMPOWERING

1. 인간의 강력한 인정 욕구

　영화 〈글래디에이터〉에는 인정받지 못한 사람의 원한이 얼마나 깊은지를 보여주는 장면이 여러 군데 나온다. 특히 황제인 아버지에게서 인정받지 못한 아들이 얼마나 큰 상처를 입게 되고, 그 상처로 인해 또 얼마나 잔인해질 수 있는지를 보여준다. 아버지 아우렐리우스 황제는 로마의 5대 성현으로 알려진 스토아 철학의 3대 철학자로 알려져 있지만, 아들을 인정하는 스킬이 부족해 아들에게 살해당하는 비극을 맞이한다. 물론 이것은 영화의 한 장면이다. 아버지 아우렐리우스 황제와 아들 코모두스의 대화를 잠시 살펴보자.

아버지 : 로마를 통치할 준비가 되었느냐?
아들 　: 네, 아버지.
아버지 : 너는 황제가 되지 못할 것이다.
아들 　: 제가 아니면 누가?
아버지 : 막시무스 장군에게 권력을 넘기겠다.
아들 　: 막시무스요?
아버지 : 내 결정에 실망했느냐?
아들 　: 아버진 언젠가 제게 4가지 덕목을 적어주셨죠. 지혜, 정의, 용맹, 그리고 절제. 저는 해당되는 게 하나도 없었어요. 하지만 저에게도 내세울 게 있었어요. 야망, 지략, 용기, 헌신. 그런

데 그런 제 장점은 아버지의 리스트에 없었고, 심지어 아들로 원치도 않는 것 같았어요.

아버지 : 코모두스, 그건 지나친 억측이야.

아들 : 신들에게 끊임없이 빌어 왔어요. 아버지를 기쁘게, 영광되게 해드릴 길을 가르쳐 달라고요. 한마디 따뜻한 말로 포옹만 해주었어도 저는 평생의 기쁨으로 삼았을 거예요. 저의 무엇이 그렇게 싫으신 거죠? 제가 진정으로 원하는 것은 아버지의 기대에 부응하는 것이에요.

아버지 : 네가 자식답지 못한 것은 이 아비의 잘못이다.

아들 : 아버지, 당신이 저를 미워한 대가로 저는 세상을 피로 짓밟고 말겠어요.(아들은 아버지를 힘껏 포옹하며 아버지를 질식시켜 죽음에 이르게 한다.)

이 장면은 아버지가 아들의 인정 욕구를 채워주지 못함으로써 아들과 갈등을 겪는 아버지의 얼굴을 떠올리게 한다. 몇 년 전 어느 남자 선생님이 고3이 된 아들에 대한 고민을 가지고 찾아왔다. 멀쩡하던 아들이 어느 순간부터 엇나가기 시작하더니, 이제는 가출까지 하기에 이르렀다고 했다. 선생님인 아버지의 체면이 말이 아니었다. 이야기를 나누다가 "교사인 당신의 수업 과정과 분위기를 설명해달라."고 했다. 어떤 식으로 수업하는지, 학생들을 어떻게 대하는지, 특히 공부 못하는 학생들을 어떻게 대하는지 알고 싶었다. 그는 솔직하게 대답해주었다. 그는 수업은 파워포인트를 열심히 만들어 전달하고, 수업 태도가 불량한 학생이나 성적이 저조한 학생에게는 매우 모질게 대한다고 했다. 또한 과격한 언어도 종종 사용하는 편이어서 학생들이 자기를 무서워한다고 했다. 이 때문에 학생들의 이야기를 들은 교감 선생님이 학생들과의 관계에 좀 더 신경을 쓰라고 요청했다는 얘기도 했다. "어떻게 하면 개선이 되겠어요?" 물론 그는 답을 알고 있었다. '기다려 주고, 인정하고 격려해주는 것. 수업도 일방적으로 하지 않고 참여시키면서 하는 것' 말이다.

이야기를 다시 아들과의 관계로 돌렸다. "평소 학생들을 대할 때와 아들을 대할 때의 태도에 있어 다른 점이 있으면 말씀해보시겠어요?" 그는 잠시 침묵하더니, 아들에게는 평소 학생들을 대하는 것보다 더욱 심하게 했다고 말했다. '내 아들이니까, 내 새끼니까, 선생 아들이니까 더욱 잘해야지.' 하면서 자기 시각으로 잘못하고 있으면, 더욱 모질게 질타했다고 했다.

"만일 당신이 당신과 똑같은 아버지를 둔 아들이라면, 살아가는 느낌이 어떨 것 같으세요?" 그는 한참 동안 말이 없었다. 침묵 속에서 그는 부모의 역할에 대해 생각하는 것 같았다. 잠시 후 그는 이렇게 대답했다. "아버지로서 아들을 양육한다는 생각이 있긴 하지만, 무조건적인 사랑과 인정이 바탕에 깔려 있어야겠네요." 그럼 이제 구체적으로 무엇을 하겠느냐고 물었더니, 선생님으로서 학생들과의 관계 개선을 위해 노력하는 것과 마찬가지로, 아들에게도 기다려주고, 인정하고, 격려해주겠다고 했다. 지금의 아들이 어떻게 보이느냐고 물었다. 그러자 그는 '부모, 특히 아버지의 인정에 굶주려 상처받은 순수한 영혼'이라고 대답했다. 그러면서 그의 눈가에 눈물이 흐르기 시작했다.

부모 자식 사이든, 교사와 학생 사이든, 혹은 상사와 동료 같은 직장에서의 관계에 이르기까지 인간관계에서의 문제는 잘 들어주고, 관심을 갖고 질문해주고, 제대로 인정만 해주면 대부분 해소된다. 이것이 '맞춤형 코칭'에서 말하는 스킬이다. 에이브러햄 매슬로의 욕구 이론에서도 기본적인 생리적 욕구와 안전의 욕구가 충족되면, 사랑과 소속감의 욕구에 이르게 되고, 그다음 단계가 인정과 존경의 욕구라고 했다. 욕구 5단계 중 자아실현을 제외한 가장 높은 단계가 바로 인정 욕구다. '사람은 인정받기 위해 태어났다.'고 말할 정도로, 인정받고 싶어 하는 마음은 우리 모두에게 절실한 욕구임이 틀림없다.

《성경》에도 인정의 중요성을 표현한 곳이 곳곳에 나온다. 〈마태복음〉 10장에서 '예수께서 이르시기를 누구든지 사람들 앞에서 예수를 인정하는 사람들은 자신도 하나님 앞에서 인정할 것이요, 사람들 앞에서 자신을 인정하지 않는 사람들은 자신도 하나님 앞에서 그를 인정하지 않을 것'이라고 했다. 이처럼 신앙생활에서도 인정하고 인정받는 문제가 다른 무엇보다 중요한 문제가 된다. 하물며 인간관계에서야 오죽하랴. 심지어 지난 세기 민주주의 대 공산주의, 자본주의 대 사회주의의 대결이라는 이데올로기 투쟁에서 민주주의와 자본주의가 승리한 이유를 '인정받고자 하는 욕구'에서 찾은 학자도 있다.

프랜시스 후쿠야마(Francis Fukuyama) 교수는 자신의 책 《역사의 종말과 최후의 인간(The End of History And last Man)》에서 "인간에게 식욕이 있고, 성욕이 있듯이 인정받고자 하는 욕구가 있다. 그래서 인정받게 되면 행복하고 인정받지 못하면 불행해진다."고 말하며, 이 때문에 "개개인을 인정하는 사회는 건강한 사회가 되고, 인정하지 않는 사회는 병들게 된다."고 했다. 또한 그는 "민주주의와 자본주의에 모순이 있고 취약점이 있다. 공산주의와 사회주의에도 장점이 있고 강점이 있는데, 민주주의와 자본주의는 인정받고자 하는 인간의 욕구에 부응했고, 공산주의와 사회주의는 그 욕구를 무시했기 때문에 패배했다."고 설명했다.

김주환 교수의 책 《회복탄력성》에는 하와이 카우아이(Hawaii Kauai) 섬의 종단연구에 관한 이야기가 나온다. 한 인간이 태어나서 겪을 수 있는 온갖 불운이 모여 있던 카우아이(Kauai) 섬에서, 1955년에 태어난 신생아 833명을 대상으로 40년이 넘는 기간 연구를 진행했다. 당초 연구의 초점은 '어떠한 요인들이 한 인간을 사회적 부적응자로 만들며, 그들의 삶을 불행으로 이끄는가?'에 맞춰져 있었다. 그런데 이 연구를 수행하던 중, 연구의 방향이 극적으로 바뀌게 된다. 연구 대상 중에서도, 특히 열악한 환경에 처했던 고위험군 201명 중에 무려 72명이 유복한 환경에서 태어나기라도 한 것처럼 훌륭한 청년으로 성장한 뜻밖의 사실이 발견되었기 때문이다.

연구팀은 이들이 예외 없이 지니고 있던 공통점 하나에 주목했다. 그것은 그 아이의 입장을 무조건적으로 이해하고 받아주고 인정해주는 어른이 그 아이의 인생에 적어도 한 명은 있었다는 사실이다. 그 사람이 부모든, 조부모든, 삼촌이든, 이모든 말이다. 아이에 대한 변함없는 인정과 지지가 어떠한 역경도 극복해갈 수 있는 힘의 원천이 되었던 것이다. 존재에 대한 인정이 얼마나 중요한지 깨닫게 하는 대목이다. 인정은 무한한 힘의 원천을 찾아주는 과정이자, 살아가는 데 반드시 필요한 생명력의 뿌리다.

칭찬은 신나게, 인정은 힘나게

사람을 변화시키는 데에는 두 가지 방법이 있다. 하나는 '질책과 위협'이다. 이 방법은 벌과 보상으로 순종적 행동을 요구하는 것인 만큼 사람들에게 두려움을 주고 죄책감과 수치심, 굴욕감을 느끼게 한다. 따라서 일시적이고 급박한 경우에는 효과가 있지만, 반복될 경우 상대의 기를 꺾고 두려움을 갖게 함으로써 자기 자신에게나 질책한 사람에게 부정적 정서를 갖게 한다.

또 하나의 방법은 '칭찬과 인정, 그리고 잘못을 했을 때에도 격려를 해주는 것'이다. 이런 특성을 바탕으로 했을 때 바람직한 피드백도 가능해진다. 칭찬은 주로 잘한 행동이나 좋은 성과를 거두었을 때 해주게 된다. '잘했다. 이번에 아주 좋았어. 멋지다. 최고야.' 등의 말을 사용한다. 그런데 이런 칭찬의 말은 겉으로 드러난 결과만을 다루기 때문에 그 영향력이 일시적이다. 이런 칭찬을 받은 사람은 잠시 기분이 좋을 수는 있지만, 스스로 내면을 들여다보지는 못한다.

사람이 성장하고 성숙하기 위해서는 스스로 내면을 들여다보는 것이 무엇보다 중요하다. 그리고 이것은 '인정'을 해주는 데서 비롯된다. 예를 들어 "당신은 이런 강점을 갖고 있는데, 이번에 그 강점을 최고로 발휘했네요. 축하합니다."라고 하면 '아, 나의 가치를 알아주는구나.' 하고 스스로 자랑스러워하면서 더 큰 목표를 위한 힘을 축적할 수 있게 된다.

칭찬

칭찬과 인정은 어떻게 다를까? 먼저 칭찬에 대해 알아보자. 칭찬은 잘한 행동이나 올바른 선택을 한 경우, 좋은 결과를 냈을 때 찬사를 보내는 것이다. 그러므로 칭찬은 어떤 사실에 대해 구체적으로 해야 한다. 구체적이라는 것은 칭찬하는 상황에 초점을 맞추기보다는 상대의 구체적인 행동 스타일이나 모습에 대한 칭찬을 의미한다. 상대 '어떤 점이, 왜 칭찬 받는지' 쉽게 이해할 수 있게 하는 것이다. 칭찬은 사람들로 하여금 자신이 인정받고 있음을 알게 해주는 가장 쉬운 방법이다. 칭찬을 할 때는 내가 생각할 때 훌륭한 점을 표현해주는 것으로 '나 중심적 표현'을 해도 좋다.

그동안 칭찬에 대한 긍정적 효과에 대한 연구는 매우 활발하게 이루어져 왔다. 하버드대학 심리학과 교수 출신인 로버트 로젠탈 교수는 초등학생을 대상으로 실험을 실시했다. 이후 '로젠탈 효과'란 이름으로 칭찬의 긍정적 효과에 대한 이론을 발표했다.

▶ 실험 1

샌프란시스코의 한 초등학교에서 무작위로 뽑은 20%의 학생 명단을 교사에게 주면서 '지능지수가 높은 학생들'이라고 말했다. 교사는 이 사실을 명단에 있는 학생들 당사자에게 알렸다. 8개월 후 이 학생들은 다른 학생들보다 평균 점수가 높아졌다. 교사의 격려가 아이들에게 자신감을 주고 자신의 성공에 확신을 주었던 것이다. 이러한 행위는 아이들의 학습에 큰 힘이 되었다.

▶ 실험 2

한 집단의 아이들에게는 인정과 칭찬의 언어를, 또 한 집단은 비관적이며 무시하는 경향의 언어를 사용하는 실험을 했다. 실험이 종료된 후 두 집단의 능력을 비교한 결과, 인정과 기대, 즉 칭찬하는 분위기 속에서 교육받은 아이들이 다른 집단에 비해 어휘와 지적 능력이 훨씬 향상된 것으로 나타났다.

로젠탈의 이러한 실험들은 칭찬이 얼마나 아이의 인성과 학습에 중요한지를 보여준다. 우리 주변에 있는 타인에게 기대와 관심을 표현하기에 가장 적합하고 편한 방법이 바로 칭찬이다. '로젠탈 효과'에 의하면 칭찬을 자주 듣게 되면 서로의 감정을 소통할 수 있게 되고, 무엇보다 칭찬을 들은 것에 대해서 자신감이 생겨 긍정적 효과를 가져올 수 있기 때문에 칭찬은 지속적으로 많이 할수록 좋다. 그렇다면 칭찬을 자주 했을 때 그만큼의 효과가 지속될 수 있을까?

▶ 장면 1

한 학급을 지도하는 담임교사가 있다. 시험 성적의 결과를 가지고 학생들에게 이야기를 하고 있었다. 이때 교사가 잘한 학생이나 못한 학생들 모두에게 칭찬을 해주었다.

▶ **장면 2**

요즘 주변에 맞벌이를 하는 가정을 쉽게 찾아볼 수 있다. 이로 인해 자녀를 시댁이나 친가에 맡기는 일이 많아지고 있다. 자연히 할아버지, 할머니가 아이들을 양육하게 되는데, 이 분들은 눈에 넣어도 아프지 않는 손자, 손녀에게 무슨 일을 할 때마다 항상 칭찬만을 하고, 꾸중은 하지 않았다.

칭찬의 역효과

앞의 두 가지 경우는 모두 칭찬이 잘못 활용되고 있는 것이라 할 수 있다. 장면 1은 교사가 모든 학생에게 칭찬만 할 것이 아니라 학생 개개인의 성적에 따라 칭찬과 솔직한 피드백, 그리고 격려를 했어야 했다. 그래야 학생들 개인이 성장할 수 있다. 똑같이 칭찬을 남발할 경우 상위권 학생은 하위권 학생과 같은 대우를 받는 것에 대해 불쾌할 수 있고, 하위권 학생은 더 나은 성적을 위해 노력해야겠다는 동기가 약해질 수 있다. 장면 2처럼 할아버지, 할머니가 아이에게 무조건적인 칭찬만 하게 되면 아이는 옳고 그름을 판단하지 못하고, 자신의 행동에 대한 반성 없이 제멋대로 행동하게 될 수 있다. 판단 능력이 부족한 아이가 할아버지, 할머니로부터 자신의 모든 행동이 옳다는 피드백을 받고 있다고 느낄 수 있기 때문이다.

위의 두 가지 사례에서 보듯이 무조건 칭찬을 많이 한다고 해서 좋은 것은 아니다. 잘못된 칭찬은 오히려 역효과를 가져올 수 있기 때문이다. 어느 심리학자는 아이를 지나치게 칭찬하면 아이는 "자신이 사실은 훌륭하지 않다는 것이 언젠가 들통날까봐 불안해하는 성격이 된다."고 했고, 또 "자만에 빠져 노력하지 않고, 남의 시선과 평가를 의식해 쉽게 좌절하는 아이로 자라게 된다."고도 경고했다.

우리 선조들도 '지나친 칭찬은 독(毒)이 된다.'는 점을 경계한다. 실학자 이덕무는 "아이에게 총명한 기운이 있으니 반드시 크게 성공할 것이라는 말을 해서는 안 된다. 그 말을 들은 아이는 방자하고 거리낌이 없어지며 악해질 것이다."라고 했다. 식물에 비료를 지나치게 많이 주면 꽃을 피우기도 전에 뿌리가 썩어 버린다. 그리고 칭찬을 받던 사람이 칭찬을 못 받게 되면 열등감이 생기고, 다른 사람이 칭찬을 받을 때 그 사람이 마치 나 대신 칭찬을 받는 것 같아 칭찬 받는 사람에게 질투를 느끼게 된다. 부적절한 칭찬이 원만한 인간관계를 방해하는 요인이 되는 것이다.

상황에 맞는 적절한 칭찬이 긍정적인 효과를 가져오는 좋은 칭찬이라고 할 수 있겠다. 로마의 철학자 키케로는 "우리는 누구나 다 '칭찬'이라는 사랑스러운 말을 들음으로써 무엇인가를 할 마음이 우러나게 된다."라고 했다. 그런데 칭찬을 남발하면 듣는 사람들이 누구나 다 듣는 형식적인 말로 받아들이게 되어 강한 내적 동기가 생겨나지 않는다. 오히려 매번 듣던 칭찬을 못 듣게 되면 스트레스를 받게 되고, 다른 사람에게 칭찬이 돌아가면 자존심이 상하고 열등감이 생겨나게 된다. 또 자신이 칭찬 받을 상황이 아님에도 칭찬을 받게 되면 '이 사람은 나에게 왜 이렇게 친절할까?', '무엇 때문에 이런 행동까지 칭찬하지?' 하고 의심하게 되고, 나아가 '뭔가 꿍꿍이가 있을 거야.'라는 의구심마저 가질 수 있다.

어떤 여성은 자기를 만나는 사람들이 '참 아름다우십니다.'라고 말하는 것이 제일 싫다고 했다. 어릴 때부터 수없이 들어온 의례적인 인사치레이다 보니 너무나 식상하고, 어떤 때는 속으로 '보는 눈은 있어가지고……' 하면서 조소가 나오기도 한다는 것이다. 오히려 '눈빛이 특별하십니다.'라든가 '옷 색상이 참 조화롭네요.'와 같은 말을 듣는 게 더 신선하고 좋다고 했다.

코칭에서도 마찬가지다. 코치가 상대에게 '참 대단하십니다. 멋지십니다. 열정이 대단하시네요. 참 훌륭하세요.' 등 막연한 칭찬을 하면 상대가 스스로 내면을 들여다보고 자신을 직시하는 데 오히려 방해가 된다. 그래서 코치는 칭찬보다 인정을 잘해주는 게 필요하다.

인정

코칭에서 인정은 칭찬과 다르다. 코칭은 내면의 파워를 끌어내 임파워시키는 데 목적이 있기 때문에 어떤 표면의 행동을 칭찬하는 것보다 그러한 행동을 하게 된 내면의 그 무엇에 대해 인정해주어야 한다. 왜 그런 칭찬을 받게 되었는지를 알게 해주고, 상대의 가치를 올바르게 평가해주는 것이다. '잘했네요.' 하고 칭찬했을 때와 '며칠간 열심히 몰입해서 일하더니 결국 좋은 결과 만들어내셨네요.'라고 인정했을 때, 상대의 느낌은 어떻게 다를까? 상대는 어떤 말이 자신의 가치를 올바르게 평가해주는 것이라고 느낄까? 다시 빙산의 그림을 사용해서 칭찬과 인정을 이해해보자.

빙산의 윗부분에 해당하는 칭찬의 대상들은 빙산의 아랫부분에 있는 리소스들이 수면 위로 드러난 것으로 '잘한 행동이나 선택, 좋은 결과' 등이다. 이것을 보고 찬사를 보내는 것이 칭찬이다. 코칭은 그 사람의 잠재된 역량을 발휘하게 함으로써, 즉 임파워시켜줌으로써 코칭 상대가 원하는 것을 스스로 성취하도록 한다. 그러므로 지금 겉으로 드러난 좋은 점만을 칭찬하면 코칭의 본질을 충분히 구현하지 못하는 것이다. 어떻게 해서, 어떤 과정을 거쳐 그 좋은 것들을 이루어냈는지 읽어주고, 상대가 그것의 가치를 스스로 인식하게 함으로써 최고의 능력을 발휘하도록 해야 한다. 그러므로 인정의 과정에서는 상대가 이미 알

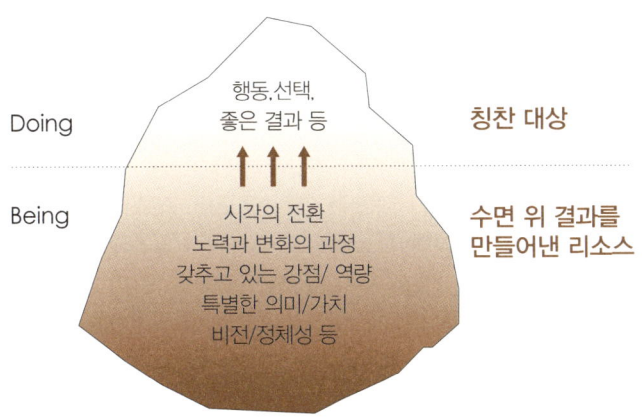

고 있는 것을 상기시키고, 상대가 말해놓고도 인식하지 못하는 것을 다시 알아차리게 함으로써 또 다른 내적 자원에 연결시키게 할 수 있다.

스포츠에서 인정과 칭찬은 경기력을 향상시키는 데 매우 중요한 요소이다. 잘했을 때 선수들끼리 엄지손가락을 올리며 바로 칭찬해주고, 힘든 시점에서는 서로를 격려함으로써 에너지를 끌어 올려준다. 우리가 잘 아는 히딩크 감독은 비록 5:0으로 게임에 졌을 때도 선수들을 격려해주고, 선수들이 잘한 점을 칭찬해주었을 뿐 아니라 사후 비디오 판독을 해 어떤 점을 잘했고, 어떻게 하면 더 잘할 수 있는지를 인정해주는 과정을 서로 공유했다고 한다. 그리고 서로가 어떻게 도와주어야 할지를 다짐하게 해서 팀워크를 향상시켰다고 한다.

사무실에서도 마찬가지다. 잘한 일은 즉시 칭찬해주고 더 잘할 수 있도록 피드백해주는 것이 장기적으로 좋은 성과를 내는 데 필수적이다. 그러나 더 중요한 것은 잘한 일이 어떤 과정으로 얻은 성과인지, 평소 어떤 가치를 가지고 있었기에 이런 결과가 가능했는지, 더불어 그 결과의 의미가 무엇인지를 인식하게 해 스스로 임파워할 수 있도록 해줄 필요가 있다. 이것이 인정이다. 따라서 '칭찬은 우리를 신나게 하고, 인정은 우리를 힘나게 한다.'고 할 수 있다.

칭찬을 인정으로 업그레이드한다

인정은 칭찬과 달리 "___을 하더니 ___ 좋은 결과를 냈네요.", 또는 "___하는 것을 보니 ___을 참 잘하네요."라고 말해준다. 이 단계에서 코치는 상대가 더 많은 도전을 하도록 내적 리소스(시각 전환, 가치, 의미, 강점, 비전 등)를 관심 있게 살펴보고, 그의 다른 긍정적 요소와 연결시켜주어야 한다. 그럼으로써 스스로 무한한 가능성이 있다는 것을 인식하도록 도와주어야 한다. 이렇게 하려면 상대에 대해 더 많은 호기심을 가지고 내면을 들여다보는 노력이 필요하다. 주변에 있는 사람을 이렇게 칭찬한다고 해보자.

이 대리: 분기별 성과는 꼭 달성한다.
박 대리: 영업을 잘한다.
정 대리: 보고서를 잘 쓴다.
차 대리: 건강미가 넘친다.
큰　딸: 말을 잘한다.
학생 A: 글을 잘 쓴다.
학생 B: 큰 꿈을 가지고 있다.

이제 칭찬을 인정으로 바꾸어보자.

이 대리: 분기별 성과는 꼭 달성한다.
　　　　→ 자네는 어렵고 힘들 때도 한결같이 일하더니 성과는
　　　　　 꼭 달성하는구나.
박 대리: 영업을 잘한다.
　　　　→ 평소 관계 맺기에 강점을 보이더니 역시 영업도

잘 하네.

정 대리: 보고서를 잘 쓴다.
→ 매사 치밀함을 보여주더니 보고서에도 역시 그 강점이 잘 나타나네.

차 대리: 건강미가 넘친다.
→ 매사 긍정적이고 적극적이어서 더욱 건강미가 넘쳐 보이는군.

큰 딸: 말을 잘한다.
→ 너는 평소에 조용하다가도 일단 말을 하면 설득력 있게 말을 참 잘해.

학생 A: 글을 잘 쓴다.
→ 자연을 이렇게 섬세하게 묘사한 것을 보니 너는 글을 잘 쓰는구나.

학생 B: 큰 꿈을 가지고 있는 것 대단하네.
→ 자네 큰 꿈을 들으니 자네의 미래 모습에 대해 기대가 되네.

어떤가? 직장에서 상사가 이처럼 인정형 칭찬을 하게 되면 부하직원들은 '상사가 나에게 관심이 있구나.' 하고 느끼면서 자기를 알아주는 사람을 위해 더욱 헌신하게 될 것이다. 더불어 자기가 발견하지 못한 내면의 리소스가 무엇인지 살피게 되고, 자신의 리소스에 대해 자부심을 갖게 되지 않겠는가?

인정의 방법

코치 역할 중 하나는 상대를 제대로 인정하는 것이다. 무엇을 인정할 것인지는 상대에게서 나온다. 상대의 언어, 태도, 행동을 잘 관찰하면 그것이 보이고 그것을 다시 상대에게 되돌려주면 된다.

최근에 있었던 일이다. 어느 코칭 상대가 자신의 일에 대해 회의를 느끼고 있었다.

코치: 당신이 좋아하는 일은 무엇인가요?

상대: 글쎄요, 그것을 찾고 있습니다.

코치: 그러면 잘하는 일은 무엇입니까?

상대: 글쎄요, 사실 그것도 모호하네요.

코치: 그럼, 어떤 일을 하면 의미 있는 일이라고 생각하나요?

상대: (한참 생각하다가) 무엇인가 창조하는 일이요. 무엇이든 만들어 내는 것을 좋아하거든요. 그런데 지금은 시키는 일만 하니 직장 다니는 게 지겨워져요. 의미 있고 가치 있는 일을 하고 싶은데 말입니다. (그러고는 길게 자기 자랑과 현재의 불편함에 대해 이야기했다.)

코치: 무언가를 창조하는 일, 듣기만 해도 기대가 되는 말이네요. 그러한 역량을 가지고 있는데도 지금 시키는 일만 하려니 지겹고 아쉽고 비전도 보이지 않고, 속상하겠네요. 그러니까 지금까지 당신은 돈을 벌기 위한 수단으로서의 직장(job)이 아니라 자신의 소

질과 적성에 맞고, 소명의식(Vocation, Calling)을 가질 수 있는 창조적 일을 찾고 있었군요.

상대: 맞아요, 맞아요. 그거예요. 소명의식을 가질 수 있는 일을 바로 찾을 수 없다면 그에 합당한 커리어(Career)의 직업을 찾고 싶어요.

코칭 상대는 코치가 자신의 강점과 타고난 자질을 인정해주자, 자신이 한 말의 의미를 금방 정리했고, 무엇을 해야 할지에 대해서도 분명하게 알아차렸다. 이로 인해 다음 과정은 매우 속도감 있게 진행되었다. 그리고 자신도 모르는 사이에 금전적으로는 조금 불만스럽더라도 자신이 원하는 '커리어'에 합당한 직업을 갖는 것이 중요하다는 사실을 깨달았다.

코치는 상대를 인정할 때, 다양한 인정 리소스를 활용한다. 리소스는 상대가 목표를 달성하는 데 필요한 모든 것이다. 재미있는 사실은 상대가 일단 자기가 원하는 목표를 설정해놓으면 그 다음부터는 무의식적으로 그와 관련된 리소스를 표현하기 시작한다는 것이다. 코치에게는 이럴 때 그의 경험, 강점, 갖추고 있는 역량, 가치관, 어떤 언어를 사용할 때 표현하는 제스처, 알고 있는 정보, 인적 네트워크, 교육 및 자기개발 경력, 또는 실패 경험, 고통스러운 과거, 지금 겪고 있는 아픔 등 모든 것이 인정의 소스가 된다. 코치는 상대가 그러한 리소스를 표현할 때 자연스럽게 바로 이어서 돌려주며 인정해주면 된다.

더불어 코치는 인정 내용을 기억의 창고에 잘 넣어두어야 한다. 그래서 상대의 기분이 가라앉을 때나 대안을 찾기 어려워할 때, 혹은 확신을 갖지 못하고 방황할 때, 기억의 창고에서 인정 내용을 꺼내 다시 상대에게 돌려줄 수 있어야 한다. 상대는 코치가 돌려준 자기 내면의 파워를 다시금 알아차리고 힘을 내게 되기 때문이다. 하지만 무엇보다 최상의 인정은 코칭 철학에서 다룬 것처럼 상대는 '온 우주에서 하나밖에 없는 유일하고 특별한 사람'이기에 상대의 존재 자체가 최고의 소스다.

공감 수용

상대가 말한 내용을 수용하고, 상대가 느끼고 있는 감정을 읽어주는 '공감 수용'도 코칭에서 말하는 인정의 한 방법이다. 내가 말한 것을 제대로 이해하고 있고, 내가 느끼고 있는 것을 알아주면 상대는 인정받고 격려 받는 느낌이 든다. 이뿐 아니라 상대가 말한 내용 중에 중요한 키워드를 포함해 내용을 정리해주고, 그 키워드 내용에 합당한 언어로 다시 돌려주는 '패러프레이징(paraphrasing)' 기법을 사용해도 상대는 인정받는 느낌을 받는다. 앞의 사례를 다시 보자.

> 코치: 무언가를 창조하는 일, 듣기만 해도 기대가 되는 말이네요. 그러한 역량을 가지고 있는데도 지금 시키는 일만 하려니 지겹고 아쉽고 비전도 보이지 않고, 속상하겠네요. 그러니까 지금까지 당신은 돈을 벌기 위한 수단으로서의 직장(job)이 아니라 자신의 소질과 적성에 맞고, 소명의식(Vocation, Calling)을 가질 수 있는 창조적 일을 찾고 있었군요.

코칭이 끝난 다음 피드백할 때 코칭 상대는 "무심코 내가 한 말을 정리해 되돌려 주니까 진정으로 원하는 삶의 그림이 그려지고, 그에 맞는 생각의 전환이 일어났다."면서 "아마도 내가 말한 본질을 코치가 알아주니까 내 자신이 매우 인정받는 느낌이 들었기 때문일 것"이라고 말했다.

여기서 조심해야 할 것이 있다. 대화는 앞의 상대와 비슷하게 흘러가지만, 상대의 반응이 완전히 다르게 나타날 수 있는 경우다. 이럴 때는 상대의 언어 표현과 억양, 제스처, 눈빛 등이 그것을 알려주기 때문에 그 부분을 놓쳐서는 안 된다. 다음의 사례를 보자

코치: 무언가를 창조하는 일, 듣기만 해도 기대가 되는 말이네요. 그러한 역량을 가지고 있는데도 지금 시키는 일만 하려니 지겹고 아쉽고 비전도 보이지 않고, 속상하겠네요. 그래도 지금 당신은 가족이 당면하고 있는 어려운 경제적 상황을 해소하기 위해 이 일이 불편하지만 계속해야 한다는 거죠? 기왕 할 바엔 어떻게 소명의식을 갖고 해야 할 것인가? 그것이 고민된다는 말씀이군요. 그리고 이 일을 통해 어찌하면 자신의 창조적 기질을 더 잘 발휘할 수 있을까도 고민이 되고요.

상대: 네…….

(겉으로는 맞는 것 같은데 속으로는 만족스럽지 않은 표정이다. 이때 코치는 다시 확인 질문을 해야 한다.)

코치: 자신이 원하는 것을 자신의 언어로 다시 표현한다면 어떻게 말하고 싶으세요?

인정 맞장구

경청에서 언급했지만 맞장구를 쳐주는 것도 인정의 한 가지 방법이다. 한근태 교수가 쓴《일생에 한번은 고수를 만나라》에는 경지에 오른 고수들을 만나보고 느낀 50여 가지의 통찰이 담겨 있다. 하나 같이 다 금쪽 같이 귀한 말이지만, 그중에서도 특히 직관의 소리를 들을 줄 아는 사람, 호기심이 강한 사람, 내면의 소리에 따라 사는 사람, 자유로운 사람 등은 우리의 마음을 붙잡는다.

이러한 통찰에 더해 하나를 더 추가하자면, 진짜 고수(高手)는 고수(鼓手)라는 점이다. '고수(高手)'는 자기가 경지에 오른 사람이고, '고수(鼓手)'는 북이나 장구를 치면서 "얼씨구, 좋다, 그렇지, 잘한다." 등으로 상대의 장단에 맞추어 흥을 돋우고 다른 사람들을 경지에 오르게 하는 사람이다. 바로 '코치형 리더' 같은 사람이다.

조직 내에서 열심히 노력했는데도 성과가 나지 않을 때가 있다. 이때는 먼저 조직원들에게 행동을 바꾸도록 요구한다. 그러면 그만큼의 성과가 나온다. 그다음에는 그들에게 생각과 시각을 바꾸도록 요구한다. 그러면 또 그만큼 더 성과가 나온다. 그런데 조직을 지속적으로 성장시키려면 사람을 성장시켜야 한다. 사람이 성장하면 그 가능성이 무한대로 확장되기 때문이다. 진정한 고수는 자기와 함께 일하는 사람을 성장시키는 것을 보람으로 여기는 사람이다.

주위 사람들이 잘 되기를 바라고, 잘 되도록 도와주는 사람이다. 그 사람의 위치와 역량이 어떻든 그 사람을 존재 자체로 포용하는 사람이다.

이러한 고수의 역할은 코칭에서 '댄싱 인더 모먼트(Dancing in the Moment: 이 순간에 함께 춤추기)'를 하는 동반자 같은 느낌을 준다. 국악에서 창을 할 때, 고수의 역할이 없으면 창을 잘할 수가 없다. 코칭으로 말하자면 고수가 사용하는 것은 차원 높은 인정 스킬이다. 창하는 사람을 무대의 주인공으로 인정해주고 잘하고 있는 점을 시의적절하게 칭찬해줌으로써 에너지 레벨을 꾸준히 유지시켜 공연을 끝까지 잘하게 해주기 때문이다.

사실 인간은 사회생활에서 자신이 이룩한 성취와 소유를 매개로 하지 않고는 자신을 드러내고, 인정받을 수가 없다고 느낀다. 하지만 한 분야에서 고수(高手)라 불리는 사람이 자신의 성취와 소유를 '자기만의 것'이라고 움켜쥐고, 다른 사람의 성장에 아무런 도움을 주지 않는다면 그동안 그 성취와 소유를 위해 들인 노력은 허무한 것이 될 수도 있다.

그래서 결국 내가 고수가 되는 것과 다른 사람의 성장에 기여하는 것, 이 두 가지는 서로 떼려야 뗄 수 없는 상호 역동 속에서 발전되며, 고수(高手)를 넘어 고수(鼓手)의 역할로 확장되게 된다. 따라서 고수(高手)된 자는 고수(鼓手)의 역할을 할 수 있을 때 비로소 진정한 고수가 되었다고 할 수 있다.

성공한 사람이 행복한 사람이 아니라, 행복한 사람이 성공한 사람인 것과 같이, 특정 조건이 고수를 낳는 것이 아니다. 고수(高手)는 '나 중심적(Me-Centered)인 패러다임'인 반면, 고수(鼓手)는 '상대방 중심

(You-Centered)의 패러다임'으로 임파워해주는 사람이다. 그러므로 고수(高手)를 넘어 고수(鼓手)의 역할을 할 때 진정한 고수로서 완성되는 것이다.

성공적인 코칭을 위해 가장 먼저 깨야 할 것은 바로 '내가 상대보다 우월하다.'는 환상이다. 상대가 풀어야 할 문제의 답은 고수(高手)인 내가 가지고 있는 게 아니라 상대가 가지고 있다. 따라서 상대가 그 문제를 해결할 잠재력(power)을 가지고 있다는 사실을 믿고 인정해야 코칭이 제대로 진행된다. 이를 위해 상대가 선택하고 책임지고자 하는 것을 기꺼이 인정하고 지지해야 한다. 이러한 과정을 계속하면 상대가 고수(高手)가 된다. 이처럼 상대를 '문제를 가진 사람'으로 보는 것이 아니라 '주체적으로 성장하는 존재'로 인정해주는 것이 코칭의 인간관이다.

얼마 전 2015년도 후반기에 무엇을 해야 할지 고민하고 있는 상대를 만났다.

코치: 최근에 무슨 특별한 일을 하셨나요?
상대: 2015년 전반기를 복기해 보았어요.
코치: 오, 복기를? 전반기에 특별한 일이 있었던 모양이죠.
상대: 네, 저는 그것을 복기라고 불러요. 그 복기에서 특별한 것을 발견했어요. 2015년에 전반기에 일어난 일 중 5대 특별 사건을 되돌아보고, 그것이 나에게 어떤 의미인지를 살펴보았어요. 매우 좋았어요.

코치: 아, 그렇게 좋았군요. 특별한 의미도 발견하구요.

상대: 네.

코치: 특히 무엇이 좋았나요?

상대: (신나게 특별하게 일어난 일을 말하고 정리하면서) "아! 알겠어요. 후반기에 어떻게 이어갈지, 무엇을 새롭게 해야 할지를요."

이 과정에서 코치는 단순히 상대의 단어, 억양, 제스처를 보면서 고수(鼓手)처럼 맞장구를 쳐주었다.

상대는 이런 반응에 신이 나서 2015년 전반기를 되돌아보면서 찾은 리소스를 자유롭게 말하기 시작했다. 그리고 그것을 후반기에 어떻게 적용할 것인지를 말하면서 점차 스스로 문제를 풀어내기 시작했다. 상대는 일단 코치에게서 인정받고 있다는 느낌이 들면서 내면의 소리를 펼쳐내기 시작했다.

더불어 내면의 가능성을 끌어내면서 자기 자신을 인정하기 시작했다. 자기를 스스로 인정하게 되면 자기가 제기한 문제들은 스스로 풀어내게 된다.

2. 인정의 요소 찾아내기

모두에게는 특별한 강점이 있다

피터 드러커는 "사람은 오직 자신의 강점으로만 성과를 올릴 수 있다. 하지만 일반적으로 사람들은 자신이 잘하는 것보다 잘하지 못하는 것을 더 잘 알고 있다. 약점을 강점으로 바꾸는 것은 불가능하고 이를 통해 성과를 올릴 수도 없다."면서 "그러므로 리더십의 과제는 조직의 목표를 달성하기 위해 구성원들의 강점을 한 방향으로 정렬시켜 그들의 모든 약점이 문제가 되지 않게 만드는 것이다."라고 말했다.

긍정심리학의 대가인 마틴 셀리그먼(Martin Seligman)은 그의 저서 《플로리시(Flourish)》에서 "순간의 기분에 좌우되는 행복이 아닌, 더 풍족한 행복인 '플로리시'는 행복을 넘어서 존재로 잘 있는 상태, 웰빙(Well-Being)해야 한다."면서 "삶의 의미를 찾고, 그 안에서 성취감, 행복감을 찾아가라."고 말한다. 또한 "그러기 위해서는 강점을 활용하여 진정한 자유를 찾아야, 건강하고 행복한 생활을 할 수 있다."고 강조한다.

코치가 상대에게 이미 내재되어 있는 재능과 강점을 발견하고 발휘할 수 있게 돕는다는 것은, 상대에게 가장 자연스러운 사고방식, 감정, 행동 패턴이 있음을 인정한다는 말이다. 그로 인해 상대는 그 강점이 자신의 일과 삶에 어떻게 발휘되고 있는지, 혹은 잘 발휘되도록 어떤 목표를 설정해 구체적으로 실천해야 하는지 알게 된다.

한국인으로서 처음 '클립톤 강점찾기(Clifton StrengthFinder)' 국

제공인 강점 코치 1호 자격을 인정받은 권은경 전문코치는 10년 전 어느 날 맞이했던 전환적인 순간을 떠올리며 이렇게 말했다.

"당시 나는 심신이 지치고 정신적으로 큰 충격과 상실감에 빠져 있었다. 그러다 문득 스치듯 떠오르는 생각 하나가 있었는데, 내가 지금껏 가장 많이 한 노력은 부족한 것을 메우는 것에 최선을 다하고 있었다는 사실이었다. 그제야 내가 왜 그리도 힘들게 애쓰며 살았는지, 내가 왜 좋은 결과를 얻지도, 인정받지도 못했는지를 알게 되었다. 더는 부족한 것을 메우려고 애쓰는 바보 같은 짓은 그만하자는 생각이 들었다. 이전과 다르게 살고, 다르게 생각하고 행동하겠다는 갈증이 봇물처럼 터져 나왔다.

그래서 이런 질문을 해보았다. '내가 이미 잘하고 있는 것은 무엇인가?', '잘하고 있는 것을 더 잘해냄으로써 인정받는다면 얼마나 즐거울까?', '지금까지 내가 정말 잘한 것은 무엇인가?' 이런 질문은 내 생각과 행동이 '인정과 원하는 것 더 쉽게 얻기'라는 과녁에 초점 맞추고 그것을 이루게 만드는 이정표였다."

이 경험을 바탕으로 권은경 코치는 '코치로서 상대가 이미 잘하고 있는 것이 무엇인지, 상대의 재능과 강점을 알려면 어떻게 하면 되는지'에 관심을 갖게 되었고, 강점을 발견하는 5가지 질문 방법을 알게 되었다고 한다.

- 무엇을 하고 있을 때 자연스럽게 이끌리는가?
- 무엇을 빨리 배우는가?

- 단계를 거치지 않고도 자동적으로 알게 되는 일은 무엇인가?
- 자기도 모르게 뛰어난 기량을 발휘한 경험은 무엇인가?
- 시간 가는 줄 모르고 계속, 또 하고 싶어지는 것은 무엇인가?

한 발 더 나아가, 상대가 스스로 자신의 강점을 더 알고, 발휘할 수 있게 돕는 질문도 할 수 있다.

- 과거 당신이 성공했을 때에는 어떤 강점들이 발휘되었나요?
- 당신의 어떤 강점이 이 일을 성사시킨 것 같은가요?
- 이번 목표 달성을 위해 지금껏 사용했던 능력과 사용하지 않은 능력은 무엇인가요?
- 특히 그 강점은 주로 어떤 경우나 상황일 때 잘 발휘되나요?
- 당신의 강점을 발휘하기 어려운 때는 언제인가요?

권은경 코치가 코치로서 이와 같은 질문을 실제 코칭 현장에서 적용한 사례 한 가지를 소개하면 다음과 같다. 팀과 팀원의 성과 향상을 고심하던 모 제약회사 소장과의 대화다. 그는 매니저로서 첫해를 보내고 있는 신임소장이었다.

코치 : 신임소장이 되신 지 얼마 되지 않은 것으로 아는데, 팀원에서 팀장이 될 수 있었던 소장님의 특별한 강점은 무엇이었습니까?

김 소장 : 글쎄요. 갑자기 떠오르지 않는데요. 제가 생각하기에 평소 매월, 매주 실적을 정리하고, 또 고객별로 분류해 성과를 관리합니다. 팀원들과도 이 데이터를 가지고 이야기한 게 아닐까 싶어요.

코치 : 소장님은 체계화하는 능력을 가지고 계시군요. 팀장으로써 그 능력을 팀원들의 성과 관리에 활용하신다면 어떤 시도를 해볼 수 있겠습니까?

김 소장 : 지난 달 실적을 분석해 담당 고객마다 판매 전략을 세우도록 지원할 수 있습니다.

코치 : 지난 번 말씀 중에 소장님은 전국 1위 팀이 되는 목표가 있다고 하셨습니다. 현재 발휘되고 있는 능력 가운데 어떤 것이 발휘되면 가능하겠습니까?

김 소장 : (한참 생각하더니) 저는 분명한 커뮤니케이션을 잘합니다. 내가 지시를 정확하게 하니까 팀원들이 지시 전달이 명료해서 좋다고 하더군요. 오해도 거의 없습니다. 또 정확한 피드백과 문제 해결도 바로 지원합니다. 그것이 우리 팀이 탑(top)이 되는 데에 큰 역할을 할 듯합니다.

코치 : 소장님의 그러한 강점들 덕분에 팀이 탑(top)에 오르는 데 큰 도움이 되겠군요. 그렇다면 소장님의 강점이 팀원들에게 어떤 영향을 미치고 있을까요?

김 소장 : 나를 믿고 의지하는 것 같습니다. 우리 팀을 실적으로 평가받는 팀으로 만드는 게 나의 소신인데 팀원들이 이것을 잘

알고 있습니다. 그래서 나 스스로 실적으로 성과를 내는 사람의 본보기가 되려고 합니다. 또 팀원마다 무엇이 잘 되고 안 되는지를 면담하면서 그들의 성과가 데이터로 보이도록 지원하려고 합니다. 그래서인지 저를 믿고 따르는 팀원이 많습니다.

코치 : 오, 그런 솔선수범으로 팀원들의 신뢰를 얻고 계시군요. 이 코칭 프로젝트가 마무리될 즈음이면 소장님의 팀 성과를 확인하게 되겠군요. 어떤 기대를 하고 계신가요?

김 소장 : '탑(top)'입니다. 약 6개월 뒤에는 우리 팀이 전국 1등을 하고 있을 겁니다. 저는 그렇게 될 것이라 믿습니다.

코치 : 소장님의 확신에 찬 목소리에서 분명 해내실 분이라는 것을 알 수 있습니다. 특히 소장님이 발휘하고 계시는 명료한 소통 그리고 팀원 모두가 자신이 한 성과를 데이터로 관리하고 확인하게 하시는 책임감 있는 리더십이 참 멋지십니다. 제가 만약 이 회사의 팀원이라면 소장님의 팀원이 되고 싶을 겁니다.

김 소장 : 하하. 뭘 그렇게까지야. 쑥스럽습니다.

실제 김 소장의 팀은 그가 말한 6개월보다 앞서 3개월 만에 전국 탑(top)이 되었다. 이처럼 코치는 상대의 재능이나 강점을 발견하기 위해 적극적으로 경청해야 한다. 적극적 경청이란 질문을 활용해 상대가 스스로 생각하고, 스스로 표현할 수 있도록 유도해서 듣는 것을 말한다. 상대의 표현을 경청하면서 발견한 강점은 즉각 인정해, 상대가 스스로 자신의 강점을 한 번 더 인식하도록 지원한다. 상대가 자신의 강점을 인식했으면 그것을 실제 현장에서 어떻게 발휘할 것인지를 고민하고, 발휘 기회를 얻도록 촉진하는 질문을 해야 한다는 점도 잊어서는 안 된다. 코치는 상대가 원하는 결과를 얻도록 실행을 촉진하는 역량을 발휘할 수 있어야만 코칭이 성공했다고 말할 수 있기 때문이다.

권은경 코치는 "어떤 역량이 부족하다고 해서, 그 사람을 역량이 부족한 사람으로 대하지 말라. 그렇게 판단하기 전에 그가 이미 잘하고 있는 실행 패턴, 즉 강점을 관찰하고 인정하라. 만약 관찰하고 인정하지 않고 있다면, 당신이야말로 역량이 부족한 사람이다."라고 말했다.

3. 삶을 전환하는 용기를 인정한다

그러면 자신의 약점 때문에 고민하는 사람에게는 어떻게 해야 할까? 약점도 나의 분명한 비전과 연결만 된다면 잠재적 탁월성을 이끌어내는 좋은 원료가 될 수 있다. 따라서 상대가 약점이 있지만 도망가지 않겠다는 용기를 내고 다짐을 할 때 코치는 그러한 전환에 대해 충분한 인정을 해주어야 한다.

2014년도 초에 진행된 'K-POP3'라는 프로그램에서 10위권 진출에 실패한 어느 가수 지망생이 울먹이며 이런 말을 했다. "제가 도망 다녔던 것 같아요. 앞으로 이것을 극복해야 할 것 같아요." 이 말을 들으니 예전에 만났던 어느 경영자의 모습이 떠올랐다. 그도 이런 말을 했었다.

삶에서 계속 도망 다니고 있다고. 그것을 숨기기 위해 계속 공격적으로 직장생활을 한다고. 그래서 치열하게 살아갈수록, 직장에서 성과가 많이 날수록, 삶이 더 허탈하고 자신이 미워진다고.

　삶에서 도망가고 싶은 사람들은 어떻게 해야 할까? 얼마 전 TED('알릴 가치가 있는 아이디어'를 모토로 미국의 비영리 재단에서 운영하는 강연회)에서 브레네 브라운의 강의를 들었다. '나는 왜 내 편이 아닌가?'라는 이 영상 강의에서 그는 "우리가 가지고 있는 취약성이나 수치심은 결코 약점이 아니며, 그런 것들이야말로 '우리 인생의 원료' "라면서 "그것에 대해 있는 그대로 드러내고 말하는 정직함이야말로 '순수한 용기' "라고 강조했다. 그는 또 "취약성은 오히려 '용기를 측정하는 잣대' "라고까지 말했다. 그의 주장은 "우리를 성장시키는 성장 촉진제인 취약점을 약점이라고 오해하고 있어서 절망에 빠져 도망 다니면서 스스로 상처를 입힌다."는 것이었다.

　취약성은 변화의 가능성을 품고 있는 씨앗이며, 수치심은 그 밑바닥에 더 나아질 수 있다는 가능성을 깔고 있다. 그런데 그 취약성이나 수치심 자체를 자기 자신인 것처럼 오해하고 자꾸만 그것으로부터 도망 다니기 때문에 '내가 내 편이 아닌 현상'이 빚어지는 것이다. 다른 사람이 나를 어떻게 볼까 너무 신경 쓰지 말고 솔직하고 진솔하게 자신의 밑바닥을 드러내는 것, 즉 취약성을 받아들이고 포용하는 것이 오히려 나를 가장 나답고 건강하게 만들어준다. 따라서 자신의 취약성에 대한 수용은 내가 나답고 가치 있게 살아가기 위한 싸움에서 매우 중요한 전환점이 된다. 내가 그것을 드러내고 인정하는 순간 반전이 일어나기 때문이다.

그런데 안타깝게도 우리는 그 사실을 깨닫기 전까지는 자신의 취약성을 수치스럽게 느낄 수밖에 없는 세상에 살고 있다. 그렇다면 어떻게 해야 할까? 선택이다. 감정도 우리의 선택이다. 많은 사람이 슬프고 두렵고 실망스러움을 피하기 위해 술이나 음식, 여흥으로 감정을 마비시킨다. 그러면 좋은 감정 즉, 기쁨, 즐거움, 감사, 작은 일에 대한 행복감까지 동시에 마비되어 버린다. 좋은 감정을 선택한다는 것은 그것에 힘을 실어주고 살려내는 일이다.

사실, 세상을 살다 보면 '내가 계속 살아갈 가치가 있을까?' 하는 부정적인 생각이 들 때가 종종 있다. 그럴 때 스스로 살아갈 만한 가치가 있다는 쪽을 선택하면, 나를 필요로 하는 사람들이 있음을 보게 된다. 그런데 나의 약점과 수치심에 묶여 '나는 왜 늘 이 모양이야. 나는 정말 안 돼는 사람인가봐. 너무 창피해 죽겠어. 나는 살 자격도 없어.'라고 자책만 하면 사람이나 일로부터 도망가게 된다. 결국은 고립되고 얼어붙은 '겨울왕국'에 갇히고 만다.

〈겨울왕국〉이라는 영화가 인기를 끌었던 것도 이러한 이유 때문이 아닌가 싶다. 주인공 엘사는 '착한 소녀가 되기 위해서는 내 감정을 들켜서는 안 돼.'라고 하면서 왕국의 성문을 닫고 혼자만의 고립된 세상으로 도망간다. 결국 그곳에서 탈출하게 되는 것은 진정한 사랑 때문이었다. 다른 사람의 사랑이 아니라, 자신의 내면에 잠재된 자기 사랑이 얼어붙은 심장을 녹여내고 행복한 왕국을 만들어낸 것이다. 〈겨울왕국〉의 엘사 역할을 맡아 '렛잇고'를 부른 이디나 멘젤도 엘사 역할을 통해 자기 자신을 발견했다고 말했다. 지난 2015년 5월 29일 첫 내한 공연을 하면서 기자들의 질문에 답한 말이다.

그렇다. 도망가지 않기 위해서 다른 사람의 사랑도 필요하지만, 무엇보다도 내 안에 있는 나에 대한 사랑에 다시 불을 붙여야 한다.

지금 이 시간에도 계속 도망 다니고 있는 분들에게 말해주고 싶다. 자신에게 이렇게 말해주라고. '내가 지금 비록……하지만 그래도 괜찮아. 나한테 이런 약점이 있어. 그래서 앞으로 계속 고쳐나갈 거야. 그러면 되잖아. 그러니까 나는 살 만한 가치가 있고, 사랑받고 인정받을 가치가 있는 사람이야.'라고 말이다. 이렇게 자신을 토닥거려 주며 그 말이 가슴으로 내려오게 한다면, 몸도 마음도 더 이상 도망가지 않을 것이다. 실패를 체험하면서 앞을 향해 계속 나아가게 될 것이다. 그래도 힘들면 노래를 부르자. "Let It Go."

비전을 느끼게 한다

비전은 목표 너머에 있는 더 큰 목표다. 상대가 목표를 설정하는 것을 들여다보면 그 목표는 보통 비전에서 나온다. 비전이 보이지 않으면 목표도 흔들린다. 그러므로 목표를 달성하고자 하는 의지는 비전에 대한 그림이 얼마나 선명한가에 달려 있다. 따라서 상대의 목표가 분명치 않거나 동기부여가 되지 않았을 때는 비전을 선명하게 그리는 작업부터 먼저 해야 한다. 만일 상대가 비전이나 꿈 이야기를 하면서 어떤 실마리를 제시하면 그것을 놓치지 않고 마음속에 잘 간수해 두어야 한다.

나중에 상대가 혹시나 흔들릴 때, 의사결정에 자신이 없을 때에 다시 비전을 상기시켜주어야 하기 때문이다.

비전에는 삶의 가치를 포함한 목적이 들어 있다. 사람들은 때때로 목표가 모호하고 심지어 특별한 목표가 없는 단순한 삶을 추구하기도 한다. 이렇게 되면 삶이 공회전을 하게 된다. 직장 생활을 하는 사람의 경우는 더욱 그렇다. 그러나 목표가 내 삶의 목적과 연결되면 목표에 임하는 자세가 달라지고 활기차고 유연한 삶을 살아간다. 간혹 모호한 목표에 집착하는 것도 상자 안에 갇힌 삶이다. 또, 다른 사람을 상대로 경쟁하고 승리하려고만 한다면, 자신의 잠재성을 실현하기는 힘들어진다. 상대와의 경쟁이나 승리에 연연하지 않고 자신의 삶의 의미와 목적에 집중할수록 충만한 성공으로 이어진다. 그렇게 되기 위해서는 반드시 스스로 자신의 비전을 확인할 필요가 있다.

머릿속에 선명한 비전이 있으면 어떤 행위나 사건을 대하더라도 당면한 문제를 해결할 수 있다. 비전이 담긴 미래는 순간순간 현실이 되고, 또 순식간에 과거의 리소스로 축적된다. 그리고 그것은 다시 미래의 자원으로 우리 몸에 저장되기 때문에 우리 삶에 무한 선순환 사이클을 만들어낸다. 양자역학적인 관점에서 보면 과거, 현재, 미래는 따로 있는 것이 아니라, 한 공간에 있기 때문에 미래의 비전을 확인하고, 그것을 인정해주는 것이 그만큼 중요하다.

그러므로 상대의 비전을 확인하는 것은 현재 문제를 바라보는 시각의 확장을 가져오고, 새로운 각도에서 해결점을 찾도록 하는 데 도움이 된다. 코칭 중에 상대가 비전에 대한 확신이 없거나 비전을 잃어 버렸다고 생각되면 그에게 상기시켜줌으로써 그 중요성을 일깨워주어야 한다. 경우에 따라서는 과거에 설정한 비전을 다시 수정하고 보강하는 것도 바람직하다. 비전을 확인하는 일은 상대가 새로운 목표에 도전하도록 동기부여 해준다.

상대가 자신의 비전을 볼 수 없을 때는 내면에서 우러나오는 자기 인정도 사라지게 된다. 하지만 상대가 비전을 상기하면 현재 하는 행동에 대한 책임감도 강해진다. '나는 지금 비전을 향해 가고 있는지'를 점검하는 힘이 나오기 때문이다. 따라서 상대에게 미래 비전을 질문해 확인하는 것은 스스로 자신의 의미와 가치를 돌아보고, 자기를 인정하게 하는 중요한 스킬이 될 수 있다.

최근 삶의 문제를 철학으로 치료하려는 '철학 치료'라는 기법이 등장했다. 철학 치료는 철학적 대화와 성찰로 세계관을 변화시키고, 깨달음을 얻게 해서 치유하는 방법을 말한다. 즉, 철학적 방법으로 일반인들이 곤경에 부딪치고 있는 삶의 문제를 다루는 접근법이다. 철학 치료에서 다루는 대상은 목적에 대한 성찰, 의미와 가치관에 대한 성찰, 지혜에 대한 성찰, 의지력에 대한 성찰, 행동규범에 대한 성찰 등이다. 이를 보면 비전에 대한 코칭이나 철학 치료 모델이 거의 비슷하다는 것을 알 수 있다.

코칭에서 자주 하는 비전 질문은 다음과 같다. 비전에 대한 코칭 질문을 잘 숙달하면 철학 치료도 가능하게 될 것 같다.

- 이것(행동, 생각, 시각)은 당신의 비전과 방향이 일치되나요?

- 당신의 비전은 당신의 가치관과 조화를 이루나요?
- 당신의 삶의 목적 / 가치관은 무엇인가요? 비전에 어떻게 녹아 들어 있나요?
- 전에 말한 당신의 비전은 지금도 유효한가요? 수정 보완하고 싶은 것은 어떤 것인가요?
- 지금 당신이 해결하려는 주제는 당신의 비전을 넓혀가는 데 어떤 도움을 주나요?
- 당신의 비전으로 어떤 삶의 의미를 구현하고 싶은가요?
- 당신의 비전을 구현하는 데 누구의 도움이 필요한가요?
- 그 비전을 구현하는 데 필요한 과감한 행동은 무엇인가요?

중요한 것은 이러한 질문으로 상대에게 자신의 비전과 관련된 이야기를 계속하도록 물길을 열어주는 것이다. 상대가 비전과 관련해 스스로 자기 내면과 대화하고, 코치가 이를 반영해준다면, 상대는 자기가 한 말을 통해 '자기성찰'을 일으키게 된다. 뿐만 아니라 그것을 몸과 마음으로 느끼게 되고, 그것에서 깨달음을 얻게 된다. 이렇게 되면 다루고자 하는 문제를 해결하는 것은 물론이고, 경우에 따라서는 문제 자체가 없어지고 한 차원 높은 주제로 전환되면서 자기다운 존재로 성장하게 된다. 다시 강조하건데, 코칭에서 문제 해결의 소스는 비전에서 흘러나온다. 그러므로 그 비전을 인정해주는 것은 상대가 성장하는 데 매우 중요한 포인트다.

4. 스스로 축복하게 하기

격려와 인정을 조화롭게

　　인정과 칭찬은 상대에게 동기를 부여하는 데 큰 효과가 있다. '당신은 내적인 힘이 있어요. 말씀 중에 중심을 잃지 않으세요.', '은은한 미소가 매력적이에요. 그 미소가 사람을 편하게 해 주네요.' 등의 인정과 칭찬은 이미 앞에서 설명했다. 이제 또 하나 인정 방법은 '격려하기'를 소개한다.

　　세계 굴지의 회사인 GE의 최고경영자 자리를 20년이나 지키면서 시가총액을 40배 이상 키운 전설적인 CEO 잭 웰치에게는 매우 지혜로운 어머니가 있었다. 어릴 적 말을 더듬었던 잭 웰치에게 어머니는 늘 "네가 말을 빨리 못하는 이유는 너무 똑똑하기 때문이란다. 다른 사람보다 두뇌 회전이 빨라서 말이 네 생각을 쫓아가지 못하는 거야."라고 말해주었다. 이런 어머니의 격려 덕분에 그는 말을 더듬는다는 이유로 부끄러워하거나 용기를 잃지 않았고, 결국 세계적인 회사의 CEO가 될 수 있었다.

　　오래 전 이탈리아 나폴리의 한 공장에 위대한 성악가를 꿈꾸는 소년이 있었다. 어려운 중에 겨우 첫 레슨을 받았을 때 교사는 그에게 "너는 성악가로서의 자질이 없어. 네 목소리는 덧문에서 나는 바람소리 같아."라고 혹평했다. 그때 소년의 어머니는 실망하는 아들을 꼭 껴안으며 말했다. "아들아, 너는 할 수 있어. 실망하지 마라. 네가 성악 공부를 할 수 있도록 엄마는 어떤 희생도 아끼지 않을 거야." 소년은 어머니의 격려를 받으면서 열심히 노래했다. 이 소년이 바로 유명한 성악가인 엔리코 카루소다.

이와 같이 어려움과 실망에 빠진 사람에게 해주는 격려 한마디는 사람의 인생을 바꾸어 놓을 수 있다. 이처럼 격려(encouragement)는 인정/칭찬과는 조금 다르다. 말 그대로 용기(courage)를 북돋아주는 것이다. 어려운 상황에서 큰 힘을 발휘하도록 하는 것이다.

어느 젊은 매니저와 코칭했을 때의 일이다. 존경하는 사람이 누구냐고 물었더니 '어머니'라고 대답했다. 고등학교에 다닐 때 성적이 떨어져 고민하던 자신에게 어머니는 질책하지 않으시고 "지윤아, 넌 조금만 더 노력하면 할 수 있어. 엄마는 너를 믿어. 엄마가 널 도와줄 수 있는 방법이 있으면 좋을 텐데."라고 하셨단다. 어머니의 그 말씀 덕분에 한때의 방황을 접고 열심히 공부해 현재의 자신이 되었다는 것이다. 이후에도 어머니는 '놀지 말고 공부하라'는 말씀 대신 '어떻게 하면 너를 도와줄 수 있을까' 하며 형편상 도와주지 못하는 것을 늘 안타까워하셨다고 한다. 어머니의 그 모습이 현재 자신을 굳건히 서 있게 하는 힘이 되었다고 했다. 그래서 자기는 어머니에게서 배운 격려를 부하직원들에게 그대로 사용해 좋은 관계로 성과를 내고 있다고 했다.

내 친구 중에도 이런 사례가 있다. 나름 성공의 반열에 오른 이 친구는 어린 시절에 자주 실수하고, 친구들과의 관계에서도 어려움을 겪고 있었다. 이때 선생님이 "현승아, 힘들지? 요즘 모두들 참 힘들 때야. 그런데 선생님은 말야, 너 자체로 충분하다고 생각해."라고 말씀해주신 그 격려 한마디가 일생 동안 그를 지켜주었다고 한다. 그는 힘들 때 누군가 해준 격려 한마디가 얼마나 큰 위력을 가지는지 평생 동안 느끼며 살아왔다. 그래서 직장 생활을 하면서도 부하직원들에게 자기가 격려 받았을 때의 느낌을 가지고 격려하는 것을 잊지 않았다고 하니, 그가 성공할 수 있었던 중요한 비결은 바로 격려 덕분일 것이다.

그렇다면 격려의 말은 어떻게 하면 좋을까?

- 힘든 일인 줄 알지만, 조금만 더 노력하면 분명히 자네가 해낼 수 있으리라 믿네.
- 지난번에는 이보다 더 힘든 일을 해냈어. 자네에게는 그런 능력이 있어.
- 내가 자네에게 어떻게 해주면 힘이 될까?
- 포기하지 말고 계속해. 당신은 할 수 있어. 나는 당신을 믿어.
- 자네는 누구보다 이 일을 잘해낼 수 있는 사람이야.

격려를 나타내는 영어 'encourage'에서 'cour'는 프랑스어로 가슴(heart)을 뜻하는 'coeur'에서 나왔다고 한다. 그래서 격려란 '가슴을 준다.'는 뜻이며 '용기를 준다.'는 뜻이기도 하다. 가슴을 준다는 말에는 상대에게 희망과 영감을 주고, 자신감과 지지를 불어넣는다는 뜻이 담겨 있다. 그리고 가슴을 주는 것은 단순한 말을 넘어 눈빛과 몸짓으로 에너지를 주는 것이다. 상대가 좌절하고 낙담할 때 진정성을 담아 "나는 가슴으로 당신과 함께하겠습니다. 제가 당신을 위해 무엇인가 도움이 된다면 기쁘겠네요."라고 이야기해주는 것이다. 그러므로 격려의 목적은 '나는 할 수 없어.'부터 자신의 내적 자원을 발견하도록 도와줌으로써 '나는 할 수 있다.' 또는 '나는 할 것이다.'로 변화하게 하는 것"이라 할 수 있다.

어렵고 큰 목표를 달성해야 할 때나 창조적이고, 진취적이고, 개혁적인 목표를 가지고 있는 사람에게는 특히 더 격려가 필요하다. 코칭이 끝났을 때도 상대방에게 '자기 자신에 대한 느낌과 더불어 자기 자신에게 격려 한마디를 해주라'고 요청하는 게 좋다. 보통은 이런 말들을 한다.

"너는 할 수 있어."
"너는 잘하고 있어."
"너는 생각보다 탁월해. 네가 자랑스러워."
"너의 존재는 빛나고 있어."

이런 방법은 다른 사람이 나를 격려해줄 때까지 기다릴 필요 없이 스스로 언제든지 해볼 수 있다. 빌 게이츠처럼 매일 아침 일어나면서 "오늘은 왠지 큰 행운이 생길 것 같다."라고 생각하고, "나는 무엇이든 할 수 있다."라는 긍정 메시지를 스스로 만들어 자신에게 격려해주는 것이 가장 좋은 인정이다. 인정과 격려가 쌓이면 내면의 파워가 쌓이고 커지면서 어려운 상황에서도 앞으로 나아갈 수 있는 회복 탄력성이 높아진다.

축하하고, 스스로 축복하게

임원 코칭을 할 때 자주 사용하는 툴이 있다. 보통 직장에서 잘 사용하는 '계획(plan)하고, 실천하고(do), 성찰하는(see)' 일이다. 코칭 목표는 코치와 함께 설정하고, 행동 계획은 코칭 상대마다 자기 맞춤식으로 한다. 그리고 다음 코칭 미팅 때에는 꼭 계획한 것에 대해 어떻게 실천했는지와 더불어 그것에 대해 어떤 성찰을 했는지를 함께 나눈다.

이 과정은 간단하지만 생각보다 효과가 크다. 왜냐하면 미하이 칙센트미하이 박사가《몰입의 즐거움》에서 말한 것처럼 피드백이나 성찰이 없이는 몰입이 되지 않고, 그로 인해 행동의 변화가 일어나지 않기 때문이다.

이러한 성찰을 통해 변화를 일으킨 사람들에겐 꼭 자기 자신을 축하해주게 한다. 말 한마디라도 말이다. 우리는 일상이 너무 바쁘고 할 일이 많아 다른 사람의 크고 작은 성취를 일일이 축하해줄 여유가 없다. 자기 자신에게는 더욱 그렇다. 그래서 자신에게 한 약속을 제대로 지킨 것에 대해 코치가 축하할 일이라고 인식시켜주면 쑥스럽게 웃는다. 그렇다. 그렇게 성실한 사람은 축하받아 마땅하다.

상대가 스스로 축하할 수 있도록 질문하는 방법 몇 가지를 소개하면 다음과 같다.

- 당신이 업무에서 이룬 성과를 어떻게 축하하시겠어요?
- 함께 이룬 팀원들과는 어떻게 축하하시겠어요?

- 자신에게 축하와 격려 메시지 한마디를 한다면 뭐라고 하시겠어요?
- 당신은 축하 받을 만한 일을 하셨습니다. 자신을 축하해주시기 바랍니다.

보통은 한 번도 안 해보았기 때문에 스스로 어떻게 축하해야 할지를 잘 모른다. 그래서 어색해서 안 한다. 코치는 다음과 같이 축하할 방법을 정하도록 요구할 수 있다.

- 상대가 스스로 축하할 일정을 잡도록 한다. 자신을 축하하는 쉬운 것부터 하도록 한다.(사우나, 마사지, 친구와 포도주 한잔하고 수다 떨기, 쇼핑 등)
- 평소 하고 싶은데 못하고 있는 것을 한번 해보도록 한다. (아들과 게임하기, 늦잠 자보기, 만화책 읽기 등)

무엇보다 우리 자신부터 이제 축하할 일은 스스로 축하하면서 살자. 우리가 하루를 살아가는 것이 얼마나 의미 있고 축하할 일인가? 나아가 자신을 축복해주는 자기 자신이 있다는 것은 얼마나 멋진 일인가?

5. 인정, 격려의 언어로 파워의 씨앗 심기

지금의 말과 행동은 다른 말과 행동의 종자

코칭 관계로 만났던 어느 임원의 일화다. 그는 매우 독특한 특징을 가지고 있었다. 일을 처리하는 과정이 너무나도 철저하고 원칙적이었다. 돌다리도 두드려 보고 건너갈 정도로 치밀하고 확실한 입증 자료가 뒷받침되어야만 일을 추진했다. 덕분에 지금까지 그가 진행한 프로젝트는 대부분 성공적이었고, 그런 성과로 인해 임원으로 승진도 가능했다.

문제가 발생한 것은 그 이후부터였다. 모든 것을 업무 중심으로 바라보고, 직원들을 바라보는 시각도 일 중심이다 보니, 부하직원들이 점점 멀어져 가는 느낌이 들기 시작한 것이다. 자신이 직접 정확한 세부지침을 주고 일을 시키지 않으면 일이 진행되지 않았다.

부하직원들 스스로 프로젝트를 창출하는 것은 불가능했고, 업무처리 과정에서도 새로운 방법으로 도전해보는 것을 기대할 수 없는 상황이 되었다. 임원이 된 후로 예전보다 훨씬 많은 영역을 다루어야 하는데 자신이 일일이 점검하고 지침을 주어야 하니 너무나 바쁘고 힘들었다. 그러다 보니 점점 지쳐가는 일상에서 삶의 허무함마저 느끼게 되었다.

관계에 문제가 생길 경우 가장 먼저 살펴보아야 할 것은 평소 그 사람의 언어 사용 패턴이다. 그가 자주 사용하는 말 중 '그렇게 하면 된다는 증거를 가져와 봐.', '왜 그렇게 하려는 거지? 누구에게 어떤 이익이 되나?', '지난번에도 그런 유사한 방법으로 해서 실패했잖아.' 등이 눈에 띄었다. 그의 이런 언어 패턴을 인정과 격려의 패턴으로 바꾸는 데 적지 않은 시간이 필요했다.

유식 불교에 현행훈종자(現行薰種子)라는 말이 있다. 우리가 하는 모든 말과 행동을 일컬어 '현행(現行)'이라고 하는데, 이 모든 행위가 없어지지 않고 내면으로 스며드는 훈습 과정을 거쳐 마음 밭에 '종자(種子)'로 저장된다는 것이다.

이렇게 저장된 종자는 다시 새로운 말과 행동의 종자가 되는데, 이것을 종자생종자(種子生種子: 한 종자가 다른 종자를 만들어낸다)라고 한다. 말하자면 긍정적 씨앗은 계속 긍정적 씨앗을 만들어내는 선순환을 하고, 부정적인 씨앗은 계속 부정적 씨앗을 만들어내는 악순환을 한다는 것이다.

이렇게 해서 새로운 종자가 탄생한다. 새로운 종자로 변모하는 과정을 거친 후, 그 종자는 현재의 상황에서 다시 '현행'이라는 현실적인 행동으로 드러나게 되는데, 이 과정 즉 종자생현행(種子生現行: 종자는 새로운 언행을 만들어낸다)을 되풀이하게 된다. 과거 언행의 결과로 종자 하나가 심어지고, 그것이 다른 새로운 언행의 종자가 되며, 그것에 의해 현행의 결과가 만들어지는 사이클이 돌아가는 것이다. 이러한 원리를 이해하고 나면 이 세상에서 어떤 결과도 원인 없이 발생되지 않음을 다시 한 번 깊이 생각하게 된다. 자연의 순리란 참으로 엄격하다.

새로운 변화를 위해서는 악순환의 고리를 끊어야 한다. 그 임원은 우선 긍정의 언어, 인정의 언어부터 사용하기 시작했고, 몇 달 후에는 악순환의 고리에서 벗어나 선순환 사이클을 만들어가기 시작했다.

이미 그의 내면에는 선행을 일으키는 많은 씨앗들이 있었지만 그가 그것을 인식하지 못하고 에고의 감정에 의해 휘둘리다보니 악순환의 쳇바퀴를 벗어나지 못했던 것이다. 내가 평소에 하는 말과 행동은 내 인생의 밭에 어떤 종자를 심고 있는가?

좋은 씨앗을 만드는 인정과 격려의 언어

좋은 씨앗을 만들어내는 인정 언어를 살펴보면 다음과 같다.

> 활기 넘치는, 조용한 카리스마, 낙천적인, 유머러스한, 진취적인, 신중한, 건강한, 균형 있는 리더십, 정열적인, 현명한, 생명력 있는, 재치 있는, 절제된, 만인에게 사랑 받는, 독립적인, 센스가 있는, 필요한 시기에 몰입을 잘하는, 책임감 있는, 순발력 있는, 솔직담백한, 남다른 전문성, 미래지향적인, 순수한, 삶의 균형감이 있는, 사람들에게 힘을 내게 하는, 매력적인, 분명하면서도 정감이 있는, 자상한 도움을 주는, 꼼꼼하게 일을 처리하는, 남다른 탁월함, 호기심 많은, 화끈한, 따뜻함이 느껴지는 다정함, 지혜로운 결단력, 주요한 순간을 치고 나가는 박력, 자신감을 느끼게 해주는 태도, 생각이 깨어 있는, 생생하고 기운찬, 모델이 되는, 목표지향적인, 낭만적인, 기다려 주는 인내심, 더없이 근사한, 믿음이 가는, 햇살처럼 밝은, 매혹적인 미소, 이해심 많은, 공정한, 여유로운, 마음을 사로잡는 순발력, 주도적인, 창의적인, 섬세한, 주도면밀한, 평화스러운, 희망찬, 에너지 넘치

는, 용기 있는, 친화력이 좋은, 남다른 시각을 가진, 여유가 느껴지는, 전체를 아우르는, 탐구적인, 설득력 있는, 창조력이 높은, 다름을 가치 있게 생각하는, 내면의 성찰이 깊은, 햇살처럼 밝은, 에너지 넘치는, 한결 같은, 진정성이 느껴지는, 삶의 중심이 잡힌, 끈기가 있는, 호수처럼 평온한, 지속적인 성장을 추구하는, 자신만의 의미를 추구하는, 바람처럼 자유로운, 내공이 있는, 일관성이 있는, 꽃처럼 고유한 빛깔과 향기가 있는, 산처럼 굳건한, 자기를 잘 돌보는, 영감을 주는, 소통이 잘 되도록 하는, 역량을 갖춘, 수용력이 높은, 내적인 연결이 잘 되는, 회복탄력성이 높은, 자존감 높은, 존재감이 느껴지는, 자기 표현을 잘하는, 다른 측면을 발견하는 감각이 있는, 헌신하고자 하는 마음, 타인의 지속적인 성장에 도움을 주는, 자기를 잘 아는, 타인을 배려하는 등이다.

이 중에 어떤 종자를 많이 심고 싶은가? 인정, 격려 언어를 사용할 때도 고수(鼓手)가 리듬을 맞추듯 사용하면 더욱 좋다. 예를 들면 다음과 같다. 리듬을 맞추는 인정과 격려의 상용구들이다.

- 아, 그랬구나.
- 잘될 거야.
- 네가 최고야!
- 역시 너밖에 없어.
- 나도 한 번 고민해볼게.
- 우리 같이 한번 해봅시다.

- 그럴 수도 있지. 괜찮아. 다시 한 번 해봐. 내가 도와줄게.
- 와, 멋지다!
- 고생하셨습니다. (수고했어.)
- 좋은 생각입니다. (그래, 바로 그거야!)
- 너는 웃는 게 보기 좋다.
- 잘했어요.
- 대단해요.
- 덕분에 잘 끝났어요.
- 고마워요. (고맙다.)
- 너라면 할 수 있어.
- 그래, 내가 무엇을 도와줄까?
- 당신 때문에 나도 힘이 나요.
- 너에겐 너만의 모습이 있잖아.

자기 사랑이 부하직원의 인정 도구

독일 슈투트가르트 발레단의 수석 무용수로 활약하며 존경을 한몸에 받았던 강수진이 쓴 《나는 내일을 기다리지 않는다》에는 그녀가 그 어려운 국제무대에서 자기 자신을 얼마나 철저히 인정하고 사랑하면서 살아왔는지 여러 가지 사례가 나온다. 그녀는 책 곳곳에서 '자신의 최대 경쟁자는 자기 자신'이며, 유일한 경쟁자는 '어제의 강수진'이라고 말한다. 그리고 최대의 경쟁자를 이기기 위해서는 자기 자신을 끊임없이 인정하고 사랑해야만 한다고 강조한다. 또한 자기의 성장을 위해 롤 모델이 있는 것은 바람직하지만, 결국 자신만의 독특한 색깔과 향기로 그것을 소화해내는 것이 무엇보다 중요하다고 말한다. 그것은 자기를 있는 그대로 인정하고 사랑하는 사람만이 그렇게 할 수 있다는 점을 특히 강조한다.

심리학에서도 자신을 있는 그대로 인정하지 못하는 사람, 즉 자기에게 강점과 더불어 약점이 있지만 그 자체로 자기라는 사람이 존귀한 존재라는 것을 인정하지 못하는 사람, 항상 다른 사람과 비교하면서 열등감에 사로잡혀 있는 사람은 믿을 수 없다고 한다. 더욱이 그 임무가 특별하거나 중요할수록 그런 사람에게는 믿고 맡길 수 없다는 것이다. 자기를 존중하는 사람은 상황에 따라 흔들리면서도 나름 바람직한 결실을 맺기 위해 최선을 다한다.

하지만, 자기 능력을 타인과 비교해서 우월할 때만 자부심을 느끼는 '자존심'이 강한 사람은 상황에 따라 전혀 예상치 않은 방향으로 흘러가기도 하고, 그 결과에 대한 책임도 온전히 자기 탓으로 수용하지 않는다.

정말 그렇다. 예를 들어 하루를 마쳤을 때 자신에게 '어휴, 이 바보 같은 놈', '그런 일처리 하나 제대로 못하다니……. 너는 정말 쓸모없는 놈이야.'라고 자기를 비하한다면 내일부터 일어나는 새로운 도전에 맞설 힘이 어디서 나오겠는가?

그러므로 대신 이렇게 인정해보자. '오늘 특히 수고가 많았어. 오늘 좋은 경험한 거야.', '오늘은 네 약점 때문에 결과가 안 좋았지만, 내일은 강점을 좀 더 잘 활용해보자. 그런 게 진짜 네 모습 아니겠니?"라고 나를 위로해주고, 격려해주고, 인정해주면 그 힘으로 내일의 새로운 도전을 받아들일 수 있다.

우리의 몸과 마음은 같은 시스템이다. 즉, 마음과 생각은 우리 몸에 직접적인 영향을 준다. 좋은 생각, 긍정적인 생각을 할 때는 실제로 몸 안에서 좋은 호르몬과 뇌내 물질이 많이 분비된다고 한다. 그러므로 명상으로 평화로운 마음을 갖게 되면 엔돌핀, 세레토닌 등의 물질이 원활히 분비되어 병을 예방하는 데 도움을 준다. 명상을 하면서 평화로운 마음을 가지면 호르몬과 자율신경계의 균형에 좋은 변화를 가져올 수 있는 것이다.

자기 사랑 명상으로 장부(腸部) 이완 명상을 다음과 같은 할 수 있다. 조용히 눈을 감고 편안히 몸을 이완시키고 호흡을 조절한다. 몸 어디에 긴장감이 있는지 마음으로 살펴본다. 특히 눈가와 입가, 귓가에 긴장감이 있는지 느껴보고 이완시키며 평화로운 미소를 짓는다. 그리고 자기 몸을 바라본다.

그동안 내 몸이라고 함부로 대했음에도 나를 위해 헌신하고 있는 나의 중요한 장부들을 생각하면서 미안함과 감사를 느끼며 가슴에 손을 대고 몸에게 말한다.(한 밝음 명상과 혜민 스님의 명상법 일부 적용.)

"몸아, 참 고맙다. 몸아, 참 고맙다. 몸아, 그동안 많이 힘들었지. 내 것이라고 당연히 여기면서 막 쓰고 살았는데 그래도 네가 나의 귀한 생명력을 지켜주었구나. 나의 귀한 영혼을 지켜주었구나. 몸아, 참 고맙다. 몸아, 참 고맙다. 몸아, 참으로 너를 사랑한다."

다음에 심장에 손을 대고 이렇게 말한다.

"나의 심장아, 고맙다. 사랑한다. 내 뱃속에서 잉태되어 지금까지 한 번도 쉬지 않고 뛰어준 심장아, 고맙다. 사랑한다."(잠시 멈추어 심장에게 사랑과 감사의 마음을 보낸다.)

다음으로 폐 부위에 손을 대고 이렇게 말한다.

"나의 폐야, 고맙다. 호흡을 통해 산소를 얻어 내 몸에 생명력을 만들어준 폐야, 고맙다. 사랑한다."(잠시 멈추어 폐에게 사랑과 감사의 마음을 보낸다.)

다음에 간 부위에 손을 대며 이렇게 말한다.

"나의 간아, 고맙다. 내가 함부로 접한 독성들을 해독해준 간아, 고맙다. 사랑한다."(잠시 멈추어 간에게 사랑과 감사의 마음을 보낸다.)

다음에 명치 아래 위장에 손을 대고 이렇게 말한다.

"나의 위야, 고맙다. 내가 함부로 먹은 음식들을 잘 소화시켜준 위야, 고맙다. 사랑한다."(잠시 멈추어 위에게 사랑과 감사의 마음을 보낸다.)

다음에 배꼽 주변에 손을 대고 이렇게 말한다.

"나의 장아, 고맙다. 내가 먹은 음식을 소화시키고 세포에 영양소를 공급해준 장아, 고맙다. 사랑한다."(잠시 멈추어 장에게 사랑과 감사의 마음을 보낸다.)

각 장부가 사랑으로 가득 차고 서로에게 생명력을 주고받는 모습을 상상해본다. 그리고 각 장부가 제공해주는 생명력으로 지금까지 살아온 삶에 대해 감사한다. 그리고 미래에 다가올 삶에 대해서도 감사한다. 그리고 그런 나를 사랑한다. 지그시 눈을 뜨고 내 몸을 지극히 사랑하는 나를 사랑한다. 그리고 얼굴에는 미소, 마음에는 평화.

신뢰받는 코치가 되기 위해서는 반드시 자기 자신을 스스로 인정하고 사랑할 줄 알아야 한다. 노자의 《도덕경》에 "자기를 천하만큼 사랑하지 않는 사람에게 어찌 천하를 맡길 수 있겠는가?(愛以身爲天下 若可託天下)"라는 말이 있듯이 자기를 사랑하지 않는 매니저에게 어찌 부하직원을 맡길 수 있겠는가?

Q&A 멈추고 알아차리기 (인정과 격려)

Q. 칭찬과 인정은 어떻게 다른가?
A.

Q. 칭찬의 역효과는 무엇인가?
A.

Q. 칭찬을 인정으로 바꾸려면 어떻게 하는가?
A.

Q. 지속적으로 힘을 발휘하도록 하는 인정은 무엇인가?
A.

Q. 격려란 무엇인가?
A.

Q. 인정과 격려가 없는 커뮤니케이션은 어떤 느낌을 줄까?
A.

Q. 자기 인정과 축하는 어떻게 하는가?

A.

Q. 내가 들었던 인정 중 최고의 인정에는 어떤 것이 있었는가?

A.

Q. 내가 나를 위해 자주 사용하는 인정/칭찬 및 격려와 축하메시지에는 어떤 것이 있나?

A.

Q. '지금 여기(Here and Now)'에 있는 모든 사람을 인정하고 싶은 말은 무엇인가?

A.

CHAPTER
5

맞춤형 리더에게는 효과적인 커뮤니케이션 프로세스가 있다

EMPOWERING

1. 커뮤니케이션에 필요한 스페이스

노자의《도덕경》에 "빈 공간이 있어야 방이 제 기능을 한다."라고 했듯이 코칭 커뮤니케이션에서도 코치가 상대와 대화를 시작하기 전에 서로의 소리를 조율해 공명할 수 있는 공간이 있어야 원만한 커뮤니케이션이 역할을 할 수 있다. 심지어 문제에 초점을 맞춰 해결점을 찾아가는 커뮤니케이션 과정에서도 잠깐의 공간이 커다란 영향을 준다. 아래 그림에서와 같이 코칭의 장을 감싸고 있는 주변의 공간이 필요한 것이다.

임파워링 코칭을 위한 스페이스

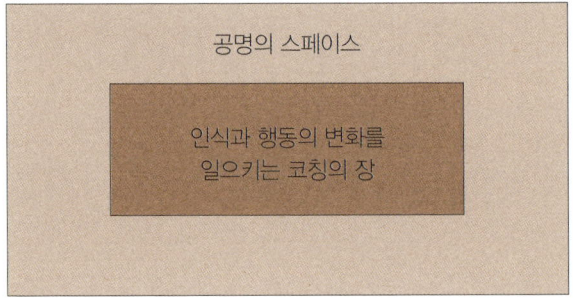

이 공명의 스페이스는 상대와 관계를 맺는 공간이기도 하고, 문제 해결 커뮤니케이션에 에너지를 주는 공간이기도 하다. 쫓기는 상황에서도 여유를 가지고 바라보는 제3의 눈이 작용하는 공간이며, 코칭 철학을 접목시키는 공간이다. 특히 우리나라 사람들을 코칭할 때는 코칭의 장으로 들어가기 전에 관계 형성을 위해 이 공간에서 잠시 머무를 필요가 있다. 우리나라 사람들의 경우, 코칭을 시작하자마자 목표가 무엇인지 물으면 대부분 당황한다. 우리는 관계 중심의 대화를 하기 때문이다. 따라서 상대에게 공감해주는 관계 형성의 공간이 있어야 신뢰가 생겨난다. 따라서 이 공간을 잘 활용해 서로의 에너지를 관리할 필요가 있다.

코치는 코칭 상대를 만나거나 텔레코칭을 할 때도 코칭 상대의 표정과 목소리로 기분이나 에너지 상태를 파악해야 한다. 반갑게 인사할 때 표정이 밝고 옷 색깔이 밝으면 그것에 대해 언급하면서 '오늘 어떤 좋은 일이 있었나요?'라고 물어보며 시작할 수 있다. 표정이 어두우면 그 배경을 알아보고 충분히 공감하고 수용하여 정서적으로 안정이 된 후, 긍정적인 에너지를 만드는 대화로 시작해야 한다.

이 공간에서는 두 사람 사이에 진동하는 에너지를 조율해 서로 공감하는 상태로 만들어둘 필요가 있다. 경우에 따라서는 어떤 문제를 해결하려고 코칭을 받는 게 아니라, 단지 누군가에게서 공감과 지지를 받고 싶어서 코칭을 받으러 오기도 하기 때문이다. 이런 경우에는 코칭의 장에 들어가기도 전에 공명의 스페이스에서 코칭의 목적이 달성되고 끝나기도 한다. 라이프 코칭뿐만 아니라 비즈니스 코칭의 경우에도 마찬가지다.

어느 대기업의 남자 임원을 코칭할 때 "요즘 어떻게 지내셨어요?"라는 질문에 40분이나 자신의 억울한 심정을 이야기하며 눈물을 흘리는 경우를 보았다. 나이든 남자 임원이라는 이유 하나로 누구에게 말도 못하고, 그저 억울하고 답답하고 안타까운 마음만 가득 안은 채 얼마나 힘들었을까 싶어 한참을 그렇게 함께 있었다. 코칭 상대가 정말 말하고 싶고, 원하는 것을 알아내기 위해서는 여유의 공간, 침묵의 공간이 필요하다. 만약 그 임원의 마음을 제대로 읽지 못해 적당한 순간에 말을 끊으면서 "네, 그러셨군요. 그럼, 오늘은 어떤 주제로 코칭을 하면 좋을까요?" 하고 물었다면 어떻게 되었을까? 생각만 해도 아찔하다.

따라서 상대와 관계 형성을 위한 공명의 스페이스에서 가장 중요하게 생각해야 할 일은 상대의 마음과 '진동 주파수'를 맞추는 것이다. 코치들이 관계 형성을 위해 자주 사용하는 질문이 있다. "지난주 어떤 좋은 일이 있으셨나요?" 보통은 별 생각 없이 이렇게 질문한다. 그런데 상대가 지난 주 너무나 고통스러운 사건을 겪었다면, 상대는 이 질문을 어떻게 받아들일까? '좋은 일? 무슨 좋은 일? 팔자 좋은 소리 하고 있네!' 하며 마음속으로 강한 거부감을 가질 수도 있을 것이다.

또 상대가 힘든 일로 마음이 어두워져 있을 때, "요즘 날씨가 기가 막히게 좋죠?" 하며 대화를 시작한다면, 서로의 주파수가 어긋나게 된다. 어쩌면 상대방은 지독하게 쓰디쓴 경험으로 최악의 마음 날씨를 경험하고 있을 수도 있기 때문이다. 그러므로 코치는 공명의 스페이스에서 관계 형성을 할 때 바깥 날씨도 확인하면서 동시에 상대의 마음 날씨도 유의해서 살펴야 함을 기억할 필요가 있다.

만약 상대의 분위기가 모호할 때는 중립적인 대화로 시작하는 것이 좋다. "오늘은 비가 그쳤네요.", "오늘은 하늘이 맑아졌네요.", "지금 기분이 어떠세요?"라고 묻는 것이다. 마음이 어두운 상대에게는 "요즘 날씨가 기가 막히게 좋네요."라고 말하는 것과 "오늘은 비가 그치고 하늘이 맑아졌네요."라는 말은 다르게 느껴질 것이다. 때에 따라서는 실내에 있는 꽃 한 송이를 보면서 "참 신기하죠. 꽃이 매년 이렇게 아름다운 무늬로 활짝 피는 것을 보면요. 어떤 꽃을 좋아하세요?" 하면서 코치와 에너지를 교감할 수도 있다.

상대와의 공명에 실패한 코칭 사례를 하나 살펴보자.

코치: (두 번째 코칭 세션이다. 상대는 상태가 썩 좋아 보이지는 않았지만 웃고 있었다.) 요즘 어떻게 지내셨어요?

상대: 원래 제 별명이 불같은 남자라는 의미로 '파이어맨(Fireman)'인데요, 요즘은 좀 그렇지가 못하네요.

코치: 아, 그렇군요. 요즘은 '파이어맨'답지 못하고 에너지가 좀 떨어져 있으시군요. (이렇게 공감해주고, 지난 첫 번째 코칭 세션에서 이미 관계 형성이 잘 이루어졌다고 생각하고 이제 오늘의 코칭 주제로 들어가야 하는 마음으로) 오늘은 어떤 이야기를 하고 싶으세요?

이렇게 코칭이 시작되었고, 코치는 지난 번 상대와의 대화에서 이루어진 공감이 피상적인 수준에 불과했다는 것을 알지 못했다. 이로 인해 코칭 상대는 이번 세션에서 끝내 마음을 열지 못했다. 당연히 코칭은 실패했다. 그러면 성공적인 코칭을 하려면 어떻게 했어야 할까?

코치: (두 번째 코칭 세션이다. 상대는 상태가 썩 좋아 보이지는 않았지만 웃고 있었다.) 요즘 어떻게 지내셨어요?

상대: 원래 제 별명이 불같은 남자라는 의미로 '파이어맨(Fireman)'인데요. 요즘은 좀 그렇지가 못하네요.

코치: 아, 그렇군요. 요즘은 '파이어맨'답지 못하고 에너지가 좀 떨어져 있으시군요. 그런데 '파이어맨'이라는 별명에 특별한 의미가 있을 것 같은데, 무엇인가요?

상대: (물어봐 주어서 신난다는 듯이 이야기를 시작한다.) 아, 그거요? 무슨 의미냐 하면, 첫째는 불같은 에너지로 저의 모든 재능을 터트려서, 제가 하고 있는 분야에서 최고가 되어 사람들의 롤 모델이 되고 싶어요. 그래서 "와! 현수를 봐. 그는 내가 되고 싶은 롤 모델이야.' 이런 말도 듣고 싶어요. 둘째는 어려운 일이 생겨 우왕좌왕하고 있을 때, 내가 나서면 소방수처럼 한 번에 불길을 잡는 해결사 역할을 하고 싶기도 해요. 셋째는……, 이런 뜻이에요.

그는 '파이어맨'이라는 별명에 담긴 의미를 설명하는 가운데 처음 보였던 어두운 표정은 싹 가시고 '파이어맨'다운 표정과 목소리로 변하기 시작했다. 이렇게 긍정의 에너지가 공간에 흐르면 다음 질문으로 넘어가도 된다

코치: 와, 그런 깊은 의미가 있었군요. 아주 인상적이네요. 그런데 요즘 그런 '파이어맨'답지 못하게 만드는 어떤 일이 있었나요?

상대: (그는 요즘 '파이어맨'답지 못한 사연을 몇 가지 이야기했다.)

코치: 그런 일이 있으셨군요. 정말 안타까우셨겠네요. 그러면 오늘은 그중에서 어떤 이야기를 먼저 하고 싶으세요?

이렇게 코칭이 계속 진행되었다면, 상대방이 자신의 정체성을 '파이어맨'이라고 정의한 만큼, 그것을 전제로 원하는 상태와 현재의 고민, 그리고 그동안 생각하고 시도해본 것을 자연스럽게 이야기하며 그야말로 '파이어맨'다운 코칭이 되었을 것이다.

아슬아슬하게 공명에 성공한 사례도 하나 살펴보자.

어느 임원을 3주 만에 만났는데, 평소 긍정적인 사고를 가진 사람이라 코치를 기쁘게 맞아주었다. 그래서 "그동안 어떤 좋은 일이 있으셨나요?"라고 질문하려고 했다. 그런데 그날은 직감적으로 '좋은 일'이란 단어를 빼고 "그동안 어떤 일이 있으셨나요?"라고 물었다. 그의 대답을 들으면서 나는 정말 가슴을 쓸어내리지 않을 수 없었다. 왜냐하면 그가 애지중지하는 둘째 딸이 교통사고를 당해 몸의 반쪽 뼈가 으스러졌다고 했기 때문이다. 그는 그 이야기를 하면서 중간중간 눈물을 보였다. 나는 '오늘은 한 시간 내내 공감만 해주어야겠구나.' 하는 마음으로 코칭 진행을 미루고, 계속 공감과 수용만 해주었다. 그렇게 한 20분 정도 지나자 그가 스스로 반전을 하기 시작했다. 그리고 표정이 밝아지며 이렇게 말했다.

"그래도 다행스러운 것은 머리와 내장은 전혀 이상이 없다는 거예요. 요즘 기술이 좋아서 뼈는 다시 연결했고 필요한 부분은 인공 뼈를 일부 사용해서 수술이 잘 끝났어요. 또 고마운 것은 사고 낸 사람이 신속하게 조치를 해서 인근 병원으로 옮겨 바로 수술을 했다는 거예요. 정신을 잃은 딸을 조금이라도 늦게 병원에 데리고 왔다면 큰일 났을 뻔했다는 의사의 말을 들으니 그분이 너무 고마운 거예요. 그래서 아내와 저는 매일 감사기도를 드리고 있어요."

그 후 코칭이 종료된 후에도 그 임원은 그러한 공감 대화를 해준 것에 대해 감사 메시지를 보내주었다. 그날 만일 "그동안 어떤 좋은 일이 있으셨나요?"라고 물었다면 어떻게 되었을까? 아마도 두고두고 마음이 괴로웠을 것이다.

스페이스와 파티클

양자물리학에 스페이스와 파티클(Space & Particle)이라는 개념이 있다. 스페이스란 아무 것도 없는 것처럼 보이지만 무한한 가능성이 있는 공간이고, 파티클은 구체적으로 손에 잡히는 이슈나 문제, 내용을 말한다. 이 개념을 코칭에 적용하면서 독일의 쾰른 대성당이 떠올랐다. 쾰른 대성당은 독일에서 가장 잘 알려진 건축물 중 하나로, 1996년 유네스코 세계문화유산에 등재되었다. 유네스코가 쾰른 대성당을 일컬어 '인류의 창조적 재능을 보여주는 드문 작품'이라고 칭송했기에 매일 2만여 명의 관광객이 이곳을 찾아온다고 한다. 그곳에서 가장 인상 깊었던 것은 관광객으로 방문해서 보았던 쾰른 대성당의 창조적 건축 양식이 아니라 잠시 들른 성당 안에서 들은 주교의 짧은 강론이었다.

주교의 강론은 이런 내용이었다.

"우리는 죄의식 때문에 종교를 믿고 신을 생각하게 되는데, 그것은 잘못된 것이다. 대성당에 비유하자면, 이 큰 공간에 가득 찬 것이 사랑이라면 죄는 먼지 같은 것이다. 신은 우리에게 사랑을 주시며 사랑으로 살라고 하셨는데, 우리 인간은 정말로 사소한 죄 때문에 고통 받고 괴로워하며 신을 찾는 것이다."

닐 도널드 월시의 《신과 나눈 이야기》에서도 비슷한 메시지가 있다.

"신학에서 만들어낸, 고통과 저주의 장소로써 지옥은 없다. 하지만 우리는 자신의 선택과 결정이 어떤 영향을 미쳤고, 어떤 결말을 불러왔는지를 체험할 것이다. 심판의 과정이 아니라 성장과 진화의 과정이다."

코칭에서도 스페이스와 파티클 이론이 그대로 적용된다. 스페이스는 '공간'이고 파티클은 '입자'다. 대성당의 공간은 스페이스이고, 먼지는 입자다. 마찬가지로 사랑은 스페이스이고 죄는 입자로 비유된다. 스페이스는 아무것도 없는 것처럼 보이지만 무한한 가능성이 있는 공간이며, 파티클은 인간이 현실적으로 의식하고 있는 여러 가지 문제라고 이해할 수 있다. 놀이공원을 떠올려 보면 여러 가지 놀이 기구는 파티클에 해당하고, 공원의 분위기와 공간 배치는 스페이스다.

이를 코칭에 적용해보면, 코칭 상대가 제시한 이슈는 파티클이고, 코치와 코칭 상대 사이에 형성된 코칭 관계는 스페이스다. 코칭할 때 코치는 상대가 제시한 이슈를 해결해주는 게 아니라, 오히려 코칭 상대가 그 이슈의 주인이 되어 스스로 그 문제를 풀어가도록 믿어주고 지지해준다. 코치는 상대와 이런 코칭 관계를 만들어야 하는 것이다. 그래야 코칭 상대에게 진정한 변화가 일어나게 된다. 말하자면 코치는 파티클에 초점을 맞추는 것이 아니라 스페이스를 의식하면서 코칭할 때 다른 차원의 코칭을 할 수 있게 되는 것이다.

어느 임원이 성과를 내지 못하는 부하직원 때문에 고심하고 있다고 하자. 이럴 때 그 임원의 코치가 '이 문제를 어떻게 풀어나갈까?' 하고 고민하는 순간, 코치는 스페이스보다 파티클에 초점을 맞추게 된다. 이렇게 되면, 문제는 해결될지 모르지만 부하직원의 성장에는 도움을 주지 못한다. 왜냐하면 사람은 문제에 대해 자각하고 스스로 성찰을 해야 성장을 할 수 있는데, 코치가 그런 스페이스를 마련해주지 못했기 때문이다. 따라서 스페이스를 이해하는 코치라면 문제 해결을 향해 곧바로 접근하기보다는 공명의 스페이스를 활용해 전체를 바라보는 태도를 갖추어야 한다. 이를 그림으로 표현하면 다음과 같다.

파티클을 둘러싼 99% 이상이 스페이스다. 그런데 코치가 파티클에 집중하게 되면 파티클이 점점 크게 보이고 나중에는 파티클을 스페이스로 인식하는 착각에 빠지게 된다. 그러나 파티클은 파티클일 뿐이다. 상대의 삶은 스페이스와 더불어 성장한다. 불교에서 말하는 공(空, Nothing)이나 기독교에서 말하는 보이드니스(Voidness: 비어 있음), 그리고 광야를 말하는 나씽리스니스(Nothinglessness: 아무것도 없음)는 모두 '빈 공간'이나 '아무것도 없음'이라는 말로 정의된다. 그런데 이것의 진정한 의미는 '겉으로 보기에는 아무것도 존재하지 않지만(No-Thing), 잠재적으로는 모든 가능성이 존재하는 것'이다. 스페이스도 이와 같이 아무것도 보이지 않는 것 같지만 무한한 가능성이 존재한다.

그래서 성장을 위한 주제를 가지고 스페이스로 들어가면 그것은 새로운 에너지로 변화하게 된다. 부드럽고 형태가 없는 에너지 스페이스에 파티클을 가지고 들어가 머물면 다른 아이디어들이 생겨나기 때문이다. 때로는 문제를 해결하려는 파티클 패러다임으로는 접근이 안 되는 상태, 즉 문제 자체를 문제로 여기지 않게 하는 패러다임으로 전환이 되기도 한다. 또 하나 중요한 포인트는 이런 공간을 의식하게 되면 코칭 상대와 일정한 거리가 생기게 된다는 사실이다. 일정한 거리가 있으면 코치가 코칭 상대의 감정에 빠지지 않고, 상황을 객관적으로 바라보게 된다.

노자는 "천지 사이는 풀무와 같구나. 텅 비어 있지만 작용은 그치지 않고, 움직이면 움직일수록 생명력이 넘친다. 말이 많으면 금방 한계에 봉착한다."고 말해 기원전 6세기에 이미 코칭의 스페이스 이론을 설명하고 있는 셈이다. 장자는 "저 텅 비어 있음(空)을 보라. 빈 방에 빛이 드니, 길상(吉祥)이 머무는 곳이다."라고 했고, 차동엽 신부가 번역한 《Hi, 미스터 갓》에서는 '미스터 갓은 텅 비어 있다.'고 표현한다. 스페이스는 이렇듯 텅 비어 있는 듯하면서 무한한 가능성을 포함하고 있어 참으로 훌륭한 코칭 자원이 된다.

다음의 코칭 사례를 비교해보자. 상대는 대기업 취업시험 1차에 불합격한 사람이다.

▶ 파티클에 초점을 맞춘 코칭 사례

코치: 1차 시험에 불합격하고 나서 어떤 점이 부족함을 알게 되셨나요?

상대: 영어가 부족하다는 걸 알게 됐어요.

코치: 그럼, 앞으로 어떻게 하시겠어요?

상대: 영어 점수를 높이기 위해 영어 학원을 더 열심히 다녀야겠어요. 어휴, 빨리 이 시험을 끝내야 할 텐데…….

▶ 스페이스 코칭 사례

코치: (먼저 불합격한 마음을 충분히 공감해준다. 그리고 상대가 앞으로 나아갈 준비가 되어 있는지를 확인하고 나서) 그러면 먼저 한 가지 질문을 드리고 싶은데요,

10년 후 자신의 모습을 한번 상상해 보시겠어요? 어떤 모습이 떠오르세요?

상대: (멈칫거림. 눈앞에 닥친 시험공부만 열심히 했지, 10년 후 비전

에 대해서는 한 번도 생각해보지 않았기 때문이었다. 한참을 더 생각하다가) 출장 백을 들고 전 세계를 돌아다니는 비즈니스 맨의 모습이 떠오릅니다.

코치: 10년 후에 실제로 그런 삶을 살고 있다고 생각해보세요. 어떤 느낌인가요?

상대: 최고죠, 뭐. 정말 그렇게 되면 얼마나 좋을까요? 그게 어렸을 때 꿈꾸던 거예요.

코치: 그렇군요. 그러니까 이번 시험이 단순한 합격, 불합격의 문제가 아니고 더 큰 의미가 있네요.

상대: 와, 그렇네요. 이게 제 인생의 문제네요. 1년간 열심히 시험 준비하는 것이 앞으로의 내 미래 모습과 비교해보면 별 것도 아니네요. 정말 기쁘고 즐거운 마음으로 공부해야겠어요. 그리고 틈틈이 국제 비즈니스맨 역할에 대해서도 관심을 가져야겠네요.

코치: 자신의 미래를 더 큰 차원에서 바라보면서 생각의 전환을 이루셨네요. 축하드립니다.

스페이스를 활용하면 코칭 결과가 어떻게 달라지는지 두 사례를 통해 알 수 있다. 경우에 따라서는 주제 자체가 바뀌어버리는 경우도 생겨난다. 특히 그룹 코칭에서는 스페이스의 활용이 훨씬 더 중요하다. 그룹에서 제기된 이슈는 그룹원들의 적극적인 참여와 역동적인 분위기에 따라 해결 방향이 완전히 다르게 전개되기 때문이다. 개인 코칭과 달리 그룹 코칭에서는 사람을 이해하는 심리학과 그룹의 스피릿을 개발하기 위한 라포(rapport) 형성 기술이 더 많이 필요하다.

　조직이라면 그룹의 주제와 그룹 전체가 한 방향으로 정렬된 상태가 되어야 하고, 무엇보다 구성원 각자를 코칭 그룹으로 계속 유지시켜 나가기 위한 코치의 역량이 필요하다. 즉, 그룹 코칭을 진행하는 코치는 그룹 전체의 분위기, 에너지 상태, 상호작용의 흐름, 관계의 역동성을 지속적으로 면밀하게 관찰해야 한다. 그래서 먼저 스페이스적인 환경을 조성하고 난 후에 그룹이 해결할 문제를 풀어나가는 기법의 세련된 조화가 필요하다. 세상의 모든 원리가 그렇듯이 다른 사람 혹은 사물과의 관계에서 스페이스적인 사고와 태도를 갖추려면 결국 내 안의 스페이스를 인식하고 확장하는 것이 가장 중요하다.

공명을 일으키는 스페이스

　모든 물체는 저마다 고유한 진동수로 진동한다. 그런데 외부에서 그 물체의 진동수와 같은 파동이 들어오면 물체의 진동이 증폭된다. 이것을 '공명 현상'이라 한다. 진동수가 같은 소리굽쇠를 나란히 두고 한쪽을 울려 진동시키면 다른 쪽 소리굽쇠도 같이 진동하기 시작하는데, 이것 역시 공기를 매개로 한 소리굽쇠의 공명 현상이다. 한쪽 소리굽쇠를 더 가까이 가져오면 그 진동과 진폭도 커진다. 또 진동수가 같은 두 진동체가 서로 연결되어 있는 경우, 공명에 의해 서로 에너지를 교환하게 된다. 고층건물이나 교량, 기다란 회전체 등에서 이런 현상이 일어나면 커다란 이상 진동이 생겨 건물이 무너지는 경우도 있다. 2011년 테크

노마트에서 건물이 진동해 대피 소동이 일어났는데, 그 원인은 놀랍게도 12층 피트니스센터의 '집단 뜀뛰기'에 의한 공진 현상으로 결론이 났을 정도로 공명의 에너지는 강력하다.

티베트나 네팔을 여행하다 보면 '싱잉 볼(Singing Bowl)', 즉 노래하는 그릇을 자주 접하게 된다. 싱잉 볼을 살짝 때리고 그 음의 끝자락을 따라 나무막대로 그릇의 둘레를 돌리면 공명 정도에 따라 점점 크고 깊고 은은한 소리가 난다. 이러한 소리 공명을 만들어내는 데 중요한 요소는 그 음의 진동수에 맞춰 그릇을 돌리는 나무막대의 속도를 조절하는 것이다. 너무 천천히 돌리면 우아한 울림이 사라져 버리고, 너무 빨리 돌리면 소리가 사나워지거나 죽어 버린다.

이러한 공명 현상을 코칭에서는 어떻게 경험할 수 있을까? 사람의 가슴은 원래 공명통이다. 살아오면서 친구나 가족의 사연을 듣거나, 영화를 보고 소설을 읽으며 웃고 울며, 내 일인 것처럼 공감하고 분노하고 슬퍼했을 것이다. 그 기억들을 되살려 보면, 우리네 가슴은 원래 공명통이라는 사실을 쉽게 알 수 있다. '원래 공명통'인 우리의 가슴이 누군가와 만나 공명이 이루어지면 더욱 큰 에너지를 만들어 내는 것이다. 코칭에서 이런 역할을 하는 곳이 바로 공명의 스페이스다. 그러므로 코칭을 할 때 스페이스 영역에서 할 일을 그냥 지나쳐 바로 코칭의 장으로 들어가서는 안 되는 것이다.

상대에게 헌신하는 공간 '만트라'

'만트라(Mantra)'는 상황을 변화시킬 수 있는 마법의 힘(Magic Power to change the situation)을 가진 언어다. 언어적으로 보면 만트라는 단순한 문장이나 단어에 불과하지만, 적절한 상황에서 진정성을 가지고 내면의 소리로 말하면 특별한 힘과 의미를 가진 '만트라'가 되는 것이다. 나는 전문코치 트레이닝을 받는 사람들에게 코칭을 시작하기 전에 반드시 '만트라를 하라.'고 권유한다. 주로 '나는 당신을 위해 여기에 있습니다.(I am here for you.)'라는 만트라를 권한다. 이 말은 곧 '나는 당신의 문제를 위해 여기 있지 않습니다.(I am NOT here for your Issue.)"라는 의미이기도 하다.

사랑하는 사람에게 줄 수 있는 최고의 선물은 함께 있어 주는 것이다. 그런데 우리는 너무나 바빠서 사랑하는 사람과 함께 있을 시간이 없다. 식사 시간에도 사랑하는 사람들을 쳐다볼 시간이 없다. 휴대전화나 TV를 볼 시간은 있는데도 말이다. 아이들은 비싼 장난감을 사주는 대신 아빠가 함께 놀아주기를 더 바랄 것이다. 우리가 너무 바빠서 가족과 아이들과 함께 있는 시간을 내지 못한다면, 우리는 진정 그들을 사랑한다고 말할 수 있을까?

코칭을 할 때도 코치가 상대와 존재로서 함께 있는 공간이 필요하다. 몸이 함께 있을 뿐 아니라 마음과 영혼의 존재로 함께 있어야 한다. 그러기 위해서는 상대를 만나기 전에 만트라로 자신의 영혼을 명징하게 씻어낸 후 시작하는 것이 좋다. 즉, '나는 코칭 시간을 더 늘리거나 돈을 벌기 위해 여기 있는 것이 아니라, 오직 당신을 위해 여기에 있습니다.'라는 마음의 준비를 하는 것이다. 코칭 과정에서 나는 코치로서 내 존재를 상대에게 주는 것이다. 진정한 공감(compassionate)의 관계가 되기 위해서는 내 존재를 먼저 상대에게 주어야 한다.

또 다른 만트라 중의 하나는 '나는 당신이 여기에 있음을 압니다. (I know YOU are here.)'이다. 이 만트라 역시 상대를 문제 해결의 대상으로 보는 게 아니라, 그냥 존재로 여기에 있음을 인정해주는 말이다. 이런 존재의 인정이 코치에게 마음으로 경청을 하게 만든다. 상대가 어떤 행동이나 선택을 잘했을 때 칭찬을 넘어 그의 존재를 인정할 수 있게 하는 것이다.

이러한 마음을 깨어 있는 '온 마음(mindfulness)'이라고 한다. '온 마음'은 코칭 과정에서 일어나는 일들을 제대로 보고 바르게 받아들일 수 있게 도와준다. 깨어 있는 온 마음은 코치와 상대를 순간순간 함께 춤추게 한다. 이 마음은 자칫 코칭이 문제 해결로만 흘러갈 수 있는 위험한 순간에 지금 이곳에서 존재 간의 만남으로 되돌아오도록 돕는 힘이 된다.

그러므로 코칭 대화를 시작하기 전, 코치는 공명의 스페이스에서 다음의 만트라를 되뇌이고 시작하면 좋겠다. 숨을 들이마시며, '나는 지금 이 순간 당신을 위해 여기에 있습니다.' 숨을 내 쉬며, '나는 당신이 존재로서 여기에 있음을 압니다.'

2. 체계화된 커뮤니케이션 프로세스

문제를 정의하고 이슈를 찾아라(Em: Emphasis)

공명의 스페이스에서 인식과 행동의 변화를 일으키는 코칭의 장으로 들어가기 위해서는 명료한 주제(Issue/Topic)를 가져야 한다. 코칭 커뮤니케이션 과정은 조직에서 일반적으로 진행하고 있는 수행 공학과도 연결되어 있다. 유희찬 PwC컨설팅 전무는 "대부분 조직에는 많은 TF(Task Force)팀이 돌아가고 있다. 그만큼 어느 조직이나 일상적인 업무 외에 별도로 해결해야 할 이슈가 많다는 이야기일 것이다. 그런데 통계적으로 보면 수많은 TF팀이 소기의 성과를 내지 못하고 해체된다."고 말한다. 그 원인이 무엇일까? 당초 계획보다 비용이 많이 들 수도 있고, 프로젝트 관리를 잘못했을 수도 있다. 그런데 더 근본적인 원인은, 그 일을 어떻게 잘할 것이냐(How)의 문제가 아닌 무엇을 할 것인가(What)에 대한 문제 설정이 처음부터 잘못된 경우가 많다고 한다.

코칭에서도 상대가 원하는 무엇(What)에 관련되는 주제(문제)를 정의하고 이슈를 함께 찾아내는 것이 중요하다. 만약 주제(Issue/Topic)가 잘못 설정되고, 정의되면 그 뒤의 코칭은 의미가 희석된다. 즉, 문제 해결 프로세스나 수행 공학 프로세스나 코칭 커뮤니케이션 프로세스나 인식과 행동의 변화를 일으키는 점에서는 유사하다. 그러나 공명의 스페이스에서 코칭은 주제가 없어도 관계 형성을 위한 대화가 이루어질 수 있다는 것을 앞에서 설명한 바 있다.

문제 해결 과정이 흥미롭게 전개되는 책이 있다. 엘리 골드렛과 제프 콕스의 《더 골(The Goal)》이다. 이 책은 공장의 문제를 해결하는 과정을 다루고 있다. 외부인인 요나 교수라는 사람이 질문하고, 알렉스 공장장이 답변하는 과정에서 해결책을 찾아냄으로써 문제를 해결해나간다.

외견상으로 보면 모든 문제의 답은 공장 사정에 정통하고 경험이 많은 알렉스가 찾은 것으로 보인다. 하지만 알렉스는 요나 교수를 만나기 전에는 문제의 핵심이 어디에 있는지를 몰라 답을 찾을 수 없었다.

문제를 정확히 진단하는 일은 경험이 아닌 사고의 영역이기에, 풀어야 할 문제를 정확히 정의하는 데 어려움을 겪은 것이다. 조직의 문제를 풀어나가는 이 책의 내용은 코칭과 컨설팅이 잘 조합된 문제 해결 프로세스라고 할 수 있다.

코칭 커뮤니케이션을 시작할 때 보통 다음과 같은 주제 확인 질문을 하게 된다.

- 오늘 어떤 이야기를 나누고 싶으세요?
- (비즈니스 조직에서 미리 공유된 업무가 있다면) 오늘 이것에 대한 이야기를 나누고 싶은데 괜찮으신가요?
- (주제가 크거나 모호할 때) 좀 더 구체적으로 이야기해주시겠어요?
- 주제를 다시 정리하면 무엇이라고 말할 수 있을까요?
- 그것을 코칭 주제로 정하게 된 배경에 어떤 상황이 최근에 있었나요?

- 오늘 코칭이 끝났을 때 무엇을 가져가고 싶으세요?
- 그 주제를 어떻게 정의하시겠어요?
- 그것을 반대로 정의하면 어떻게 표현할 수 있을까요?
- 그 주제가 해결된다는 것은 당신에게 어떤 의미가 있나요?
- 그 주제와 관련된 당사자들에게는 어떤 영향이 있을까요?

이슈를 구조화하면 이야기하고자 하는 핵심 포인트가 보인다. 보스톤 컨설팅사에서는 이것을 '골드 포인트'라고 한다. 일반적으로 코칭 상대는 처음에 크고 넓은 주제를 잡는다. 따라서 상대가 큰 주제를 갖고 시작하면 그것을 구체화하는 작업(Chunk Down)을 해야 한다. 만일 상대가 임원인데 코칭 주제를 '어떻게 하면 부서 내의 저성과자를 효과적으로 육성할 수 있을까?'라고 한다면, 주제가 상당히 광범위하다.

이 주제로 워크숍을 해도 2~3일은 걸릴 것이다. 저성과자를 육성하는 데는 고려해야 할 요소가 그만큼 많기 때문이다. 그러니 제한된 시간 내에 코칭 프로세스를 마칠 수가 없다. 주제가 이렇게 막연하거나 너무 크고 넓으면 여러 개의 중요한 초점이 동시에 다루어지기 때문에 대화의 흐름이 흐트러지고, 무엇보다 변화와 성장을 위한 목표 설정과 실행, 책무 관리를 다루기가 어려워진다.

만일 이 내용을 주제로 코칭을 한다면, '저성과자를 육성하기 위해서는 여러 가지 고려해야 할 사항이 많다.'는 점을 알아차리고, 맨 먼저 무엇에 집중할지, 어떤 단계로 진행할지, 지금 이 시간에는 무엇을 다룰지를 차근차근 좁혀가야 한다. 한 번으로 끝나는 코칭이라면 그 시간 안

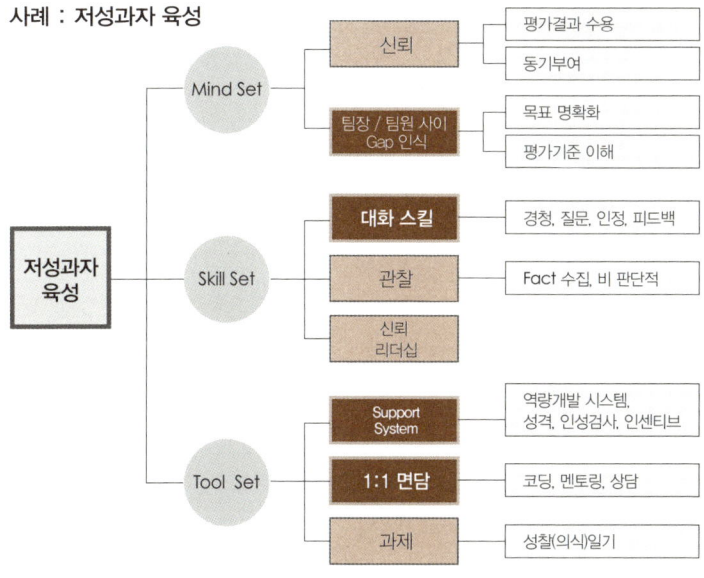

— 석진오 전문 코치 제공

에 다룰 수 있게 초점을 좁혀야 하고, 연속되는 코칭이라면 단계별로 어떻게 풀어나갈지에 대한 합의가 이루어져야 한다. 포괄적인 이야기는 포괄적으로, 구체적인 이야기는 초점이 맞춰진 코칭 대화로 진행하는 것이 중요하다. 그러므로 정해진 시간 안에 효과적인 결과를 얻어내기 위해서는 초점이 맞춰진 주제(Issue)를 선정하는 것이 가장 중요하다.

코치는 큰 주제가 나왔을 때 다음 그림과 같은 구조화된 생각의 틀을 가지고 있으면 도움이 된다. 상대가 주제로 제시한 문제가 있다면, 그 문제를 구성하고 있는 것은 무엇인가? 즉, 코칭 상대 자신에 관한 것인지, 아니면 타인에 관한 것인지를 살펴보아야 한다.

코치가 주제를 명료화하고 핵심 주제를 찾는 과정은 다음과 같다.

- 최우선적으로 풀어야 할 과제를 정의한다.
- 그 주제를 중심으로 관련된 사항을 종/횡으로 전개하고 구조화한다.
- 상대가 정말 원하는 포인트를 찾아 그것을 주제로 정한다.
- 주제가 정해지면 코칭이 끝날 때까지 성취 과정의 확인이 필요하다.

이 과정은 깔때기의 역할과 같다. 처음에는 여러 가지 다양한 요소가 포함되지만 나중에는 하나의 주제가 선택되기 때문이다. 이 과정에 따라 위에서 예로든 '저성과자 육성'이라는 주제를 가진 임원과 코칭을 진행한다면, 먼저 이 도표에서와 같이 이슈를 분류해서 정리한 후 빨간 사각형으로 표시한 부분을 실행하기로 할 수 있다. 그리고 실행 우선순위에 따라 저성과자에게 '어떻게 하면 효과적으로 피드백을 잘해줄 수 있을까?'를 우선 주제로 삼아 코칭을 진행할 수 있을 것이다. 코칭 시간마다 이렇게 하기는 어렵겠지만 코치가 이러한 논리적 틀을 머릿속에 정리하고 있으면 코치 자신과 상대에게 모두 큰 도움이 될 것이다. 즉, '저성과자 육성이란 무엇을 의미하는가?', '그렇게 하기 위해서는 어떤 요소들이 필요한가?' 등을 물어보면 상대에게서 관심 키워드가 나오게 된다. 코치는 그 키워드를 중심으로 핵심 주제에 접근하면 되는 것이다.

어떤 CEO는 처음 코칭 주제로 "사업 전략에 대해 이야기하고 싶다."고 했다. 그러면서 표정이 우울해 보였다. 그래서 "말씀하시기 어려운 주제인 모양이네요. 무엇을 위한 사업 전략을 이야기하고 싶습니까?" 하고 물었다. 그랬더니 그는 놀랍게도 "사업을 철수해야 하는데, 어떻게 하면 사람들에게 상처를 주지 않으면서 사업을 철수할 수 있을까?"로 좁혀가더니 "사업 철수의 어려운 상황에서 어떻게 하면 사람의 마음을 얻을 수 있을까?"로 정하고 진행했다. (석진오 전문코치 제공)

이렇게 비유해보자. 볼펜 5~6개를 손에 들고 상대방에게 한꺼번에 던져준다. 상대는 하나도 제대로 붙잡기 어려울 것이다. 그러나 하나씩 던지면 잘 잡을 수 있다. 코칭에서도 역시 작은 주제가 여러 개 포함된 큰 주제로 코칭하면 이렇게 된다. 그러므로 주제를 확인하는 단계에서는 큰 주제를 잘게 나누어 초점을 정확히 맞추어야 하고, 이어서 주제를 정확히 정의하고, 이 주제가 정말 내가 풀어야 할 문제인지, 엉뚱한 문제를 해결하려고 노력하는 것은 아닌지를 끊임없이 확인하고 명료화하는 작업이 선행되어야 한다. 그래야 문제를 푸는 일에 시간과 노력을 절약할 수 있다. 주제를 정의하고 핵심 이슈를 찾는 일이 그만큼 중요하고 어려운 일이다.

주제가 상대에게 미치고 있는 현 상태를 점검하라(P: Present)

대부분의 코칭 상대는 주제를 이야기할 때 현 상태에 대한 이야기를 같이 하게 된다. 그 주제를 내놓게 된 배경이나 내용, 더불어 그 문제가 직면하고 있는 어려움 또는 자신의 감정 상태 등을 말한다. 공감 부분에서 다룬 바와 같이 상대가 감정의 늪에 빠졌을 때는 앞으로 나아갈 수가 없다. 그렇기에 충분히 공감을 해주고 에너지를 높인 다음에 넘어

가야 한다. 상대의 마음속에 섣불리 말하지 못하는 복잡한 내면의 실타래가 얽혀 있을 수 있는데, 이를 충분히 풀어내지 못한 상태에서 '원하는 목표가 무엇인가?'를 질문하면 상대가 당황할 수 있기 때문이다. 그러므로 한국적인 정서에서는 목표에서부터 대화를 시작하는 것보다는 현 상태에서부터 출발하는 것이 바람직하다. 동양권에서 활동하고 있는 외국인 마스터 코치와 이야기를 해보아도 목표보다는 현재에서부터 시작하는 과정을 밟고 있다고 한다. 비즈니스 코칭은 현재에서 출발해 목표를 거쳐 다시 현 상태를 바라보는 과정도 도움이 된다.

코칭 과정에서 감정 표현이 나오면 충분히 공감해주고, 주제와 현 상황에 대해 코치가 분명히 이해가 되지 않을 때는 다시 설명해달라고 요청하는 것이 훨씬 낫다. 정확히 이해하지 못하고 대화가 진행되면 어디에선가 그 이해하지 못한 부분이 드러나게 된다. 때문에 이해하지 못한 부분을 처음부터 솔직하게 물어서 확인해야 한다. 그런 의미에서 솔직함은 코치에게 중요한 미덕이다.

비즈니스 이슈일 경우에는 현 상태 분석에 대한 자료를 기반으로 이야기를 시작하고, 그 가운데서 정말 고민되는 이슈를 찾아가면 된다. 라이프 코칭일 경우, 현 상태와 관련된 이야기를 하면 감정적인 부분이 조금 더 많이 나타나게 된다. 감정적인 부분이 나타나면 일단 공감하면서 공명의 스페이스에 함께 머무를 필요가 있다. 그렇지 않고 코칭의 장으로 진입하면 신뢰가 떨어지고 상대가 더는 마음을 열지 않게 된다.

주제와 관련해 현재 상태를 점검하는 질문들은 다음과 같다.

− 이 주제와 관련해 현재 상황은 어떤가요?

- 언제 그런 경우가 나타나지요?
- 언제 그런 상황이 일어나지요?
- 자신은 이 상황을 어떻게 느끼나요?
- 지금까지 고민해본 결과는 무엇인가요?
- 이 주제가 미치고 있는 파장은 어디까지인가요?
- 그러한 상황이 발생하는 원인이 무엇이라고 생각하나요?

상대가 감정에 빠져 현재 상태에서 헤어나기 어려운 경우에는 '셀프 디스턴싱(Self-Distancing) 기법을 활용하면 도움이 된다. 감정에 빠져 있는 자기에게 거리를 두고 제3자로 바라보는 것이다.

특히 상대방이 깊은 슬픔, 분노, 두려움 등 부정적인 감정에 빠져 있을 때는 자기를 객관적으로 바라보고 성찰하는 시간이 필요하다. 이때는 다음과 같은 질문으로 스페이스를 만들어 줄 필요가 있다.

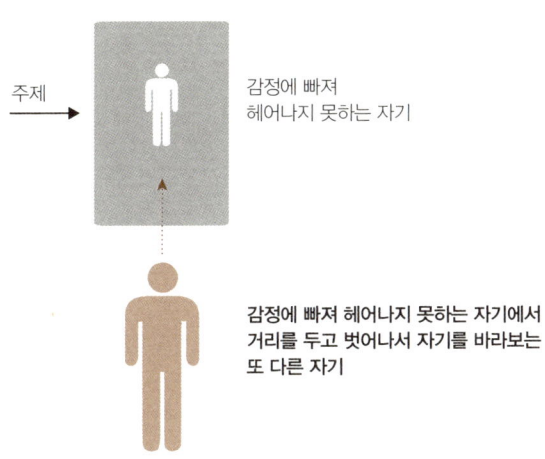

- 저런 상황 때문에 힘들어 하는 자신을 한 걸음 떨어져서 바라보면 어떻게 느껴지나요?
- 저렇게 힘들어 하는 자신에게 뭐라고 말해주고 싶으세요?
- 자신에 대한 사랑과 격려를 행동으로 표현해보시겠어요?
  (예를 들면, 안아주기, 손 잡아주기, 사랑의 에너지 보내주기 등)

라이프 코칭에서는 이 과정을 통해 상대가 상황과 자신을 객관적으로 바라볼 수 있게 되고, 또한 자기 자신의 위로와 격려를 통해 새로운 에너지를 얻는 경우가 많다. 또한 감정에 매몰되어 보이지 않던 해결책도 스스로 찾아내게 된다. 객관적 성찰이 잘 되면 현 상태에서 문제가 해결되고 코칭이 끝나는 경우도 있다.

커뮤니케이션 목표를 설정한다(O: Objective-Goal)

다음으로 목적을 설정해보는 단계다. 목적에는 목표와 의미가 포함되어 있다. 우선 목표를 확인하는 질문에는 다음과 같은 것이 있다.

- 원하는 것이 무엇인가요?
- 정말로 원하는 것은 무엇인가요?
- 이 상황이 어떻게 되기를 바라나요?
- 그것이 얼마나 중요한가요?
- 코칭이 끝났을 때 무엇을 가져가고 싶은가요?

- 어떻게 되면 이 목표가 이루어졌다고 할 수 있나요?
- 코칭이 끝나고 손에 잡히는 결과를 가지고 간다면 그것은 무엇인가요?

목표를 설정할 때 코치가 반드시 유념해야 할 사항이 있다.

첫째, 긍정적인 문장으로 표현하도록 해야 한다.

우리의 뇌는 우리의 생각과 언어에 의해 움직인다. 그리고 그 뇌는 부정어를 인식하지 못한다. 쉬운 예로, "하얀 사과를 생각하지 마." 하면 무슨 생각이 떠오르는가? 하얀 사과가 먼저 떠오른다. 따라서 긍정적인 언어 표현과 연상이 중요하다. 그래야만 상대가 원하는 방향으로 의식과 행동이 바뀌고 실제로 이루고 싶은 것을 이루게 된다. 목표를 부정적 언어로 표현해 '야단치지 않는 아버지 되고 싶다.' 또는 '무능한 매니저가 되지 않았으면 좋겠다.'라고 하면, 그 문장을 다시 긍정적으로 표현해보라고 요청해야 한다.

그리고 야단치지 않는 아버지의 모습에도 여러 가지가 있다. '때리지 않는 아버지, 욕하지 않는 아버지, 화내지 않는 아버지'처럼 말이다. 그러니 더 구체적이고 긍정적인 표현을 요청해야 한다. '친구 같은 아버지가 되고 싶다.'고 하면 그때는 목표에 대한 초점이 맞춰진 것이다. 또한 무능한 매니저가 될까봐 두려워하는 사람에게도 '어떤 모습의 매니저가 되고 싶은가?'를 물어보았을 때 '부하 직원을 임파워시켜 성과를 내는 매니저가 되고 싶다.'라고 말한다면, 그는 자신이 할 일을 분명히 알기 시작한 것이다.

둘째, 자신의 통제하에 있어야 한다.

상대가 원하는 목표가 있는데 그것을 '만약 여건이 허락한다면 …… 하고 싶다(If……then)'라고 표현한다면, 여건이 개선되지 않는 한 코칭의 효과는 기대할 수 없다. 그러므로 이런 경우에는 자기 통제하에 있는 목표를 세워야 한다. 기업에서 코칭을 하다보면 종종 '상사가 리더십을 제대로 갖추었으면 좋겠다.'고 말하는 경우다. 이런 목표는 자신의 통제 범위에 들어 있지 않다. 이를 자신의 통제하에 있는 목표로 바꾼다면 '어떻게 하면 현재 상사의 리더십 스타일에 적응해 바람직한 성과를 낼 수 있을까?'로 바꾸어서 코칭하면 목표에 대한 성과도 가능하게 된다.

셋째, 목표가 이루어졌는지를 측정 가능/검증 가능해야 한다.

넷째, 자신의 목표가 다른 사람들의 목표나 바람직한 상태를 방해해서는 안 된다.

다섯째, 목표가 이루어진 상태를 신체 감각을 활용해 표현할 수 있으면 더욱 좋다.

'그것이 이루어졌을 때 어떤 장면이 보이는가?', '주변에 누가 있는가?', '무엇이 들리는가?', '내면에서는 어떤 소리가 들리는가?', '어떤 느낌인가?' 등으로 말이다.

여섯째, 기대 목표를 비유로 표현하게 되면 더 많은 가능성의 영역으로 코칭을 진전시킬 수 있다. '목표가 이루어졌을 때의 모습을 비유로 표현하면 무엇인가요?'

일곱째, 기대하는 목표 너머의 목표를 이끌어낸다.

현재와 기대 목표 사이의 간격 확인하기

목표를 설정하고 주제를 명료화하면 주제에 대한 현 상태와 목표 사이의 갭(Gap: 간격)을 확인할 수 있다. 갭을 확인하면 현재 상태를 분

토픽/이슈 :

명히 인식하고, 목표 달성에 필요한 행동을 유발하게 된다. 그러니 갭을 줄이는 것은 바로 상대가 목적지에 도달하도록 돕는 일이다. 상대가 그 갭을 확실히 인식하면 그 갭을 스스로 극복하게 된다. 앞에서 진행했던 현 상태와 기대 목표를 분명히 하는 것 역시 갭을 확인하는 매우 중요한 단계다.

갭을 확인할 때는 다음과 같은 대비 언어나 수치를 사용할 수 있다.

코치: 원하는 기대 목표가 무엇인가요?
상대: 국제 비즈니스를 할 정도의 영어 수준입니다.
코치: 목표를 기준으로 현재는 어느 정도의 수준인가요?

(이때 상대는 두 가지 표현을 할 수 있다.)

상대: 아마추어 수준 또는 여행용 영어 정도만 가능한 수준입니다. 10점 만점에 4점 정도입니다.

코치: 금년 말까지 어느 수준까지 올리시겠어요?

상대: 글로벌 비즈니스 영어가 가능한 수준까지요. 금년 말까지 8점까지 올리고 싶어요.

코치: 그럼 '어떤 상태에서 어떤 상태로' 가고 싶은지 정리해서 말한다면요?

상대: 아마추어 수준에서 글로벌 프로페셔널 수준으로 가는 것입니다. 4점에서 8점까지 올라가는 것입니다.

이러한 갭을 확인하는 또 다른 프로세스를 요약하면 다음과 같다.

1. 상대방의 이슈를 경청한다.
2. 현재 상태는 어떤지 질문한다.
3. 그것을 한두 마디로 요약하도록 요청한다.
4. 원하는 상태를 질문한다.(목표, 변화)
5. 그것을 한두 마디로 요약하도록 요청한다.
6. A에서 B로 가는 형식의 문장으로 표현하도록 요청한다.

갭을 확인하고, 전환을 이루기 위해 사용하는 기타 대비 언어는 다음과 같은 것들이 있다. (코치 U의 'Core Essentials Program'에서 일부 참조)

- 사물 패러다임에서 사람 패러다임으로
- 일 중심에서 일과 삶의 균형으로
- 의존성에서 상호 협력으로
- 갈등에서 조화로
- 혼란 상태에서 초점이 명확한 상태로
- 단순한 성과 중심에서 의미 있는 결과로
- 성장에서 개발로
- 무기력한 삶에서 활기찬 삶으로
- 안전한 공간에서 도전의 공간으로
- 참관에서 참여로
- 통제에서 임파워링으로
- 나 중심에서 상대방 중심으로
- 부족의 심리에서 풍요의 심리로
- 대처하는 사람에서 영향력 있는 사람으로

이러한 대비 언어를 사용함으로써 주제가 명료해지고 그것을 표현하는 순간부터 머릿속에서는 이미 대안을 찾기 시작한다. 갭을 확인한 후 이어지는 코칭 과정을 계속 따라가 보자.

코치: 글로벌 프로페셔널 수준으로 올라가거나, 4점 수준에서 8점 수준으로 올라가면 당신에게 어떤 가능성이 펼쳐지나요?

상대: 글로벌 고객을 아무 부담 없이 편안하게 만나고, 국제전화도 자유롭게 할 수 있어서 글로벌 네트워크가 많이 확장될 것 같습니다.

코치: 목표도 명확하게 했고, 의미와 가치도 확인했으니 이제 어떻게 할지 방법을 찾아볼까요? 우선 어떤 방법을 구상하고 있나요?

목표 너머 의미와 가치로 확장한다(O: Objective-Meaning)

목적을 설정하는 단계의 두 번째는 목표를 너머 의미를 확장하는 단계다. 애플의 놀라운 성공 비밀은 '고객이 진정으로 원하는 것이 무엇인지', 그래서 '본인들이 풀어야 할 문제가 무엇인지'를 정확히 정의한 것이라고 한다. 많은 MP3 플레이어 제조업체가 '상대는 어떤 기능을 원하는가?'를 문제로 설정하고, 3D서라운드 입체음향, 옆면 유저키, 어학 기능 등 기능 개선에 집중할 때, 애플은 '고객의 목적은 무엇일까?'를 문제로 설정하고 원하는 음악을 바로 들을 수 있는 아이튠즈(iTunes) 생태계를 창출하는 답을 내놓았다.

원하는 상품에만 초점을 맞추지 말고, 그 너머에 있는 의미와 목적을 계속 확장해 나가다 보면 새로운 경계를 만나게 된다는 것이다. '모든 경계에는 꽃이 핀다.'고 하지 않는가.

골든 서클(Golden Circle)

동기부여에서 가장 중요한 것은 '왜?'에 대한 명료함이다. 카이스트의 뇌과학자 김대식 교수는 학생들에게 "왜 이 학과에 들어 왔느냐?"라고 물어보면 자기 내면의 얘기를 하는 경우가 거의 없다고 한다. '아버지가 권하셔서', '성적이 그 정도 되니까', '가까운 친구가 가니까' 등의 답변이 주를 이룬다고 한다. 학생들에게 아직 '왜?'에 대한 명료함이 없는 것이다. 그는 무슨 일을 할 때 '내가 왜 그 일을 해야 하는가?'에 대한 내적 동기요소가 우선적으로 필요하다고 강조한다. 뇌가 '왜' 해야 하는지를 이해하면 다음에 '무엇을, 어떻게' 해야 하는지는 스스로 찾기 시작한다는 것이다.

어떤 일을 '왜' 하는지를 모르고 그냥 했을 경우 엉뚱한 방향으로 가는 경우가 많다. '왜 하는지'에 대한 답을 알면 큰 방향도, 내부 동기도 계속 유지됨으로써 원하는 일을 성공적으로 할 수가 있다. 만일 '왜' 해야 되는지를 모르면, 다시 말해 내부 동기가 없거나 약하면 외부 동기가 필요하다. 외부에서 끌고 밀고 설득하는 과정이 필요한 것이다. 그런데 이 과정에서 엄청난 에너지가 낭비되고, 그 결과도 어느 수준 이상을 넘지 못한다고 한다.

《나는 왜 이 일을 하는가?(Start with Why)》의 저자 사이먼 사이넥은 이러한 문제의 해결책으로 '골든 서클(Golden Circle)'을 제안한다. 그 구조는 단순하다. 3개의 동심원이 있고 그 중심에 '왜'가, 그 바깥에 '어떻게'가, 마지막에 '무엇을'이 자리잡고 있다.

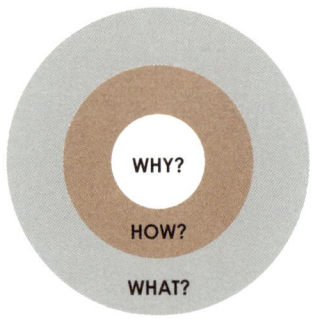

The 'Golden Circle' from Simon Sinek

모든 기업과 조직은 자신들이 '무엇'을 '어떻게' 하는지에 초점을 맞추어 일을 진행하기 때문에 의사결정도 '무엇'을 '어떻게'의 수준에서 이루어진다. 대부분의 코칭 커뮤니케이션에서도 문제를 풀려고 하는 사람은 서클의 바깥쪽 즉, '무엇'에서 시작해서 '어떻게' 쪽으로 들어간다. '무엇'에 대해서는 늘 이야기할 준비가 되어 있다. '어떻게'에 대해서도 어느 정도 아이디어가 있다. 그런데 근본적인 질문인 '왜'에 대해서는 대답하기 어려워한다. '왜'라는 질문을 별로 받아본 적도 없고, 생각해 본 적도 없기 때문이다.

흥미로운 점은 '골든 서클'은 단순한 커뮤니케이션 기법이 아니라, 인간 행동의 진화와 밀접하게 관련되어 있는 '생명의 원리'라는 것이다. 사이먼 사이넥이 뇌과학을 활용해 '골든 서클'을 설명하는 부분이 재미있다. '어떻게'와 '왜'는 뇌의 변연계에 해당되고 '무엇'은 신피질에 해당된다. 신피질은 합리적이고 분석적인 사고와 언어를 담당한다. 변연계는 감정을 담당하면서 동시에 인간의 모든 행동과 의사결정을 담당하기도 한다.

사실 많은 기업이나 조직이 처음에는 '왜'로 시작한다. 그런데 훌륭한 조직만이 시간이 지나도 '왜'를 명료하게 유지한다. 창업의 이유를 잃어버린 조직은 세상에 기여하고 자기 자신을 이기기 위해서가 아니라, 다른 누군가를 능가하기 위해서 매일매일 경주에 나선다. 왜 경주에 나서는지 이유를 잃어버린 사람들이 생각할 수 있는 목표는 다른 누군가를 앞지르는 것뿐이기 때문이다.

코칭에서 상대의 성장을 위해 동기부여하고 지속적으로 지원하려면 '왜'에서 출발하고, '왜'를 확인하고, '왜'를 확장하면서 '무엇'과 '어떻게'를 연계시키는 것이다. 이제부터 코치의 역할은 '왜'라고 질문하는 것, 바로 '스타트 위드 와이(Start with Why)'라는 새로운 역할을 부여받는 것이다.

와이 모티베이션(Why motivation)

어느 임원이 '와이 모티베이션(Why motivation)'이라는 방법을 사용하고 있다고 했다. 그게 무엇이냐고 물어보니 그의 대답은 간단하다.

첫째, 부하직원에게 지시할 때도 Why를 포함해 지시한다. '이 업무의 목적은 ……이고, 이 일의 배경에는 ……이 있고, 이 일에서 궁극적으로 기대하는 결과는 ……이다.'라고 한다는 것이다. 만일 상사가 잊어버리고 그것을 얘기하지 않으면 부하직원에게 '이 업무의 목적은 무엇입니까? 이 일의 배경에는 무엇이 있습니까? 이 일에서 궁극적으로 기대하는 결과는 무엇입니까?'를 물어보라고 요청한다고 했다.

둘째, 부하직원이 보고할 때도 '이 업무의 목적은 ……이고, 이 일의 배경에는 ……이 있고, 이 일에서 궁극적으로 기대하는 결과는 ……이다.'를 포함하여 보고하라고 요청한다.

셋째, 수평적인 업무협조를 할 때도 '이 업무의 목적은 ……이고, 이 일의 배경에는 ……이 있고, 이 일에서 궁극적으로 기대하는 결과는 ……이다.'를 반드시 포함시킨다고 했다.

그에 따르면 이렇게 Why의 공유를 활성화함으로써 제때 정확한 정보를 가진 상황에서 일할 수 있게 하여 효율성을 높이고, 역량과 시간, 노력을 필요한 일에 집중시킬 수 있었다고 한다. 또 일의 목적과 핵심 전달을 한 번 더 고민하면서 소통의 통로를 넓히고 조직의 변화를 추구할 수 있었다고 한다. 즉, Why로 내적 동기를 강화해 에너지 낭비를 예방할 수 있었다는 것이다.

또한 "실제 시행 3개월 정도 되는데 벌써 에너지 낭비 요소인 상하 간의 불일치(Dis-alignment) 요소가 많이 제거되고 있다."면서 "Why 안에 있는 내면의 소리를 통해 의미와 가치를 찾게 되고, 그것이 자신의 잠재능력을 발휘하게 하는 원동력이 되고 있다."고 전했다. 그는 이것이 각 개인 안에 있는 열정과 재능을 깨워 사람들을 스스로 임파워링해줄 수 있는 가장 좋은 방법이라는 신념을 가지고, 와이 무브먼트(Why motivation) 운동을 추진하고 있다.

의미 확장

맞춤형 코칭 커뮤니케이션에서 의미 확장 단계는 목표의 의미를 확인하고 정의하는 과정이다. 즉, '왜(Why)'에 대한 것이다. 이때의 '왜(why)'는 원인을 묻는 '왜'라기보다는 '어떤 목적'인지, 그 목표가 어떤 의미와 가치가 있는지를 물어보는 것이다. 그래서 그 목표에 대한 내면의 반응을 느껴보고, 나아가 그 목표와 관련된 자기 정체성까지 살펴보아야 한다. 쉽게 말해, 목표에 영혼을 불어넣는 일이다.

학교에서 성적이 좋아도 '내가 공부하는 본질적인 목적이 무엇인가?' '좋은 성적을 받아 내가 정말로 이루고 싶은 것이 무엇인가?'가 없으면 영혼이 없는 공부라고 할 수 있다. 조직에서도 업무 지시할 때 일반적으로 '무엇'을, '어떻게' 하라고만 지시하지, '왜' 하는지는 말하지 않는다. 지금까지 그렇게 하지 않았어도 별다른 문제가 없었고, 나름의 성과가 나왔기 때문이다.

우리가 다 아는 바와 같이 과거 반세기 동안 우리 업무의 내용과 범위, 대상이 엄청나게 달라졌다. 그동안 한 번도 만나보지 못한 '글로벌 고객'과 '글로벌 언어'로 확장된 것이다. 어떤 일을 '왜' 해야 하는지가 분명하지 않으면 다른 언어와 문화적인 차이 등으로 인해 '무엇'을, '어떻게'만으로는 조직 전략에서 추구하는 큰 목표와 한 방향 정렬이 되지 않는다. 당연히 원하는 결과를 이루어내기 어렵다. 따라서 이제부터라도 가장 중요한 '이유(Why)'부터 분명히 하고 '무엇'과 '어떻게'를 지시할 필요가 있다.

타코벨의 CEO 그레그 크리드는 "'무엇'은 머리로 참여하게 만들고, '어떻게'는 손으로 참여하게 만든다. 그리고 '이유'는 마음을 움직이게 하고, 정서적인 유대 관계를 형성한다."고 말했다. '왜'를 통한 정서적 유대감은 사람들의 내재적 동기를 이끌어내 스스로 하도록 하는 한편, 책임감을 느끼도록 하는데도 큰 영향을 미친다.

의미를 확장하고 목적을 일깨우는 데 필요한 코칭 프로세스는 다음과 같다.

먼저, 목표에 대해 이루어졌다고 상상(As-If)하고 물어라. 우리의 뇌는 가상과 현실을 구별하지 못한다. 그렇게 이루어졌다고 상상하면 뇌는 그것을 현실로 받아들인다. 그렇기 때문에 목표를 달성하고자 하는 의지를 북돋기 위해서는 그것이 이루어졌다고 생각하는 것이 중요하다. 현실화된 상상 속에 그 목표의 의미와 가치, 그리고 긍정적인 효과 등을 연상하게 되면 실현 가능한 대안과 전혀 새롭게 시도해볼 만한 대안을 찾아낼 수 있다.

그렉 브레이든의 《디바인 매트릭스(Devine Matrix)》에 보면 다음과 같은 구절이 나온다. "결과를 향해 노력하는 것과, 결과를 성취한 듯이 느끼고 생각하는 것 사이에는 미묘하지만 커다란 차이가 있다. 우리가 무엇인가를 위해 노력하는 것은 끝을 알 수 없는 여행을 하는 것이다. 우리가 꿈을 향해 다가가기 위한 목표나 이정표를 정하지만 이때 우리는 마음속에서 꿈을 '이룬' 상태에 있는 것이 아니라, 언제나 꿈을 향해 '다가가는' 상태에 있다. 소망을 달성한 모습을 '느끼며' 이미 소망을 달성했다고 '생각하라.'

의미 확장은 현재와 목표 사이의 갭도 더불어 확장하는 것이다. 갭이 확장한다는 것은 본질적 문제 해결의 가능성도 따라서 확장한다는 말이다. 전혀 새로운 관점으로 문제를 해결(Solution)하거나 문제 자체를 없애버릴(Dissolution) 수 있음을 의미하는 것이다.

임파워해주는 코칭에서는 의미 확장을 위한 코칭 질문을 다음과 같이 하고 있다. 기대하는 목표가 이루어졌다고 상상(as-if)하고 아래와 같이 전개된다.

- 정말로 이루고 싶은 것은 무엇인가요?
- 그 목표는 당신에게 어떤 의미나 가치가 있나요?
- 그렇게 되면 당신에게 어떤 기회나 가능성이 열리나요?
- 그것을 이루면 당신의 삶이 어떻게 달라질까요?
- 그것을 통해 궁극적으로 이루고 싶은 것은 무엇인가요?
- 그런 삶이 10년쯤 지속된다면 당신은 어떤 모습일까요?
- 그런 삶을 계속 살아간다면 당신은 어떤 사람이라고 말할 수 있을까요?

이러한 의미 확장의 단계는 자신이 되고 싶은 모습을 지향하게 해준다. 의미 확장의 단계를 거치게 되면 더 큰 목적으로 생각이 확장되고, 그 확장이 삶의 본질적인 의미와 가치와 연결되기 때문이다. 그렇게 함으로써 안 보이던 것이 보이게 되고, 안 들렸던 것이 들리게 되고, 못 느끼던 것을 느끼게 된다. 인생의 성공도 조건이나 환경에 의한 것이 아니고, 자신의 생각과 비전에 따라 결정된다. 이 때문에 의미를 확장해 보는 것은 곧 이러한 본질을 다루게 됨을 뜻한다.

의미 확장의 더 중요한 점은 내적 동기부여가 자발적으로 이루어지게 되어 구체적으로 무엇을, 어떻게 할 것인지에 대한 가이드라인을 제공하고, 차후 코칭 과정에서 전개될 구체적인 대안과 실행 계획을 세우는 나침반 역할을 하게 된다는 점이다. 따라서 의미 확장 단계는 생각보다 훨씬 커다란 효과를 가져온다. 의미 확장 단계를 제대로 하게 되면 다음과 같은 효과들이 나타난다.

- 기대 목표에 대한 확신을 갖게 된다.
- 목표를 반드시 실천해야겠다는 의지를 다짐하게 된다.
- 때로는 기대 목표를 수정하거나 바꾸게 된다.
- 목표 너머 목표를 찾게 되면서 확장된 의미/가치를 성찰하게 되고 그 연장선상에서 잃어버렸던 꿈과 비전을 다시 발견하게 된다.
- 그 목표를 이룬 후 다음 기회나 가능성을 탐구하고, 10년 후의 자기 모습을 생각할 때 자기 정체성을 찾게 되고, 존재의 내적 동기를 발견하면서 '존재(Who)'에 대한 성찰이 이루어진다.
- 의미 확장을 하면서 다루고 있는 주제에 대한 시각이 바뀔 수도 있다. 때로는 주제 자체가 바뀔 수 있다.
- 주제에 대한 문제 해결에서 주제가 바뀜으로써 문제 자체가 없어지기도 한다.
- 주제 선정 자체가 성숙하거나 혁신된다.

'왜'라는 간절함의 코칭 사례

코칭을 하다 보면 코칭 상대가 더 이상 아이디어가 없어 대안을 이야기하지 못할 때가 있다. 이때 필요한 것이 바로 코칭 상대의 '왜(Why)', 즉 간절함을 찾아내는 것이다. 그렇다면 코칭 과정에서 어떻게 상대의 간절함을 이끌어낼 수 있을까?

코칭에서 코칭 상대의 간절함을 확인하는 지점은 목표에 대한 '왜(Why)'를 질문하는 '의미 확장' 부분이다. 상대는 자신이 추구하는 목표 이면에 그 목표와 관련된 자신만의 고유한 의미가 있음을 확인하고, 목표에 대한 간절함이 현저히 높아진다. 특히 코칭 이슈가 건강, 다이어트, 습관 바꾸기처럼 일반적인 것일 때 그 목표에 대한 '왜'를 물어 의미를 확장해보면 상대가 그 목표를 통해 진정으로 원하는 것이 무엇인지가 분명하게 확인된다.

다음의 코칭 사례를 살펴보자. 대상은 30대 영업직 남성이다.

코치: 오늘 어떤 이야기를 하고 싶으세요?
상대: 다이어트에 관한 이야기를 좀 하고 싶습니다.
코치: 다이어트에 관해 생각하게 된 특별한 계기가 있나요?
상대: 그 동안에는 제 몸무게에 대해 특별히 신경을 쓰지 않고 살았는데, 30대 중반이 되면서 결혼도 안 한 처지에 몸이 하루가 다르게 무거워지니까 이번 기회에 꼭 다이어트를 해야겠다는 생각을 하게 되었습니다.

코치: 그러셨군요. 그럼, 다이어트를 해서 얻고 싶은 것이 있다면 무엇인가요?

상대: 음……, 영업을 하는 사람으로서 고객에게 프로페셔널한 모습을 보여주는 거죠.

코치: 그렇게 프로페셔널한 모습이 당신에게 중요한 이유는 무엇인가요?

상대: 아무래도 그런 부분이 수익과 직결되기 때문이죠.

코치: 네. 다이어트에 성공하고 프로페셔널한 모습이 되면 당신의 삶이 어떻게 달라질까요?

상대: 음……, 무엇이든 할 수 있다는 자신감이 생길 것 같아요.

코치: 그렇군요. 그렇게 자신감이 가득한 자신의 모습을 한번 상상해 보시겠어요? 어떤 느낌이 드나요?

상대: 멋져요. 그리고 무엇이든 도전해보겠다는 의지가 생기는 것 같아요.

코치: 그러시군요. 무엇이든 도전해볼 수 있다면 맨 먼저 무엇에 도전해보시겠어요?

상대: 돈을 벌 수 있다는 자신감으로 여친에게 프로포즈를요.

코치: 와, 멋지네요. 당신에게 다이어트는 건강은 물론, 프로다움과 돈, 그리고 자신감과 여친과의 행복한 미래까지 가져다주는 매우 중요한 일이네요. 이런 점들을 모두 확인하고 나니 어떤 느낌이 드세요?

상대: 말을 하고 보니 다이어트가 그냥 다이어트가 아니네요. 제 마음

의 허상을 빼는 것, 즉 나 자신에 대한 불신을 없애는 중요한 과정이라는 생각이 드네요. 그리고 이제 제 나이도 나이인 만큼 이번에는 꼭 다이어트에 성공해서 결혼까지 골인하고야 말겠다는 각오가 생기네요. 이번에는 부모님께도 말씀드리고 시작해야겠어요. 부모님이 결혼하기를 원하는데, 이번에는 다이어트에 성공해서 결혼도 꼭 성공하고 말겠습니다.

내가 이루고 싶은 목표 너머에 간절함이 있다. 그 간절함을 불러일으키는 질문이 바로 '왜(Why)'이다. (이동운 전문코치 제공)

완전히 새로운 대안을 탐구한다(W: Wild Option)

지금까지 맞춤형 코칭 대화 모델 중 '무엇'과 '왜'에 대해 다루어 보았다. 일반적인 프로젝트를 수행할 때에도 이와 유사한 접근법을 사용한다. '무슨 주제로 이야기할 것인가?'라는 현재 상태와 '바람직한 상태는 무엇인가?'라는 목표는 코칭 대화에서 '무엇'에 해당된다. 그리고 '목표를 왜 그렇게 설정했는가?', '현 상태가 이렇게 된 이유는 무엇인가?', '설정된 목표는 어떤 의미와 가치를 가지고 있는가?'는 '왜'에 해당한다.

이러한 과정을 거치고 나면 이제는 '어떻게(How)' 할 것인가의 단계로 접어든다. 이때 사용할 수 있는 질문은 다음과 같다.

- 그것을 위해 당신이 할 수 있는 것은 무엇인가요?
- 어떤 것들이 가능한가요?
- 무엇이 방해하고 있나요?
- 그 목표를 위해 무엇을 포기해야 하나요?
- 당신 자신이 스스로 비워야 할 것은 무엇인가요?
- 어떤 일이 일어났으면 좋겠나요?
- 이제까지 시도해본 것은 무엇이고, 과거에 효과가 있었던 것은 무엇인가요?
- 계속 생각하고 있지만, 행동하는데 주저하고 있는 것은 무엇인가요?
- 예전과는 다르게 어떻게 해보겠어요? 또 다른 것은요?
- 당신의 강점은 무엇인가요? 그것을 어떻게 활용하시겠어요?
- 당신이 존경하는 사람은 이것을 어떻게 할까요?
- 지금까지 시도해보지 않은 전혀 새로운 방법은 무엇일까요?
- 어떤 대안이 가장 효과가 있다고 생각하나요?
- 그것을 단계별로 실행한다면 어떻게 해보시겠어요?
- 꼭 해보고 싶거나, 해야 하는데 주저하고 있는 것은 무엇인가요?
- 조용한 시간에 명상을 하면 내면의 목소리는 무엇이라고 말하나요?
- 그 목표를 달성하기 위해 놓친 점은 어떤 것인가요?

시각 전환이나 확장, 혹은 메타 비전하라

'와일드 옵션(Wild Option)'이란 코칭의 장을 벗어나서 바라본 시각으로 찾아낸 새로운 대안을 말한다. 시각을 전환하거나, 확장하거나 혹은 위에서 바라본 '메타 비전'이 새로운 대안을 찾아내는 데 유용하다.

'와일드 옵션'이라는 말을 코칭에 사용하게 된 계기는, 예전에 알래스카를 여행할 때 그곳을 상징하는 단어 중 하나가 '와일드(wild)'라는 것을 알게 된 후다. '야생의, 거친, 개발되지 않은 땅'이라는 의미였다. 가도 가도 끝이 없는 거친 야생의 땅 알래스카를 보면서 '와일드'라는 말의 의미가 가슴으로 느껴졌고, 이 말이 코칭에도 적용되겠다는 생각이 들었다. 익숙한 관점을 전환시킬 때 전혀 예상치 못한 야생의 거친 질문(Wild Question)이 필요하기 때문이다.

코칭 상대 중에 중3 아이를 둔 엄마가 있었다. 이 엄마의 고민은 아이의 성적이 기대만큼 오르지 않는 것이었다. 성적표가 나올 때마다 미묘한 신경전이 벌어졌고, 가끔은 화가 나서 야단을 쳤더니 아이와의 관계가 점점 나빠졌다. 이러면 안 되겠다 싶어 친구의 권유로 코칭 교육을 받았다. 그 후로 코치형 엄마답게 부드러운 대화를 시도했고, 어느 정도 효과를 거두는 것 같았다. 아이 스스로 좀 더 잘해보겠다고 다짐하는 모습을 보며 마음이 흐뭇했다.

그런데 최근에 더 큰 고민이 생겼다. 아이가 잘해보겠다고 말은 하는데 막상 성적은 오르지 않았고, 그것에 스트레스를 받아서 다시 예전의 모습으로 되돌아가는 자신을 발견했다는 것이다. 이 엄마가 원하는 것은 아이와 관계도 좋아지면서 성적도 올리는 것이었다. 그동안 셀프 코칭을 하면서 자신에게 여러 가지 질문을 던져보았지만 별 도움이 되지 않았다고 했다. "그동안 제일 많이 시도해본 것이 무엇입니까?"라는 질문에 여성은 서슴없이 "참는 거요!"라고 대답했다. 새로운 대안적 질문, '와일드 퀘스천(Wild Question)'이 필요한 순간이었다.

익숙한 사고의 틀에서 벗어나 코칭 상대를 거친 야생의 벌판으로 초대해보기로 했다. 그것은 전혀 예상치 못한, 터무니없는 질문을 던져보는 것이다. 예를 들면, "제일 많이 해본 것이 참는 거라고 하셨는데, 참는 것을 없애면 어떻게 됩니까?"라고 질문할 수 있다. 엉뚱한 아이디어를 촉발하는 예상치 않은 질문, 즉 '와일드 퀘스천(Wild Question)'으로 문제를 다른 각도에서 보게 해서 새로운 관점에서 새로운 해결책을 찾도록 돕는 것이다.

"성적에 가려 보지 못하는 자녀의 다른 부분은 무엇입니까?"
"성적과 관계없이 자녀를 보는 방법은 무엇입니까?"
"자녀가 다른 분의 자녀로 성장했다면 지금 자녀는 어떤 모습일까요?"
"하늘에서 본다면 자녀의 성적 때문에 애태우는 엄마에 대해 뭐라고 말할까요?"

익숙한 문제일수록 '와일드(Wild)'한 사고의 벌판으로 나가 문제를 새롭게 바라보는 시각이 필요하다.

'왓 엘스(What else)?'와 '와일드 옵션(Wild Option)' 사례

최근에 함께 코칭 공부를 하고 있는 P 코치에게서 코칭을 받을 기회가 있었다. 글쓰기를 주제로 한 코칭이었는데, 특히 임파워링 코칭 모델의 '와일드 옵션'의 파워를 제대로 경험해본 좋은 기회였다.

5~6년 후 계획하고 있는 '책 쓰기'가 주제였다. 책을 쓰기 위한 구체적인 주제 확인과 현재 상태, 그리고 목표에 관한 이야기를 했고, 책 쓰기에 담긴 의미와 중요성도 깊이 있게 대화했다. 그리고 실질적인 대안 탐색 단계에 왔을 때 P 코치는 지금까지 시도해보았거나 생각해본 방법을 질문하는 것에 그치지 않고, 지금까지 한 번도 시도해보지 않았던 전혀 새로운 방법, 즉 '와일드 옵션' 질문으로 영혼의 심연에 그물을 던졌다. 그 과정을 통해 건져 올린 방법은 이런 것들이었다.

- 전문기관이나 개인교습에서 글쓰기를 배워본다.
- 지금까지 읽은 책들을 나중에 활용할 수 있도록 주제별로 정리, 수집, 분류한다.
- 내가 관심 있는 우화 스타일의 책들을 조사, 수집해 연구한다.
- 하루 10분, 생각나는 대로 적어보는 습작을 한다.
- 다양한 장르의 소설이나 시를 꾸준히 읽으며 작가로서의 감성을 단련한다.

이 정도의 대안이 나왔으면 만족할 만도 한데, P 코치는 계속 '또 다른 어떤 대안이 있을까요?', '또요?', '하나만 더 생각해본다면 어떤 게 있을까요?', '마지막으로 하나만 더요?' 하며 집요하게 질문했다. 더는 물러설 곳이 없는 생각의 벼랑 끝에 몰린 기분이었지만, 코치의 질문에 답하기 위해 계속해서 다른 대안을 생각해냈다.

- 다른 작가들처럼 '블로그'를 관리하며 꾸준히 글을 써서 올린다.
- 책을 출간한 지인 2명을 골라 내 글을 보여주고 첨삭과 조언을 구한다.

이쯤 되니 7가지나 방법을 찾아냈고, 평소에 막연하게 생각해본 방법까지 전부 나왔다는 생각에 내심 흐뭇해하는 순간, P 코치의 마지막 질문이 날아왔다. "지금까지 한 번도 생각해보지 않았거나, 시도해보지 않은 전혀 새로운 대안을 딱! 한 가지만 더 생각해보신다면요?"

P 코치의 질문은 강력했다. 나는 '여기서 뭐가 더 있겠나?' 싶은 생각의 한계를 느끼며 쉽게 답을 하지 못한 채 초조하게 생각의 벼랑 끝을 서성였고, 코치는 바위처럼 버티고 앉아 답을 기다리고 있었다. 결국 벼랑에서 몸을 던져야 한다는 생각이 들었고, 정말 한 번도 생각해보지 못한 대안을 스스로 말하게 되었다.

- 언젠가 나도 이런 출판사에서 책을 출간해보고 싶다고 생각한 두세 군데 출판사가 있는데, 그 출판사의 담당자들을 만나 현재 나의 경험과 지식을 가지고 독자들이 원하는 책을 쓰기 위해 무엇

을 어떻게 준비해야 하는지 피드백을 듣고 체계적인 준비를 한다.

실용서에 가까운 책을 쓰고자 한다면 먼저 독자가 정말 원하는 것을 파악하고 시장을 읽을 수 있어야 한다는 '가치 영업'의 방식으로 접근해 볼 수 있겠다는 데까지 생각이 확장되어 답이 나온 것이다. 짧은 코칭 시간에 8가지의 대안이 나왔고, 더구나 '와일드 옵션'으로 도출된 마지막 여덟 번째 대안은 맨 먼저 시도해보고 싶을 정도로 가슴 설레는 일이었다. '와일드 옵션'의 효과를 직접 깨달은 순간이었다.

이처럼 '싱크 아웃 오브 더 박스(Think out of the Box)!' 즉, 평상시 생각의 범위를 넘어서 창의적이고 혁신적인 사고의 전환을 일으키는 질문이 중요하다. 설령 '와일드 옵션'에 대한 구체적인 답변이 금방 나오지 않더라도 그런 질문이 코칭 상대에게 다시 한 번 새로운 시각과 도전정신을 주고, 새로운 상상력을 펼칠 수 있는 기회를 제공해준다는 점에서 '와일드 옵션'은 큰 의미가 있다는 생각이 들었다. (김지연 전문코치 제공)

실행계획은 SOME하게 하라(E: Execution)

맞춤형 코칭에서는 비범한 사람(Somebody)이 되도록 서포트하기 위한 SOME 실행계획을 제시한다. 영어로 'Be Somebody!' 하면 '특별한 사람이 되어라!', '위대한 사람이 되어라!', '자기 자신이 되어라!' 이런 의미다. 코칭에서도 찾아낸 대안을 SOME으로 계획하고 실행함으로써 자신의 목표를 비범하게 실행할 수 있다.

Specific (구체적으로)	– 구체적으로 무엇을 하시겠어요? – 성과를 낼 수 있는 과감하고 혁신적인 행동은 무엇일까요?	
On-Time (정확한 시점)	– 언제부터 시작하시겠어요? – 언제까지 목표를 달성하시겠어요?	
Measurable (측정 가능하게)	– 목표 달성 여부를 어떻게 측정하시겠어요? – 코치인 내가 그 결과를 어떻게 알 수 있을까요?	
Effect (효과)	– 실행력을 높이기 위해 필요한 것은 무엇인가요? – 장애 요소는 무엇인가요? – 더 필요한 정보는 무엇인가요? – 누구의 지원이나 도움이 필요한가요? – 내가 어떻게 도와줄까요?	

SOME 실행계획

어느 고위 경영자를 코칭했던 이야기다. 그는 비즈니스에서 굉장한 업적을 이루어 지금의 지위까지 올라왔지만, 성과 중심으로 일하다 보니 그만 사람을 놓치는 결과를 가져오고 말았다. 어느 날부터인가 부하직원들에게 많은 비난을 받는 사람이 되어 있었던 것이다. '사람을 무시한다.', '기분 나쁘면 아무 때나 화를 낸다.', '아무데서나 사람을 질책한다.', '귀가 없는 사람 같이 듣지 않는다.', '정말 같이 일하기 싫다.' 이런 소리를 듣고 그는 매우 상심이 컸다. 그는 '내가 그동안 해온 일이 회사는 물론 부하직원들을 위한 것인데 그 마음을 몰라주고, 성과를 위해 몇 마디 야단친 것을 가지고 이제 와서 나를 비난해?' 하며 서운함을 감출 수 없었다.

그러나 그는 코칭 중에 곧 생각을 바꾸게 되었다. 고위 경영자의 역할이 인간 중심의 패러다임으로 사람을 통해 일하는 것이라는 사실, 그리고 구성원 각자의 특성을 잘 발휘하도록 도와주는 일이 성과 창출에 얼마나 중요한지를 이해했기 때문이다. 그는 이에 대한 목표를 세워서 실행하기로 했다. 코치로서 특별히 고마웠던 점은 코칭 기간 5개월 내내 실행할 행동 계획을 30개 이상 정하고 매일 실행했다는 점이다. 그리고 일일 명상 중에 자신이 실행한 것을 성찰하고 되돌아보았다. 성찰한 결과는 다음 코칭 일정 하루 전에 코치에게 보내주었다. 그 성찰 일지는 작성하는 데만도 족히 2~3시간은 걸릴 만큼 내용이 깊이가 있었다. 지금도 그를 떠올리면 '그와의 만남이 참 큰 선물이었다.'는 생각을 하게 된다.

노자의 《도덕경》에 '거거거중지 행행행리각(去去去中知 行行行裡覺)'이라는 말이 있다. '가고 가고 가는 중에 알아지고, 행하고 행하고 행하면 어느 새 깨달아진다.'는 말이다. 코칭은 궁극적으로는 세상을 보는 시각과 자기를 보는 시각으로, 자기 존재를 성장시키는 것이다.

핵심 행동(Vital Behavior)이 목표를 끌어당긴다

10년 전으로 기억된다. 미국의 어느 심포지엄에서 퍼실리테이션(Facilitation)의 10가지 원칙을 배운 적이 있다. 본격적으로 강의한 지 4~5년 된 때였는데, 그때 마음에 깊이 와서 꽂힌 말이 있었다. 바로 'Walk the Talk.(말한 대로 행하라.)'이다. 매우 평범한 말이지만 강의할 때마다 유념하고 있다. 자기가 말한 대로 행하지 않으면 강의를 진행하는 퍼실리테이터로서 자격이 없다는 말이다.

동양 고전에도 천리체인(天理體認), 즉 '하늘의 이치를 몸으로 체득해서 인지하지 못하면 삶의 지혜를 얻을 수 없다.'라는 말이 있다. 심리학에서의 '체화 인지(Embodied Cognition)'도 거의 유사한 말이다. 제아무리 좋은 생각이나 좋은 일도 습관이 될 때까지 반복해서 체화(體化)하지 못하면 그저 생각으로 흘러 지나가버리고 만다는 것이다. 중요한 것일수록 더욱 더 그 원리가 적용된다. 코칭 커뮤니케이션에서도 실행 계획만으로는 충분치 않다. 그 계획을 실행하도록 확인하고 격려하는 책무가 코치형 리더에게 있다. 코칭 커뮤니케이션에서 실행 계획은 머릿속에서 하는 연습일 뿐이다. 그것을 생활 속에서 행동으로 옮기는 것만이 변화를 일으키는 유일한 방법이다.

조지프 그레니는 《인플루엔서(Influencer)》에서 "영향력이란 자신이나 다른 사람의 행동을 변화시킬 수 있는 능력"이라고 정의하며, "변화시킬 수 있는 핵심 행동(Vital Behavior)"을 강조한다. '핵심 행동'이란 원하는 결과를 가져다주는 지렛대 효과를 가진 행동을 말한다. 조지프 그레니가 농구선수들의 훈련을 관찰해보니, '꼭 이기겠다.', '8개 이상 득점하겠다.', '열심히 하겠다.'와 같이 어떤 목표나 성품을 다짐한 선수보다 '슛을 할 때 공을 끝까지 보겠다.'라고 구체적인 행동을 이야기한 선수들의 개선도가 훨씬 높았다고 한다. 행동은 목표나 의지, 성품이 아니다. 변화를 하려면 행동이 변화해야 한다. 변화의 귀재들은 먼저 무엇을 바꿀지 정하고 그다음에 핵심 행동에 집중한다.

'아이들의 건강을 위해 애쓰겠다.(Result)'는 목표를 정했다고 하자.

그러면 다음에 '어떤 행동을 해야 하겠는가?'를 결정하고, 그중에서 핵심 행동으로 '손 씻기'를 정하는 것이다. 이런 핵심 행동이 큰 변화를 가져오기 때문이다. 코칭에서 만난 어떤 분은 남을 험담하는 자리에 참여하고 싶은 욕구가 생기면 '첫째, 이빨을 악문다. 둘째, 관계 개선을 위한 표시로 나의 두 손을 잡는다.'라는 핵심 행동을 정한 뒤 3개월간 지속한 결과 의외로 많은 효과를 보았다고 했다. 처음에는 참는 것만 했는데 나중에는 참는 동안 험담하려고 했던 사람의 긍정적 의도를 생각해보는 여유가 생겼다고 했다. 그리고 그것이 다른 사람을 이해하는 데 큰 도움이 되었다고 했다.

코칭 주제로 '다이어트'가 자주 등장한다. 실행 계획을 세우는 것을 보면 대부분 의지에 관한 것이다. '운동을 더 열심히 하겠다.', '식사를 더 적게 하겠다.' 등의 '하겠다'는 의지의 표현이다. 이때 다이어트를 위한 행동을 하고자 하는 결정적 순간(Crucial Moment)이 언제인지를 먼저 확인한다. 그리고 그 순간에 무슨 행동을 할 것인지를 물어보면 행동을 말하게 되고, 그 가운데서 핵심 행동을 찾을 수 있게 된다. 예를 들면, 어떤 사람이 저녁 회식은 일주일에 2회까지만 가겠다고 다짐했다. 결정 순간은 '세 번째 회식 요청이 왔을 때'라고 했다. 그때 어떤 핵심 행동을 하겠느냐고 물었더니 'NO'라고 말하겠다고 했다. 그는 2개월이 지나 7킬로그램의 다이어트에 성공했다.

- 이루고자 하는 것은 무엇인가? (Desired Result)
- 그 목표를 위한 결정적 순간은 언제인가? (Crucial Moment)

- 그것을 성취하는 데 필요한 핵심 행동은 무엇인가? (Vital Behavior)

　브라이언 트레이시는 "목표를 세우고 실천에 옮기는 습관을 들이면 2년 안에 인생이 달라질 것"이라고 단언한다. 따라서 "진정으로 원(Want)하면 지금 바로 원(One)하라!"고 말한다. 이를 행동으로 옮긴 석진오 전문코치의 사례를 살펴보자. 그는 이 당시 딸과의 관계 개선이 필요한 상황이었다.

　유빈이는 올해 중학교 3학년이다. 유빈이가 태어나던 10월 어느 새벽 무렵, 아내와 함께 허둥거리며 병원으로 달려가던 일이 지금도 생생하다.. 그런데 내가 늘 일에 쫓겨 바쁘던 사이 유빈이는 자라서 중학생이 되었고, 사춘기에 접어들자 우리 사이에는 바다 같이 넓고 깊은 불통의 거리가 생겨났다.

　'어떻게 하면 유빈이와 가까워질 수 있을까?'를 고민하기 시작하면서 이것이 나의 중요한 코칭 주제가 되었다. 기회가 있을 때마다 나는 이 주제로 코칭을 받았다. 그런데 어느 날, '진정으로 원(Want)하면 지금 바로 원(One)하라!'는 메시지를 듣고, 지금 당장 실천할 수 있는 원(One)을 시작하게 되었다. '유빈이와 하루 한마디 진심을 담아서 소통하는 것, 그것을 시작하자!' 이렇게 결심하고, 오늘까지 36일째(한 번 빠짐) 계속하고 있다.

　그런데 정말 유빈이가 반응을 보이기 시작했다. 그동안 모르고 지냈던 유빈이의 속마음과 고민과 성찰이 읽혔다. 유빈이와 하루 한마디 명언으로 시작하는 문자 대화가 어느 새 호기심 가득한 기대와 즐거움으로 바뀌게 되었다. 오늘은 어떤 내용을 보낼까 생각하고 고르면서, 나도 그 의미를 다시 되새겨보고, 유빈이의 피드백에 따라 서로의 생각과 애틋한 부녀의 정을 나누었다. 유빈이가 보내는 답글에서 자신의 삶에 대한 크고 작은 고민도 느껴졌다.

돌이켜보니 나는 그동안 딸아이를 말로만 걱정하고 있었다. 그리고 늘 내 기준으로 유빈이를 보고 판단했다. '유빈이는 왜 저렇게 한가할까? 이렇게 하면 좋을 텐데……. 나는 중학교 때 이렇게 했는데…….' 그런 내 생각이 간혹 유빈에게 전해질 때면 유빈이는 "아빠, 코치 맞아?" 하면서 불만 가득한 눈빛으로 나를 쏘아보았다.

처음 유빈이에게 보낸 명언은 '사람들은 누구나 자신의 문제를 해결할 충분한 능력을 갖고 있다.'였다. 유빈이의 반응은 '우왕, ㅇㅋ, Good'이었다. 나는 유빈이가 이 세상에서 무엇과도 바꿀 수 없는 단 하나뿐인 귀한 존재라는 것을 일깨워주고 싶었다. 어느 날 미움이나 화가 날 때 어떻게 해야 하는지 말해주자 유빈이는 '아빠가 점쟁이냐'고 물었다. 새 학기가 시작되면서 친구들과의 관계에서 힘겨워하고 있던 자기 마음을 알고나 있는 듯이 아빠가 보내준 명언 한마디가 유빈이에게 딱 들어맞았던 것이다.

또 한 번은 유빈이가 '아직 늦지 않았다.'는 내용의 명언을 요청했다. 가장 귀중한 시간은 바로 '지금'이고, 유빈이가 꽃 필 차례가 바로 지금이라는 문자를 보내주자, 유빈이는 그 말로 마음을 새롭게 다잡는 것 같았다. '끝을 보고 시작하라. 죽을 때 어떤 사람으로 기억되고 싶은가?'라는 문자에 유빈이는 '쿨한 사람'이라고 대답했다. 유빈이가 말하는 쿨한 사람은 '찌질하지 않은 사람, 찝찝한 기억을 남기지 않고 딱 깔끔하고 멋진 사람'이었다. 쿨한 사람이 되고 싶은 유빈이의 마음에 충분히 공감하며 '아빠도 그렇다.'고 말해주었다. 그리고 생각과 실천 사이에는 바다가 있음을 상기시키며, '정말 쿨하고 멋진 사람이 돼라.'고 격려했다.

유빈이의 답글을 보면서 내가 그동안 괜한 걱정을 하고 있었다는 것을 알 수 있었다. 유빈이는 누구보다도 자신의 존재를 소중하게 여기고 있으며, 나와 똑같이 슬픔, 외로움, 절망을 겪고 있다는 것, 나와 똑같이 인생을 배워나가고 있다는 것을 깨달을 수 있었다. 아이에 대한 걱정이 줄어든 그 자리에 부녀간의 따뜻한 정이 새록새록 쌓여갔다. 40년이라는 시간차를 넘어 자신의 삶에 대한 통찰을 주고받으며, 유빈이와 나는 오늘도 함께 성장하고 있다. 유빈아, 사랑한다. (석진오 전문코치 제공)

마무리 성찰 단계를 빠뜨리지 않는다(R: Reflection)

코칭 커뮤니케이션을 끝낼 때는 마무리를 잘해야 한다. '마무리를 한다는 것'은 코칭 커뮤니케이션 중에 느끼고 다짐한 것을 서로 공유하고 성찰하는 일이다.

코칭 커뮤니테이션이 끝나면 리더나 매니저들은 반드시 코칭 대화를 되돌아보는 시간을 가져야 한다. 코칭 중에 상대방은 자신의 무의식 속에 있는 말을 하기 때문에 스스로 기억을 못하는 경우가 의외로 많기 때문이다.

그럴 때 코치형 리더는 상대의 말을 의미 있게 기억해 되돌려줌으로써 상대가 '아, 내가 그런 말을 했지.' 하며 자신이 한 말을 또 다른 의식 수준에서 알아차리게 된다. 그러면서 생각의 전환이 있었던 것을 서로 나누고 축하하며 마무리하는 것이 좋다.

마무리 성찰(Reflection) 과정에서 할 수 있는 질문들은 다음과 같다.

- 오늘 대화를 통해 무엇을 느꼈나요?
- 기억에 남는 것은 무엇인가요?
- 무엇을 하기로 했나요?
- 어떤 생각의 변화가 있었나요?
- 자기답게 말하거나 의지를 표현한 것은 무엇인가요?
- 처음 이 대화를 시작할 때와 지금은 어떻게 달라졌나요?
- 자신에게 한마디 해주고 싶은 말이 있다면 무엇인가요?
- 앞으로 서로 다짐할 것들은 무엇인가요?
- 새롭게 떠오르는 주제는 무엇인가요?

코치는 상대가 말한 것 외에도 마무리 과정에서 '코칭 상대가 성취한 것', '시각을 전환한 것', '새로운 강점이나 가치관을 발견한 것', '평범한 것에 큰 의미를 부여한 것', '실행 의지를 강력하게 표현한 것' 등을 인정하고 축하해준다. 또 필요할 때 상대를 격려하고, 코치의 기대 사항을 표현할 뿐 아니라 필요한 요청을 할 수 있다. 예를 들면 다음과 같다.

- 당신은 코칭 중에 성과 향상이 단순히 재무적인 결과뿐만 아니라, 부하의 성장에도 매우 중요한 요소가 된다는 것을 시각 전환을 통해 알아냈습니다. 축하합니다.
- 당신은 성과 중심의 직장 생활과 관계 중심의 직장 생활이 서로 균형을 이루어야 한다는 생각의 전환을 이루어내셨습니다. 멋지네요.
- 너는 부모에게 지나치게 의존하는 삶이 편안하게 보일 수는 있지만, 너다운 삶을 살아가는 데 얼마나 큰 장애가 되는지 인식하게 되었구나. 축하한다.
- (상대가 스스로 정리한 후) 잘하셨어요. 생각의 전환이 있었던 것을 축하드립니다. 특히 가능성이 전혀 없어 보였던 상황에서 뭔가 달라질 수 있다는 가능성을 본 것은 당신의 큰 성취입니다.
- 당신은 시간 관리라는 개념을 자기 관리라는 개념으로 생각을 전환하셨네요. 또한 자기 관리라는 개념에 특별한 의미를 부여하셨어요.
- 당신은 자신의 소심한 성격 때문에 열등감을 갖고 있었지만, 그것이 오히려 치밀하게 준비하는 강점으로 작용한다는 것을 발견하셨습니다. 큰 전환이 있었던 것에 대해 축하드립니다.

3. 맞춤형 임파워링 코칭 모델의 활용

맞춤형 임파워링 코칭 커뮤니케이션 프로세스는 내면의 파워(POWER)를 끌어내고 문제를 해결하도록 하는 것이다. 이를 '임파워 모델(EmPOWER Model)' 또는 임(Em)을 생략하고 '파워(POWER) 모델'이라고도 명명했다. 이 단어의 의미를 첫글자로 풀이하면 다음과 같다.

Em : Emphasis (초점을 맞추고 싶은 주제-Issue/Topic/Problem)
P : Present (주제가 상대에게 미치고 있는 현 상태 점검)
O : Object (Goal+Meaning, 커뮤니케이션 목표 설정과 의미 확장)
W : Wild Option (전혀 새로운 대안 탐구)
E : Execution (실행력 강화)
R : Reflection (마무리 성찰)

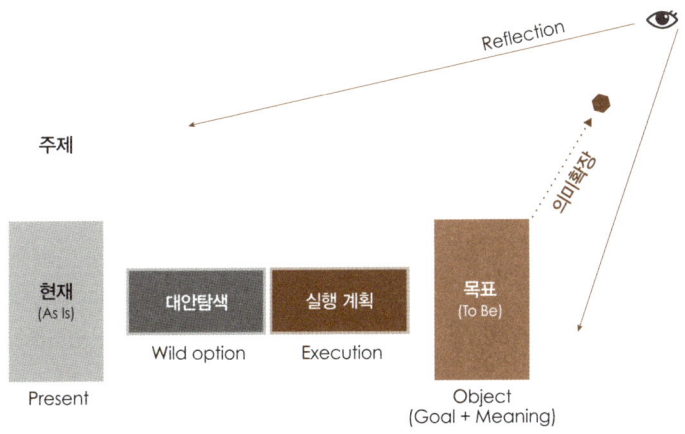

- 임파워링 코칭, 2008, 박창규

EmPOWER 모델의 완성된 그림이다.

  그러나 유념할 점은 모든 대화가 정해진 프로세스와 모델에 따라 진행되지는 않는다는 것이다. 어떤 경우에는 한 시간 내내 주제를 명료화하는 대화를 할 수도 있고, 어떤 경우에는 한 시간 동안 공감에만, 어떤 경우에는 의미 확장에만 시간을 할애하는 경우도 있다. 그리고 어떤 경우에는 다시 뒤로 되돌아가 주제를 수정하는 경우도 있다. 그럼에도 불구하고 이런 파워(POWER) 모델은 일종의 '대화의 뼈대'다. 따라서 이러한 뼈대를 가지고 대화하면 코칭 대화가 어떤 식으로 진행되더라도, 주제에 초점을 맞추어 대화를 잘 진행할 수 있다. 그리고 여기에 살을 붙일 때는 앞장에서 다룬 코칭 스킬들을 활용하면 된다.

Q&A 멈추고 알아차리기 (효과적인 커뮤니케이션 프로세스)

Q. 커뮤니케이션에서 필요한 스페이스란 무엇인가?

A.

Q. 스페이스와 파티클은 어떻게 다른가?

A.

Q. 나의 습관적인 커뮤니케이션 프로세스는 어떤가?

A.

Q. 대화에서 초점을 유지하면서 소통하려면 어떻게 해야 하는가?

A.

Q. 커뮤니케이션이 끝난 후 달성하고 싶은 목표는 왜 설정하는가?

A.

Q. 목표 넘어 목표에 대한 의미를 확장하는 것은 왜 필요한가?

A.

Q. 대안과 와일드옵션(Wild Option)은 어떻게 만드는가?

A.

Q. 구체적 실행 계획은 어떻게 만드는가?

A.

Q. 커뮤니케이션의 마무리를 어떻게 하고 있는가?

A.

Q. 나의 커뮤니케이션 프로세스 중에서 무엇을 보완하면 좋겠는가?

A.

CHAPTER

6

임파워링 리더의 피드백은 생기있는 직장 문화를 만든다

EMPOWERING

《피로사회》와 《타자의 추방》이라는 책을 쓴 한병철 교수는 "내 거울이 되어줄 '타인'이 실종되어가고 있다"고 한다. '타자'는 '나'에게 당혹감과 고통을 주는 대상이면서도, 변증법적 긴장을 통해 나를 각성시키고 방향을 제시하는 존재다. 그런데 "21세기엔 이 같은 진정한 '타자'가 자취를 감추고 온통 익숙한 것들만 판을 치게 됐다."는 것이다.

그는 "그동안 '타자'란 '두려움의 대상'이자 '나를 불편하게 하는 존재' '내 의지대로 되지 않는 존재'였다."면서 "이제는 타자를 복권(復權)해야 한다."고 강조한다. 타자는 나에게 다양한 변화의 길을 모색하게 하는 거울이기 때문이다. 그러니 "불편한 타자를 환대하고 그의 말을 경청하는 미덕을 되살려야 한다"는 게 한 교수의 주장이다.

《타자의 추방》에서 한 교수가 전달하고자 하는 메시지는 이 장에서 말하는 피드백과 거의 일치한다. 다만 이 장에서는 지면의 제한도 있고, 곧 이어 《타자의 거울, 피드백 코칭》(가제목)이 출간될 예정임으로 피드백 개념과 스킬 몇 가지만 소개하고자 한다.

1. 피드백이란 무엇인가?

살아 있는 모든 생물체는 스스로 생명을 유지하기 위한 생태적 피드백 시스템을 갖고 있다. 조직도 이러한 생태적 기능을 갖고 있다. 다만 조직은 쉽게 이 기능을 잃어버릴 수 있다. 그러므로 조직의 건강한 생태적 기능을 오래도록 지속시키기 위해서는 피드백 시스템이 자연스럽게 돌아갈 수 있는 조직 문화를 조성해야 한다. 이것이 리더의 역할이다.

피드백은 관심 있는 사람에게 주는 사랑의 표현이다. 직장에서 자신이 하는 일에 아무도 관심이 없고, 어떤 이야기도 해주지 않는다면 기분이 어떨까? 집에서도 마찬가지다. 가족 중 누구도 자신이 지금 어떤 상태인지 관심도 갖지 않고, 아무 말도 해주지 않는다면 어떨까?

조직에서 우리가 살아 있다는 것을 느끼지 못하고, '이런 것을 해야겠다.' 거나 '더는 이런 행동을 하지 말아야겠다.'와 같은 동기부여가 전혀 일어나지 않는다면 어떨까? 아마도 그 조직은 조만간 사라지게 될 것이다.

나에 대해 누군가가 피드백을 준다는 것은 나에게 관심이 있고, 나의 행동이 개선되어 더 나은 사람이 되기를 바란다는 뜻이다. 사랑의 반대는 무관심이라 했던가? 따라서 피드백은 관심 있는 사람들에게 진정성과 용기를 갖게 해주는 사랑의 표현이다.

사람들의 생각, 느낌, 행동에 대한 나의 반응은 그들에게 변화 에너지가 된다. 나의 반응을 들은 그들은 스스로 동기부여하고 성장하는 계기를 만나게 되는 것이다.

피드백은 평가 받는다는 '긴장감', 관심 받고 있다는 '안정감', 개선할 점을 알게 된다는 '안도감', 더 나아가 잘 할 수 있겠다는 '자신감'까지, 우리에게 많은 선물을 가져다준다.

그런데 사람들은 대부분 '피드백'이라는 말에 부정적 느낌을 갖고 있다고 말한다. 그것은 많은 조직에서 '피드백'이란 명분 아래 상대에게 자신의 감정을 여과 없이 투사하거나, 평소 말하고 싶었던 불만이나 비난, 자기 판단을 상대에게 공공연하게 전달하기 때문이다. 그러나 피드백을 제대로 이해하고 효과적으로 활용할 수 있게 되면 인간관계 면에서나 성과 향상 면에서 커다란 성장과 발전을 촉진할 수 있다.

피드백이란 출력(output)의 일부를 입력(input)에 되돌림으로써 자극에 대한 반응이나 활동을 자동적으로 수정하는 메커니즘이며, 목표 행동과 실제 행동과의 차이를 없애기 위한 기초적인 기능이다. 이러한 개념은 물리적·생리적 메커니즘뿐만 아니라 여러 방면에서 응용되고 있다. 예를 들어, 교사가 학습을 지도할 때 학생이 어떤 행동을 하면, 그 행동에 대한 피드백은 교사가 당초 설정한 지도 목표와 학생 행동의 차이를 없애는 방법으로 이루어져야 한다. 이것이 피드백 시스템이다.

심리학에서처럼 진행된 행동이나 반응의 결과를 자신에게 알려줌으로써 스스로 행동을 수정해나갈 수 있도록 하는 과정도 피드백이다. 우리 몸도 항상성 유지를 위해 정밀한 피드백 시스템을 갖춘 유기체다. 코칭에서도 심리학에서의 피드백 개념처럼 어떤 행위의 결과가 최초의 목적(목표)에 부합되는 것인지를 확인하고, 만일 차이가 있으면, 그 정보를 행위의 원천에게 되돌려 보낸다. 그리고 최초 설정한 목표에 부합하도록 지속적으로 필요한 부분을 수정한다. 코칭 중에는 상대가 행한 과정과 결과를 동시에 생각해보고, 좀 더 나은 방향으로 나아갈 수 있는 방안을 모색하는 방식으로 피드백이 이루어진다.

2. 유일하고도 확실한 학습 방법

　경영학의 대부 피터 드러커는 "역사상 알려진 유일하고도 확실한 학습 방법은 피드백이다."라고 말했다. 그리고 《몰입(Flow)》의 저자 칙센트 미하이는 몰입 상태가 되려면 "첫 번째는 무엇을 원하는지를 알아야 하고, 두 번째는 하고 있는 일에 대한 피드백으로 더 잘할 수 있어야 하고, 세 번째는 하고자 하는 일에 요구되는 도전과 능력이 균형을 이루어야 한다."며 피드백의 중요성을 역설했다. 이처럼 피드백은 우리를 일에 몰입시키는 한편, 기대하는 성과를 내게 하는 매우 중요한 스킬이다.

　미국인이 가장 선호한다는 구글(Google)이 제시한 '관리자를 위한 8가지 법칙(Google's 8 Rules for Managers)' 중 첫 번째로 꼽은 것이 바로 '좋은 코치가 되는 것(Be a Coach.)'이다. 이것은 '구체적이고 건설적인 피드백을 하되, 긍정적 피드백과 부정적 피드백의 균형을 맞추어 효과적인 피드백 코치가 되라.'는 뜻이다. 그 외에도 임파워먼트, 구성원에 대한 관심, 경청과 소통 등 맞춤형 리더십에서 다루는 요소가 주로 포함되어 있다.

　스콧 에블린의 《무엇이 임원의 성패를 결정하는가》에서는 리더의 성공을 도와주기 위한 방안으로 제시한 9가지 요소가 있다.

　"피드백 팀을 선정하라, 피드백을 요청하라, 피드백을 분석하라, 효과가 더 클 수 있는 기회를 선택하라, 당신이 내린 결론을 동료들에게 알리고 타당한지 확인하라, 실행에 옮겨야 할 행동을 선별하라, 행동 개선 노력에 피드백 팀을 참여시켜라, 당신의 전반적인 진척도를 확인하라, 전반적인 결과를 평가하고 다음 단계를 선택하라."다. 이처럼 미국 비즈니스업계에서의 코칭은 거의 피드백에 관한 것이다.

외국에서는 이렇게 피드백의 중요성을 강조하고 있는데, 우리 기업에서는 건전한 피드백 문화가 형성되지 않고 있는 게 안타까울 뿐이다.

하버드 비즈니스 스쿨 교수인 로버트 캐플런은 "리더도 부하직원에게 주기적으로 피드백을 요청해야 한다."고 주장한다. 상사가 부하에게 피드백 구하는 방법은 간단하다. "내가 더 잘해야 할 것을 한 가지만 말해 주겠나?"라고 요청하면 된다.

부하직원도 자발적 성장을 위해서는 상사에게 피드백을 요청해야 한다. "어떻게 하면 제가 (   )님을 더 잘 도와드릴 수 있을까요?", "제가 어떤 부분을 보완하면 성과 향상에 기여할 수 있을까요?"

물론, 동료 사이에서도 서로의 성장에 도움이 되는 피드백을 적극 요청할 수 있어야 한다. "당신이 성공하기 위해 나에게서 어떤 지원을 받으면 좋겠는가?", "나의 역할 중에서 어떤 일을 계속 하는 게 효과적이라고 생각하는가?", "내 일이 좀 더 효과적으로 되려면 어떤 일을 시작하거나 중단해야 한다고 생각하는가?"

그러면서 로버트 캐플런은 이렇게 결론을 내리고 있다. "피드백을 못 받으면 직원은 무능해지고 리더는 독재자가 된다."

3. 피드백의 효과

    2014년 ASTD에서 발표된 리더십 개발 분야의 피드백 관련 자료 에는 피드백의 효과를 '직원 몰입도 향상', '리더십의 효과성 증가', '이직률 저하'로 적고 있다. 그만큼 피드백은 직원들의 몰입도와 리더십을 향상시키고, 이직률을 낮추는데 매우 효과적이다.

    어느 분야에서든 기대하는 성과를 얻고자 한다면 명확하게 목표를 설정하고, 그 목표를 달성하는 데 필요한 지원을 아끼지 않아야 한다. 그 지원 가운데 하나가 바로 '적절한 피드백'이다. 이 사례를 일반화하면 다음과 같은 효과를 얻을 수 있다.

- 개인과 조직의 성과: 개인과 조직의 비전/목표가 한 방향으로 정렬되면서 실행력을 높일 수 있고, 핵심에 집중하게 돼 결과적으로 성과를 도출할 수 있다.
- 커뮤니케이션: 조직에서 요구하는 것과 개인이 인지하는 것 사이의 간격은 항상 존재하게 마련이다. 지속적인 피드백 커뮤니케이션은 이러한 간격을 줄여준다. 만일 이런 피드백 커뮤니케이션이 없으면 조직은 침묵에 빠지게 되고 좌초의 위기를 맡게 된다.
- 개인의 성장: 조직 구성원들은 직장 생활에 적응하다 보면 자기도 모르게 무의식적 행동 유형이 만들어진다. 그럴 때 타인의 피드백을 받게 되면 의식적으로 행동을 조절할 수 있게 돼, 개인의 지속적인 성장이 이루어진다.

- 조직의 생태학적 발전: 조직도 생태학적인 시스템을 가지고 있는 생명체라고 볼 수 있다. 모든 생명체는 그 생명의 기운을 유지하기 위한 내부의 시스템을 갖추고 있다. 시스템이 잘못 가동되면 통증이나 비정상적인 반응 현상이 일어난다. 이러한 통증이나 현상이 있을 때 바로 진단과 치료를 병행해야 한다. 이때 치료가 잘 되려면 생태학적인 조직이 건강해야 한다. 건강한 생태학적인 조직은 피드백 시스템이 적절하게 작동되어야 가능하다.
- 조직 문화 조성: 피드백을 자유롭게 하는 것도 기업의 신뢰 문화에 영향을 준다. 상명하달식의 일방적인 조직 문화 속에서는 피드백이 원만하게 이루어지지 못한다. 글로벌 기업으로 한국에 진출한 기업들에서는 비교적 피드백을 적절하게 할 수 있는 시스템이 문화로 자리잡고 있다. 이를 보면 피드백을 통해 커뮤니케이션이 원활하게 돌아간다면 기업 조직 신뢰 문화 형성에도 도움이 된다.

4. 효과적인 피드백 전달

관찰하고 분석하라

피드백은 발견된 어떤 사실이나 행동을 본 후 자기의 주관적 감정으로 하는 것이 아니다. 상대방에게 도움이 되는 피드백을 위해서는 무엇보다 상대를 잘 관찰해야 한다. 잘못한 것뿐만 아니라 잘 한 것도 잘 관찰해야 한다.

사실에 입각한 자료를 분석하는 것은 물론이고, 상대방의 행동을 통해 팀의 성과도 향상시키고 상대방의 성장에 도움이 되는 의미 있는 내용을 미리 정리해야 하기 때문이다.

피드백 요인을 발견하기 위해 다음과 같은 질문을 하여야 한다.

- 피드백 근거는 무엇인가(자료/행동)?
- 자료/행동이 미친 영향은 무엇인가?
- 상대방에게 무엇을 요청할 것인가?
- 강화할 것은 무엇이고, 개선할 것은 무엇인가?를 찾아낸다.

비록 이러한 근거가 있다하더라도 피드백으로 전달하려면 다음을 고려해야 한다.

- 발생한/발생할 긍정적 영향 또는 부정적인 영향이 무엇인지 고려한다.
- 사람들은 부정적인 영향에 대해 더 신경 쓰는데 긍정적인 영향에 초점을 두어야 변화모색이 가능하다. 왜냐하면 상대방 행동 교정을 넘어 상대방의 성장에 도움이 되는 피드백 코칭으로 가야 하기 때문이다.

피드백 전달 유형 구분

피드백을 전달 받는 대상에 따라 두 유형으로 분류할 수 있다. 하나는 신입직원, 초보자, 신기술 전파, 긴급 상황시 상대방에게 구체적인 사항을 따르도록 직접 지시하는 피드백이다. 이 경우는 피드백을 제공하는 사람이 상대방에게 필요하다고 생각되는 내용을 일방적으로 전달한다. 그래서 직접적 피드백이라고 한다.

CCL(Center for Creative Leadership)에서 사용하는 직접적 피드백은 스토리텔링에서 명령에 이르기까지 다양하다. 이것을 피드백이라고 하는 것은 그전에 일어난 어떤 현상을 거울에 비쳐주는 과정에서 일어나는 현상이기 때문이다.

피드백경험	양식	개념: 피드백을 받는 사람이(Receive)~
더(more) 통제적인	명령하기 (Command)	무엇을 해야 하는지 말해준다. (Tell the receiver what to do.)
	조언하기 (Advice)	해야 하는 것을 추천해준다. (Recommend what the receiver should do)
	옹호하기 (Advocacy)	했으면 하는 행동을 촉진한다. (Promote an action that the receiver should do.)
	요청하기 (Request)	무엇인가를 하도록 요청한다. (Ask the receiver to do something.)
	요구하기 (Inquiry)	옵션을 고려하도록 요구한다. (Ask the receiver to consider an option.)
덜(less) 통제적인	사례제시 (Example)	이야기를 통해 해야 할 것을 설명한다. (Use a story to illustrate what the receiver should do.)

(출처) Feedback in Performance Reviews, E. Wayne Hart, CCL

유형의 두 번째는 영향력 피드백(Impact Feedback)이다. 대상은 리더, 관리자, 전문가다. 이들에게 상대에 관한 자료나 상대의 행동이 어떤 영향을 미쳤거나 또는 미칠지 등, 영향력을 중심으로 전달하는 피드백이다. 그러므로 직접적 피드백과는 달리 스스로 인식하고 행동하도록 하는 것이 바람직하다. 영향력 피드백은 피드백과 아울러 코칭이 바로 접목됨으로써 효과가 더욱 상승된다. 그 피드백을 '다시 열정을 일깨운다'는 의미로 어파이어(AFIRE)로 불러보자.

영향력 피드백

관계맺기를 위한 인정(Acknowledgment)

영향력 피드백을 줄 때는 관계맺기가 더 중요하다. 그 관계맺기가 윤활유처럼 잘 흐르도록 하려면 전 과정에서 인정이 필요하다. 특히 피드백을 시작하기 전에 긍정적 에너지를 올리고, 상대방을 인정해줘야 한다. 이 피드백이 '당신의 성장을 위해서'라는 긍정적 신호를 보내주는 것이다.

- 피드백을 받기 전에 상대방이 마음을 여는데 도움이 된다.
- 좀 더 편안한 상태에서 피드백을 받아들일 수 있도록 한다.
- 그 동안 수고하고 애쓴 부분에 대해서 인정하고 공감한다.
  예: "요즘 여러 가지 일들이 많아 고생이 많죠?"
  "지난 번 어려운 프로젝트에 대해서 열심히 해줘서 인상적이

었어요."

"인간관계가 좋아 팀원들로부터 친근감을 느끼게 하는 장점이 있습니다."

초점맞추기(Focus)

- 상대방과 무엇에 대해 이야기를 나눌지 대화할 초점을 맞춘다. 주로 사실과 행동에 초점을 맞춘다.
- 피드백을 전달하기 전에 허락을 구하는 것도 좋은 방법이다.
  예:지금 (   )일에 대해 피드백했으면 하는데 괜찮을까요?
- 피드백을 전하기에 적절한 순간인지 잘 판단한다.
  예; "언제 피드백을 하면 좋을까요?"
  "언제 피드백을 하기에 적당한지 일정을 미리 알려주면 좋겠어요."

영향 전달하기(Impact)

상대방이 한 행동에 내가 느낀 감정과 파생된 영향을 말해 준다.

- 미리 작성한 피드백 메시지를 살펴보고 명료하게 전달한다.
- 'You-메시지'보다 'I-메시지' 형태로 전달하는 것이 효과적이다.
  예: "업무처리가 계획보다 늦어져서 타부서와 협조할 타이밍을 놓친 것 같아 매우 안타까워요."
  "회의 중에 옆 사람과 자주 얘기하는 것을 보고 내가 무시당

했다는 느낌이 들었습니다."

"이번에 나타난 당신의 성과가, 우리 팀에 부정적 영향을 주지 않을까 나는 걱정이 많이 됩니다."

요청하기(Requesting)

가) 진행사항 명료화하기(Articulation)

피드백하는 사람은 피드백 받는 사람에게 적절한 것을 요청해야 한다. 그러나 요청하기 전에 상대방이 스스로 무슨 말을 했고, 그것이 상대방에게 어떻게 이해되었는지 잘 모를 때가 있다. 이때 피드백하는 사람이 피드백 받는 당사자로부터 어떤 얘기를 들었고, 그것을 어떻게 받아들였는지를 전달해 줄 필요가 있다. 그 과정을 거치지 않으면 상대방은, 내 말을 이해하지도 못하고 요청을 한다고 마음속으로 거부할 수 있다. 진행사항 명료화하기(Articulation)는 상대방이 말하는 것을 스스로 볼 수 있도록 도와주는 스킬이다. 그리고 다른 생각들과 연결해서 볼 수 있도록 도와준다.

- 지금까지 경청한 것을 확인하기

예; "제가 듣기에는 (   )인데요, 이것이 맞나요?"

"당신은 (   )을 찾고 있는 것처럼 들리네요."

이러면 고객은 "예, 바로 그거예요." "아뇨, 그게 아닌데요. 제가 말하고 싶은 것은 (   )인데요."라고 말할 수 있다.

- 재구성해서 말해주기

코치 : "당신이 얘기한 것이 저에게 어떻게 들리는지 말해줘도 되나요?"

고객 : "네. 말씀해 주세요."

코치 : "당신은 자신이 해야 할 소중한 것보다 다른 사람의 요청을 우선시하고 있는 것 같은 느낌이 듭니다."

나) 기대사항을 명료하게 요청하기(Requesting)

- 상대방에게 기대사항을 명료하게 요청한다(Requesting). 내용이 많으면 1H5W에 의해 요청한다.

예: "_____한 이유로 7일 이내로 청소년에 대한 새로운 데이터와 그 전망치를 첨부해서 보고해 주세요."

다) 상대방이 이해했는지 확인하기(Confirm)

- 상대방이 정확하게 이해했는지 반드시 확인한다(Confirm).

예; "제 얘기를 정확히 이해하셨습니까?"

라) 본인이 이해한 바를 다시 한 번 말하게 하기(Reconfirm)

재확인 과정을 생략하면 불필요한 피드백을 반복할 가능성이 많아진다. 그리고 신뢰의 수준도 떨어진다.

예; "제가 얘기한 내용을 재확인해 주시기 바랍니다."

"_____한 이유로 7일 이내로 청소년에 대한 새로운 데이터와 그 전망치를 첨부해서 보고해 달라고 말씀하셨습니다. 맞습니까?"

격려 보내기(Encouragement)
피드백 받는 사람이 그 내용을 실현하려면 에너지가 필요한데 그것은 상사의 격려 메시지가 큰 역할을 한다.

- 구체적인 내용을 실천할 수 있도록 격려와 지지를 보낸다.
- 상대방에게 적절한 격려의 방법이 무엇인지 사전에 파악한다.
- 도움이 필요할 때는 언제든지 도움을 요청하라고 열어 놓는다.

격려에서 놓치지 말아야 할 것은 '내가 어떻게 도와주어야 할 것인가?'를 확인하는 것이다. 상사가 도와주겠다는 의지를 밝혀주는 것은 큰 힘이 되기 때문이다.

사실 조직에서는 상사의 중립적 표현 하나만으로도 효과가 있다. '보고가 늦었네.'라는 중립적인 사실을 표현만 해줘도 상대방에 대한 거울이 될 것이다.

그 다음은 사실과 영향을 말해 주고, 그 다음에는 요청과 확인/재확인, 그 다음 수준은 인정과 격려의 수준이라 할 수 있다. 단순한 것부터 적용해서 점점 피드백 코칭 수준을 올리는 것도 시도해 볼만하다.

5. 조직에서 쉽게 적용할 수 있는 피드백 코칭 모델

조직에서는 아래와 같은 단순한 질문으로도 피드백 코칭 과정을 경험할 수 있다. 다만 일의 성격이나 진행과정에 따라 단순하게 할 수도 있고, 전반적인 과정으로 진행해야 할 케이스를 분류할 수도 있다.

가. 단순한 질문

"무슨 일이 일어나기로 되어 있었지?"(What was supposed to happen?)

"실제 무슨 일이 일어났지?"(What actually happened?)

"그 차이점은 무엇이지?"(What was the difference?)

"그래서 무얼 할 거지?"(What would you do?)

"내가 어떻게 도와주면 되지?"(How can I support you?)

나. 정지하고 배우기(Pause and Learn)

"무얼하기로 했었지?"(What did we intend to do?)

"무엇이 잘되었지, 왜?"(What worked well, and why?)

"무엇이 잘못되었지, 왜?"(What did not work well, and why?)

"이것으로부터 무얼 배웠지?"(What did we learn from this?)

—출처: Pause and learn implementation guide, NASA/GSFC

Q&A 멈추고 알아차리기 (임파워링 리더의 피드백)

Q. 피드백이란 무엇인가?

A.

Q. 효과적인 피드백에 필요한 요소는 무엇인가?

A.

Q. 피드백 스킬에는 어떤 것들이 있나?

A.

Q. 동기부여 피드백은 어떻게 하는가?

A.

Q. 개선형 피드백은 어떻게 하는가?

A.

Q. 피드백에서 스마트 파워를 어떻게 활용하는가?

A.

Q. AFIRE 피드백을 어떻게 활용하면 좋겠는가?

A.

Q. 내가 자주 하는 셀프 피드백은 무엇인가?

A.

Q. 나에게 솔직하게 피드백 해주는 사람이 주변에 몇이나 있는가?

A.

에필로그

　먼저 이 책의 내용을 채워주고 코칭으로 15년 동안 관계를 맺어온 여러 코치와 내 코칭 파트너가 되어준 고객들에게 감사의 말씀을 드립니다. 그리고 출판사를 새로이 시작하면서 이 책을 출간해주기로 후원한 도서출판 '넌 참 예뻐' 대표인 황인원 박사님께 감사의 말씀을 드립니다. 또한 누구보다 이 책의 원고를 잘 쓸 수 있도록 지지해주고 뒷바라지해준 아내 김경란 여사에게 사랑과 감사를 보냅니다.

　이 책의 내용은 독자들에게 전달하기보다 나 자신을 독려하기 위한 것입니다. 또한 국내 처음으로 국제인증 마스터 코치(MCC)가 된 이후 자칫 교만해지기 쉬운 나에게 첫 마음을 잊지 않도록 해주는 회초리(回初理)이기도 합니다.

　내 안에는 'Yes'와 'No'가 교대로 일어납니다. 무엇에 대해 'Yes'를 할 것인지, 무엇에 대해 'No'를 할 것인지 가끔 흔들릴 때가 있습니다. 나와 함께 흐르는 삶과 더불어 더 많은 대화가 필요한 것 같습니다. 서울 동작동 국립묘지를 가끔 산책하면서 죽은 자로서의 나와 대화를 해보기도 하지만 세상 소리가 너무 크게 들립니다. 삶의 물결을 좀 더 타 보아야 할 것 같습니다.

아메리카 원주민들에게서 전해오는 이야기가 있습니다. 신이 인간을 창조하면서 동, 서, 남, 북, 위, 아래 6개를 정해놓았는데 완성의 숫자인 7에서 하나가 부족해서 고민했다고 합니다. 신은 오랫동안 궁리 끝에 마침내 일곱 번째 방향을 정했고, 그 안에 가장 중요한 것을 숨겨 놓았다고 합니다. 어디로 가야 그 일곱 번째 방향으로 갈 것이고, 그 안에 숨겨놓은 것을 찾을 수 있을까요? 아메리카 원주민들은 오랫동안 찾다가 마침내 그 비밀을 발견했는데, 그 완성을 의미하는 일곱 번째 방향은 인간의 가슴이었다고 합니다. 그리고 그 안에 숨겨놓은 것은 빛과 사랑이었다는 것입니다. 그 빛과 사랑, 그리고 임파워링에 대해 더 많은 'Yes'를 해야 하겠습니다.

저는 이 책 내용에 책임감을 느낍니다. 내가 마스터 코치로서 그것을 구현해나가는 것을 일곱 번째 방향으로 믿고, 그 안에 숨겨진 빛과 사랑을 찾아내는 길이라 믿고 싶기 때문입니다. 이 책과 만난 많은 독자에게 고마움을 전합니다. 그리고 일곱 번째 방향인 가슴에 숨겨진 빛과 사랑의 비밀을 찾아 각자의 고유한 삶을 펼쳐내기 바랍니다.

임파워링하라

초판 1쇄 인쇄일_ 2015년 8월 26일
개정판 5쇄 발행일_ 2025년 3월 27일

지은이   박창규
펴낸곳   넌 참 예뻐
펴낸이   황인원

출판등록번호   310-96-20852
출판등록일자   2015년 7월 9일
주소   04165 서울시 마포구 마포대로 15 현대빌딩 909호
전화   02-719-2946
팩스   02-719-2947
E-mail   moonk0306@naver.com
홈페이지   www.moonkyung.co.kr

* 책 가격은 뒤표지에 표시되어 있습니다.
* 이 책의 판권은 넌 참 예뻐에 있습니다.
* 이 책 저작권법에 따라 보호받는 저작물이므로 무단 복제와 전제를 금지하며,
  이 책 내용의 전부 또는 일부를 재사용하면 반드시 양측의 서면 동의를 받아야 합니다.

ISBN 979-11-956026-2-0   03320

넌 참 예뻐는 내면의 아름다움을 끌어올리는 마중물이 되겠습니다.